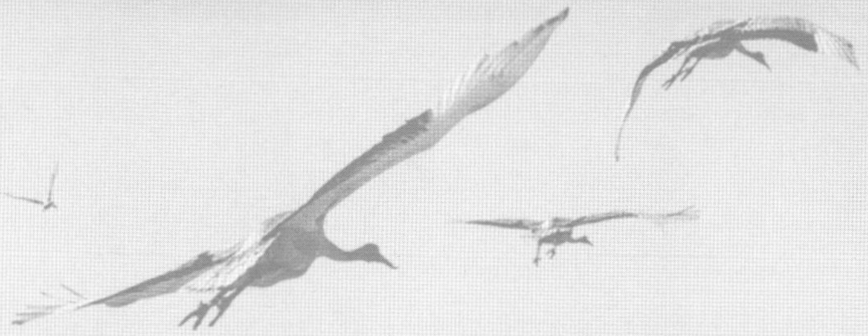

江海年鉴

2014

江门市江海区地方志编纂委员会　编

方志出版社
Publishing House of Local Records

图书在版编目（C I P）数据

江海年鉴. 2014 / 江门市江海区地方志编纂委员会编. -- 北京 : 方志出版社，2016.2
ISBN 978-7-5144-1945-0

Ⅰ. ①江… Ⅱ. ①江… Ⅲ. ①区（城市）-江门市-2014-年鉴 Ⅳ. ①Z526.53
中国版本图书馆CIP数据核字(2016)第042714号

江海年鉴2014

编　　者: 江门市江海区地方志编纂委员会
责任编辑: 黄　彦
出 版 人: 冀祥德
出 版 者: 方志出版社
地址　北京市朝阳区潘家园东里 9 号（国家方志馆 4 层）
邮编　100061
网址　http://www.fzph.org
发　　行: 方志出版社发行中心
电话（010）67110500
经　　销: 各地新华书店
印　　刷: 江门市印刷厂有限公司
开　　本: 889*1194　　1/16
印　　张: 17
字　　数: 266 千字
版　　次: 2016 年 2 月第 1 版　2016 年 2 月第 1 次印刷
印　　数: 001～600册

ISBN 978-7-5144-1945-0　　定价：200.00 元

编辑说明

一、《江海年鉴》是中共江门高新区党工委、管委会和江海区委、区人民政府主持编纂的地方综合年鉴，作为记述本行政区域政治、经济、文化和社会等方面情况的年度资料性文献，为社会各界了解和研究高新区、江海区提供基本资料。

二、《江海年鉴2014》为一年一鉴，主要记述2013年1月1日至2013年12月31日间，江门高新区、江海区的政治、经济、文化及社会各项事业的发展和基本情况。本年鉴由卷首、主体、卷末组成；采用分类编辑法，结构为栏目、类目、分目、条目4个层次。全书条目标题统一使用黑体字加【】标示。卷首设特载、专题、大事记；主体设概况、党政机关、人民团体、政法·武装、经济管理与监督、城乡建设、教文体卫、社会事务、街道；卷末设获奖·荣誉、重要文件。

三、内文涉及国民经济和社会发展的统计数据，入书时以江门高新区、江海区发展改革和统计局公开发布的数据为准。条目中的数字由于统计口径和时限范围，或与统计部门数据不一致的地方，使用时应参照《江门市江海区统计年鉴》所示数据。有关数据中比照上年同期增加（减少），统一以增长（减少）表示，不使用“同比”字样。

四、本年鉴的组稿、编辑和出版，得到江门市、江海区有关单位和部门的支持协助，在此一并致谢。编印中疏漏之处，敬请批评指正。

编纂机构和编辑人员名录

江门市江海区地方志编纂委员会

《江海年鉴2014》编辑部

庆典仪式

7月4日，江门高新区与江海区举行合署办公揭牌仪式。

7月11日，江海区党员服务中心揭牌仪式。

12月10日，市首批观察项目、江海区唯一的社会管理创新“书记项目”——滘北家庭综合服务中心揭牌仪式。

7月11日，正南社区公共服务站揭牌仪式。

1月30日，江海区公检法聘任“特邀代理人”仪式。

7月4日，胜利南路（胜利大桥—五邑路段）正式通车。

9月，德国企业投资的线束项目正式投产。从施工到完成主体工程，只用了半年时间，创造新的“高新区速度”。

滘头街道下沙保障性住房一期工程完成。

重建后的虾蛟滘电排站。

光博汇——中国（江门）国际绿色光源博览交易中心。

高新区公共码头。

文化民生

1月24日，2013年江海新春音乐会在东湖影剧院举行。

4月18日，广东省文化厅非物质文化遗产处处长张梅（前右四）等领导到外海五大祠就外海太虚拳申报广东省非物质文化遗产项目进行调研。

8月5日至8日，江南小学15名师生赴香港参加2013年第八届国际武术比赛。个人项目收获12金、4银、1铜；集体项目A、B两队分别取得银奖和金奖。

9月29日，江海区政协、阳春市政协在江门市文化馆联合举办“江海·阳春国庆书画联展”。

10月1日，江海礼乐龙舟队参加新会区“万胜杯”龙舟赛获得第一名。

12月26日，江海区第二届文化艺术节开幕。

2013年，礼乐街道投入250多万元，对新联小学、礼贤小学田径运动场进行改造。

2013年，江海区在全市率先全面实现社区民警进村（居）委班子工作。

白水带绿道。

礼乐街道的桃花种植场。

江海住宅区鸟瞰。

江海绿化广场。

目 录

党政机关

政法·武装

获奖·荣誉

重要文件

特载

JIANG HAI YEARBOOK

政府工作报告

——2013年1月24日在江门市江海区第九届人民代表大会第三次会议上

江门市江海区区长 周惠红

各位代表：

我代表区人民政府向大会作政府工作报告，请予审议，并请政协委员和其他列席人员提出意见。

2012年工作回顾

2012年是我区新一届政府的开局之年，也是世界经济持续低迷、国内经济增长放缓、发展最为困难的一年，更是全区干部群众团结努力、攻坚克难、力保增长的一年。一年来，在市委、市政府和区委的正确领导下，在区人大及其常委会和区政协的监督支持下，我们深入贯彻落实科学发展观和珠三角规划纲要，全力以赴应对严峻发展形势，团结奋进稳增长，迎难而上破难题，经济保持平稳健康发展，社会保持和谐稳定。预计全年完成地区生产总值112.76亿元，增长9.7%；实现地方公共财政预算收入5.37亿元，增长10.62%；规模以上工业增加值56.26亿元，增长13.3%；固定资产投资55.4亿元，增长8.1%；社会消费品零售总额26.16亿元，增长11.49%；预计进出口总额20.88亿美元，增长3%；预计万元GDP能耗下降4.25%。

——注重增量增效，经济实力持续增强

龙头企业和新兴产业发展迅速。新增规模以上工业企业23家，崇达电路板、金羚电器新工厂、健威凯利等项目建成投产。LED新兴产业产值增长20.9%。成功举办以“推进CEPA粤澳现代服务业合作，全力打造中国绿色照明之都”为主题的中国（江门）国际绿色光源博览交易中心项目奠基动工仪式。大项目招商和增资扩产取得实效。新引进银帆—巴斯夫合作项目、润恒农副产品（冷链）配送中心、直升机场等世界500强、国内500强和其他项目20个，计划总投资额约70亿元。完成增资扩产项目41个，实现增资30亿元。重点项目建设步伐加快。成功举办2012江海区10项重点项目动工竣工仪式，20个项目现场签约，总投资额超50亿元。区37项重点项目完成投资28.06亿元，完成率101.39%，其中被列入市重点项目范围的5个项目投资完成率138.05%，居全市第一。载体建设力度加大。完成土地收储1800亩，高新区44号地完成填土收地工作，礼乐生物健康集聚区首期交地工作基本完成，西江公用码头筹建工作正式启动，工程可行性报告已通过专家评审。完成农村历史留用地和闲置土地、厂房的摸底、清查工作，已解决农村集体历史留用地440亩，盘活闲置厂房7.6万平方米。

——注重创新创优，转型升级持续推进

企业上市和金融工作取得新突破。科恒股份成功上市，地尔汉宇通过证监会首发申请，蒙德电器已向证监会申报IPO并获受理，企业上市速度和数量居全市首位，获全省“金融稳定奖”。科技创新成效明显。预计高新技术产品产值占工业总产值的比重达36.5%。新增国家高新技术企业8家、国家级创新基金项目1个、工程研发（技术）中心3家、省级民营科技企业12家、省级知识产权优势企业1家、省名牌产品2件、省著名商标2件，全区专利申请量首超千件、增幅达68.55%。争取上级各类科技扶持资金1013万元。“三促一帮”取得实效。出台区25条“三促一帮”实施意见，组织企业参与“广货网上行”活动，区中小企业服务中心正式成立并投入服务。落实各项扶持企业资金超3000万元，技改年度投资达4.73亿元。完成本地化核算企业1家，被评定为国家级加工贸易转型升级示范企业1家。超额完成个体工商户转型升级工作任务，完成率全市第一。服务业发展加快。第三产业占生产总值比重上升1.59个百分点。鹿茵酒店建设进展顺利，江海商业广场、明泰江海新城奠基动工，碧桂园金融街完成招商工作。

——注重宜居宜业，城乡面貌持续改善

西江新城初步成型。海逸华庭、海伦湾、奕聪花园一期等一批高档商住小区及江边公园等沿江项目陆续竣工，海逸帝景酒店完成基础工程建设，将于2014年底开业。沿江路、连海北路等路网建设加快，西江岸堤绿化升级改造取得阶段性进展，沿江的景观面貌焕然一新。规划编制进展顺利。基本完成江海区（高新区）城市综合发展规划研究方案，编制控制性详细规划4个。城市建设范围（除高新区工业用地外）控制性详细规划的覆盖率达80%，居全市最高。城市建设步伐加快。东华大桥、礼乐大桥竣工通车，胜利大桥、胜利南路即将通车，江睦路（金瓯路—彩虹路）扩建完成，南山路（金瓯路—彩虹路）建成通车，江翠路改造工程完工，金瓯路改造扩建工程正式动工，广中江高速江海段启动建设。江海污水处理厂扩建工程、高新区工业污水处理厂建设工程加快推进。37个“三旧”改造项目通过市认定审批，上报“三旧”历史遗留用地超2000亩，汇聪电器厂改造工程正式动工建设。新农村建设扎实推进。横沥水闸改（扩）建、虾蛟滘电排站已完成主体工程建设，中沙水闸重建工程已进场施工。完成5条村的村庄规划编制和整治工作，累计完成村庄规划编制26条、整治22条。全面落实各项支农惠农政策措施，农村政策性住房保险参保率继续保持100%。农村“三资”管理全面规范，农村资产资源交易中心和公共交易平台全部建成并投入使用，平台交易总数达234宗。城乡环境明显改善。开展“三边”清理整治大行动，新建、改造垃圾中转站10座，全面完成1000平方米以上市场的升级改造工作，顺利通过国家环保模范城市、国家卫生城市复检考核。全面开展绿色行动，区级“一点二面三线”绿化绿建工程基本完成，街道的“一园二路三厂企”示范工程全部完成，义务植树18.6万株。完成区田园休闲绿道网整体规划和睦州水道堤岸景观工程绿道示范段建设，绿道釜山驿站和白水带驿站投入运营。

——注重普惠普及，民生福祉持续增加

保障水平不断提升。正式启动全征地农民社会养老保险工作，新型农村居民社会养老保险和城镇居民社会养老保险实现并轨，并被纳入省第四批城乡居民养老试点县区。城乡居民低保标准分别提高到350元/月和250元/月，农村“五保”集中供养标准提高到7560元/年，均居全市前列。全市首家区级企业退休职工管理中心正式挂牌成立，企业退休人员养老金人均每月增加149.37元。群众收入继续提高。城镇居民人均可支配收入24614元，增长13.20%；农村居民人均纯收入13661元，增长13.65%。全区城镇新增就业人数5483人，城镇登记失业率2.36%，农村富余劳动力转移就业1078人。卫生服务日益完善。社区卫生服务机构规范化建设取得新进展，卫生机构综合改革进一步深化。顺利通过世界卫生组织开展的消除新生儿破伤风现场认证，礼乐人民医院正式升格为江海区中西医结合医院。创建省卫生镇（街）2个、省卫生村2个、市卫生村5个。社会救助得到加强。投入资金2378万元，累计完成帮扶项目246个，扶贫开发"双到"工作连续2年获得省考核优秀等次。胜利南路安置小区建设扎实推进，落实公租房建设项目房源292套，超额完成保障性住房建设任务，妥善解决43户城镇低收入住房困难问题。区救灾物资储备库建成，外海慈善会正式成立。新建平价商店9间，全区总数达19间，率先实现平价商店镇街全覆盖。社会管理取得实效。组织开展广东省"幸福家庭促进工程"试点工作，在全市首创政府购买居家养老服务项目和婚姻家庭心理咨询服务项目。培育登记社会组织13家，万人拥有量居全市第一，提前完成"十二五"目标任务。江海区礼乐社会福利综合服务中心建设加快，5个街道均完成政务服务中心一站式平台建设。完成9个村的农村社区创建工作，超额完成年度任务。

——注重均衡均等，各项事业持续进步

教育计生成绩显著。全区义务教育阶段规范化学校达100%，对3至6岁的残疾儿童实施三年免费学前教育。完成外海中学、礼乐中学等4所学校的教育场地升级改造，新建3所乡村学校少年宫。义务教育阶段生均公用经费提高100元/年。顺利通过广东省二、三类语言文字城市规范化评估。继续保持低生育水平，出生人口性别比控制在正常范围内，连续4年被评为省"人口计生工作先进单位"，区人口计生局被授予"全国人口和计划生育系统先进集体"称号。文化惠民深入推进。开展"十大和谐企业"等文明创建和评选活动，公共文明指数测评成绩居全市前列，顺利通过全国文明城市复检。新建文体小广场3个，全区5000平方米以上健身广场总数达8个；新建农家书屋（社区图书室）17个，成为全市首个实现全覆盖的市区。成功举办区首届民间文化艺术节，礼乐"兄弟'残健'龙舟队"赴港获国际龙舟锦标赛冠军，百姓健康舞获省、市大赛多个奖项，并代表市出席央视展演。全年送戏下乡逾30场，送电影下乡408场次。安全工作落实到位。深入开展"安全生产年"活动和"打非治违"专项行动，推进标准化建设和企业主体责任落实，安全生产工作获市好评并代表江门市接受省的抽检。连续10年火灾事故零死亡，连续2年获评市应急管理工作优秀等次，有效防御"韦森特"等强台风袭击，"三防"、森林防火形势稳定。大力推进食品安全专项整治，打传、打假、打私、查无、消费维权等工作继续加强，市场经济秩序持续向好。社会大局保持稳定。深入开展"三打"工作，启动"两建"工作，共查破"三打"案件977宗，群众安全感稳步提升。加强劳动监察，民间纠纷调解和安置帮教工作取得成效。继续深化接访、下访工作，解决了一批历史遗留的信访问题，全市信访考核获一等奖，十八大百日防护期保持稳定。各项事业有新进展。历时10年编纂，全区首部综合性志书《江门市江海区志》出版面世。统计"四大工程"建设扎实推进，年报网上直报率达100%。圆满完成征兵任务。妇女儿童规划达标率居全市前列，义工队伍不断壮大，全区新增工会组织48个，外侨、民族、宗教、老龄、新闻出版、人防、档案等事业稳步发展。

——注重效率效能，政府服务持续提升

坚持依法行政。自觉接受区人大及其常委会和区政协的监督支持，代表建议、委员提案办理满意率均达100%。全面开展“六五”普法，重点推进党员领导干部学法。加强行政执法案卷评查和行政复议工作，法治政府建设明显加强。行政效能不断提升。全面启动行政审批制度改革，完成改革事项目录初步审核。理顺市直下放部门管理，区国土规划和环境保护局、区社会保险基金管理局挂牌成立，大部制改革全面完成。事业单位分类改革基本完成。加强督查工作，建立简明、便捷、高效的“大督查”系统。积极创新行政管理方式，启用江门市网上办事大厅江海分厅，重新搭建财政业务系统大平台，驻市行政服务中心江海窗口的服务进一步完善。廉政建设得到加强。完成《区政府工作规则》等制度的修订工作，健全完善政府自身建设的规则体系。严格落实“五个零增长”，加强“三公”经费管理，全面启动和推行公务卡改革，推进廉洁城区示范点建设。深入开展审计监督、商业贿赂、工程领域突出问题专项治理，完成审计项目31个。

各位代表，过去的一年，全区上下凝心聚力、真抓实干、携手共进，应对严峻经济形势，落实合署改革任务，所取得的成绩来之不易。在此，我代表区政府向全区广大干部群众和所有关心支持江海区经济社会发展的同志们、朋友们、港澳台同胞和海外乡亲们表示崇高的敬意和衷心的感谢！

总结过去的工作，我们也清醒地看到面临的困难和存在的问题，主要有：一是受外部环境和自身经济结构影响，经济发展速度放缓，主要经济指标、高新区综合考核排位靠后。二是大项目引进未取得突破，项目落地不及时，项目储备出现“空挡”，制造业投资持续下滑，第三产业发展仍相对滞后，影响了发展速度和后劲。三是区内企业科技创新能力不强，高新技术企业少，科研投入、科技人才短板成为发展掣肘。四是城市基础设施投入力度仍需加大，土地、资金、环保等瓶颈制约仍比较突出。五是和谐社会仍然存在局部隐患，社会建设有待加强；六是政府流程需要进一步优化，合署办公后续的机制有待进一步完善。对这些问题，必须高度重视并认真研究对策措施，力争新的一年有新的突破。

2013年工作安排

2013年，是深入贯彻落实党的十八大精神的开局之年，今年政府工作的指导思想是：全面贯彻落实党的十八大、中央经济工作会议精神和省委十一届二次全会、市委十二届三次全会、区委八届三次全会的要求，深入贯彻落实科学发展观和珠三角规划纲要，围绕区委提出的“四个必须”工作要求，打开江海之“门”，加快转变经济发展方式，狠抓实体经济发展，加强社会管理，大力改善民生，深化行政管理改革，努力开创江海科学发展的新局面。

2013年全区经济社会发展的主要预期目标是：地区生产总值增长8%，人均生产总值增长7%，规模以上工业增加值增长11%，地方公共财政预算收入增长8%，社会消费品零售总额增长9%，固定资产投资、外贸进出口总额与2012年持平，研发经费占生产总值比例1.8%，城镇居民人均可支配收入增长12%，农村居民人均纯收入增长13%，城镇登记失业率控制在3.2%以内，单位生产总值能耗下降和主要污染物减排控制在市下达指标范围内。

为实现上述目标，2013年将重点抓好以下六个方面的工作：

一、攻项目，做大做强实体经济

——大力发展先进制造业。发挥龙头企业

的带动作用，加快电子信息、机电、精细化工三大优势产业的转型升级步伐，新增规模以上工业企业5家，加大力度推进企业本地化核算工作。落实各种扶持政策，推动以LED产业为龙头的战略性新兴产业发展壮大。发挥国家级高新区的品牌优势，着力推动LED产业基地、汽车零部件产业基地建设。加强产业平台建设，完善配套设施，推动礼乐生物健康集聚区、新材料集聚区、上市公司集聚区和机电产业基地等招商载体整合开发，主动接受南车等大项目的辐射带动，倾斜资金、政策和用地指标，全力打造江海产业示范基地。

——攻克重点项目建设难关。坚持大项目带动，年内筛选安排重点项目40多项，年度计划投资超40亿元。落实项目“五个一”、进度倒逼等抓落实制度，继续加大规划引导和项目协调力度，攻克用地、融资、手续办理等难关。对已签约或落实投资意向的润恒农副产品（冷链）配送中心、直升机场、华电能源、中远铝业、银帆—巴斯夫合作等带动作用强的项目，全力攻克难关，加快推动项目落地，力争早动工、早投产、早产生效益。发挥专责小组协调推动作用，加速中国（江门）国际绿色光源博览交易中心建设进度，确保项目于2014年年中投入运营。积极推进节约集约用地，加大力度盘活存量土地、厂房和处置闲置土地。年内继续安排土地指标解决农村集体历史留用地问题。出台扶持政策，开展农村集体留用地高效开发试点，鼓励、引导村级自建物业向高水平发展，进一步提高土地利用效率。

——提高招商选资质量。严格执行项目准入条件，加强投资强度、亩产税收等指标论证和用地审批后的监管、评价考核，发挥有限资源的效益，引进优质高效项目。主攻世界500强、国企、央企、大型民企和行业龙头企业招商，强化以商引商，引导产业配套项目投资建设，延伸产业链条，年内储备5000万元以上项目15个。落实“一企一策”措施，大力推进企业增资扩产，确保科恒股份、江粉磁材等上市企业募投项目落户，推动建滔电子二期、谦信化工二期、汉宇电器二期等增资项目正式投产，年内新增增资3000万元以上项目5个。同时，遴选出一批成长性好、初具规模的民营企业，进行重点培育和扶持。

——加大科技创新力度。加快培育企业上市，做好蒙德电器等已进入上市进程和侍卫长等计划上市企业的跟进服务，壮大上市后备企业梯队，使上市企业成为推动江海经济发展的重要亮点。积极引入产业投资基金，促进区域内高新技术企业及产业的发展，新增高新技术企业和民营科技企业20家、市级以上工程技术研究开发中心3家、省级名牌产品或著名商标2个以上，力争高新技术产品产值占全区工业总产值比重达37%以上。推动企业引资、引技、引智相结合，全力加快高新区44号地“三资融合”总部科技园、34号地科技创新创业园等平台建设。

二、求突破，做大三产发展规模

——狠抓城市经济发展。强化江海中心区开发，积极承接广珠轻轨辐射带动作用，加快五邑路和胜利南路沿线的商业开发，江海商业广场及府西小区、明泰江海新城等商住项目动工建设。加快外海、礼乐“两翼”发展，做好西江新城片区的商贸配套设施及道路的规划建设，加快推进连海北路片区、高新区2、3、4号地的综合开发，抓紧沿东海路1800亩城市综合体的规划招商。重点抓好外海汇聪电器厂、头股围工业片区、礼乐江门纸厂、滘头银联工业区等“三旧”改造项目的建设。以市场、码头、酒店等配套建设为重点，加快完善三产基础设施。

——提高服务业发展水平。大力推动江中高速和江珠高速出口周边物流配套设施建设，加快推进西江公用码头建设，抓好LED商贸企业招商，打造立体多元、与商贸、工业联动发展的现代物流产业格局。加快培育专业商业街区，以利生汽车市场扩容、鹿茵酒店和海逸帝景酒店、碧桂园金融街加快发展为突破口，推动汽车、金融、房地产等消费市场的集约发展。加快集特色餐饮、园艺及农产品展示、旅游观光于一体的都市生态休闲旅游基地建设。完善区内服务业体系，加快推动电子商务、会计（审计）事务所、招标代理机构以及信息咨询公司等生产性服务业发展。

——加快发展总部经济。发挥交通优势和国家高新区的政策优势，落实和完善现代服务业总部经济发展扶持政策，引导和支持非法人分支机构或三级分支机构转型为法人子公司或二级分支机构。加快商会大厦、资产大厦等总部大楼规划建设，重点吸引金融、商务、物流、科研服务、上市企业等企业总部在江海集聚。

三、优环境，加快城乡协调发展

——坚持规划先行。立足加快城镇化步伐，科学布局，完成江海区（高新区）城市发展综合规划报批工作，抓好白水带风景区周边地段、礼乐片区和西江、蓬江河岸线利用等特定区域的规划研究。加快控规修编，将江睦水道以东、礼乐流沙围以南、江珠高速以西、南环路以北地段纳入控规编制范围。

——完善基础设施。加快“十纵六横”道路建设，完善区域交通路网。推动金瓯路、胜利南路、江海客运枢纽等区域重大交通设施建设，江睦路（五邑路—金瓯路）、永康北路、富民东路建成通车，完成广中江高速江海段的征地拆迁，加快滘头东路、礼睦路等城投债项目建设，推进连海北路、胜利南路延长线等道路建设。加大协调力度，合理设置公交线路，增加公交数量和密度。

——加快农村发展。以推进新农村建设、名村示范村创建、社会保障等为重点，继续深化农村综合改革。继续加大投入，加快农村内涝整治、水利、道路等宜居工程建设，横沥水闸改（扩）建、虾蛟滘电排站、礼乐中沙水闸重建等工程完工并投入使用，完成3条村的村庄整治规划编制和整治。强化以工促农，落实强农惠农财政补贴政策，发展现代农业，促进农村经济发展。

——优化宜居环境。持续改善生态环境，完成龙光塔至茶庵寺、主灌河东岸堤绿道建设。做好集贸市场升级改造后续管理和环卫管理，抓好垃圾分类试点工作，推进高新区垃圾中转站建设。加快社区道路改造，整治和改善占道经营、违章摆卖、停车难等问题，完善道路路灯，打造靓丽城市环境。推进水环境综合治理和环境污染综合整治，江海污水处理厂扩建和高新区工业污水处理厂建设完工并投入使用，加快江海污水处理厂截污管网二期工程、礼乐片区污水管网建设。充分发挥企业主体作用，健全节能管理、监察、服务“三位一体”的节能管理体系，继续推进清洁生产，全力压减能耗。

四、惠民生，改善群众生活质量

——推进富民保障工程。拓宽就业、创业、投资、分红、社保和帮扶等渠道，多途径增加群众收入，重点做好困难群体和特殊群体就业。继续提高社保扩面覆盖率和城乡居民最低生活保障标准，全面落实全征地农民养老保障制度。积极落实医改政策，提高医疗服务能力和水平，稳步推进公立医院改革和社区卫生服务机构规范化建设。创建市卫生街1个，启动创建国家卫生街1个。完善救灾救济体系，全面实行医疗救助“一站式”服务，开展农村养老服务建设“幸福计划”和2个社区“全国综合减灾示范社区”建设，礼乐社会福利中心建成并投入使用。

——大力发展社会事业。加快学前教育、素质教育发展和中心城区学校建设，落实公办幼儿园创建任务，加强师资队伍建设，打造教育特色品牌，全面提高教育水平和质量，加快创建省推进教育现代化先进区。稳定低生育水平，实施优生优育惠民工程，促进人口长期均衡发展。深入推进统计“四大工程”建设，做好第三次全国经济普查各项工作。加强外侨、国防、审计、民族、宗教、老龄、新闻出版、人防、档案、地方志等事业发展。

——繁荣发展江海文化。加快群众体育、社区休闲等硬件设施建设，积极筹建集“三馆”（文化馆、体育馆、博物馆）于一体的江海区文化中心，推进群众性体育运动和文化活动广泛开展。继续推进文明创建，巩固创文成果，不断提升社会文明程度。推进文化艺术精品创作，打造特色文化品牌。加快陈少白故居等旅游设施建设，做好太虚拳申报省级非物质文化遗产的相关工作，引进和发展新兴文化产业项目，提升文化旅游产业水平。

五、重服务，提升社会管理水平

——加强社会管理。发挥社会组织在社会管理方面的优势作用，培育江海区社会组织发展中心，启动江海区数字家庭建设，推进企业退休人员社会化管理服务工作，确保年内全区登记备案的社会组织不少于15家。继续完善“三资”管理实施细则，完成清产核资工作，实现交易平台与农村廉政建设平台联网运行，提升农村“三资”效益。扩大政府购买服务的范围，完善购买机制，推动政府向社会组织购买服务资质评判标准化。强化政务、村务、厂务公开，开展省村（居）公开民主管理示范单位创建工作。全面推进村（社区）公共服务站建设，促进公共服务向基层延伸。

——营造安全环境。以推进行业自律为重点，全面开展“两建”工作，建设具有江海特色的社会信用体系和市场监管体系。落实安全生产党政领导干部“一岗双责”考核制度，继续开展火灾隐患重点整治地区专项工作，强化交通疏导和监管，认真做好森林防火工作，继续排除各类安全隐患，坚决遏制重特大安全事故发生。加强产品质量和食品安全监管，建立健全质量安全监管长效机制。健全应急队伍、物资储备体系和管理体制机制，进一步提高预防处置突发公共事件能力。坚持不懈地抓好打假、打私、打传、查无等专项工作，进一步规范市场经济秩序。

——维护社会稳定。加强社会治安综合治理，启动“十大平安工程”，推进“平安江海”建设。加快改善治安环境，新增摄像头一批，完善区级治安视频监控平台，严厉打击违法犯罪和邪教活动。创新和加强信访工作，落实领导包案责任制，进一步化解信访积案，引导群众依法上访，打击违法上访。加强矛盾纠纷排查和人民调解，加快专业性、行业性调解组织建设，拓宽社情民意表达渠道。

六、促规范，打造法治廉洁政府

——深入推进依法行政。继续推动科学、民主决策和决策评估，做好“十二五”规划中期评估工作，提高决策科学性和实效性。认真落实人大及其常委会的决议，主动接受其监督，支持政协及其委员发挥参政议政作用，广泛听取民主党派、工商联、无党派人士和各人民团体的意见，提高议案、建议和提案的办理质量。充分发挥各民主党派、工商联以及工青妇等人民团体的桥梁纽带作用，巩固扩大基层民主。加大行政执法监督检查力度，提高执法部门执法水平，加强行政复议工作，规范行政行为。深入推进“六五”普法，做好法律服务和法律援助工作。

——落实行政审批改革。进一步转变政府职能，全面完成区级深化行政审批制度改革工作，简化行政程序，规范审批行为，提高政府运转效率。全面落实国家取消和免征有关事项行政事业性收费的规定。深化事业单位分类改革，推进事业单位法人治理结构试点工作。加强电子政务建设，完善行政审批电子监察系统和网上办事大厅江海分厅建设，推进一网式审批和信息资源整合共享，提升行政审批和服务时效。

——加强廉政作风建设。加强公务员队伍和机关作风建设，完善政府绩效管理制度，强化绩效考评，落实行政过错追究制。倡导简洁明快、雷厉风行、真抓实干的作风，增强敢于负责、勇于担当的责任感，做到确定的事情少争议、不扯皮，形成合力，一抓到底。提高工作的主动性和预见性，加强督查督办，提升执行力。推行“三公”经费公开工作，严格执行“八项规定”，厉行勤俭节约、开源节流，坚决反对铺张浪费。加强廉政建设，强化行政监察和审计监督，继续完善政府采购、财政支出绩效评价和专项资金管理等制度。全面推进廉洁城区建设，继续推进惩治和预防腐败体系、廉政风险防控体系建设，加强预防职务犯罪教育和重点岗位、关键环节的监督监管，预防腐败、保护干部。

各位代表，新年新作为。今年政府工作的总定位是：实事求是定目标，奋发有为干工作，转变作风求实效。希望全区各级各部门、广大党员干部要以埋头苦干、锐意进取的精神状态，凝心聚力，勇于创新，加快发展，全力抓好各项工作落实，确保完成今年各项目标任务，为建设幸福和谐美丽新江海而努力奋斗！

名词注解：

1. CEPA：即《关于建立更紧密经贸关系的安排》的英文简称，包括中央政府与香港特区政府签署的《内地与香港关于建立更紧密经贸关系的安排》、中央政府与澳门特区政府签署的《内地与澳门关于建立更紧密经贸关系的安排》。

2. IPO：“首次公开募股”的简称，是指企业透过证券交易所首次公开向投资者发行股票，以期募集用于企业发展资金的过程。

3. “三旧”改造：是推进节约集约用地试点示范省的重要措施，指“旧城镇、旧厂房、旧村庄”的改造。

4. “三资”管理：即农村资金、资产、资源管理。

5. “三边”：沿江边、沿路边、沿山边。

6. “一点二面三线”和“一园二路三厂企”：“一点”即中江高速外海出入口，“二面”即区政府前广场绿化改造和高新区管委会前广场，“三线”即轻轨沿线绿化改造、龙光塔——茶菴寺绿道和江睦水道（礼东岸）绿道。“一园二路三厂企”即一个公园，两条道路，三家厂企的园林绿化工程。

7. “三促一帮”：促进扩大内需、促进进出口、促进转型升级、帮扶中小微企业发展的政策措施。

8. “幸福家庭促进工程”：是通过有效整合各种宣传教育资源，深化新型家庭人口文化建设，促进家庭的性别平等、婚育文明、健康水平、生活质量、发展能力和幸福指数，进而促进和谐社会和幸福广东建设的一种工程。

9.“三打”、“两建”：“打击欺行霸市、打击制假售假、打击商业贿赂”和“建设社会信用体系、建设市场监管体系”的简称。

10.统计“四大工程”：是指加快建设基本单位名录库、数据采集处理软件系统、联网直报系统、企业一套表制度。

11.“五个零增长”：即公务购车和用车经费、会议经费、公务接待费用、党政机关出国(境)经费预算、办公经费预算零增长。

12.“三公”经费：指政府部门人员在因公出国（境）经费、公务车购置及运行费、公务招待费产生的消费。

13.“五个一”：即一个项目，一个领导带一套人马、一个制度、一抓到底。

14.“三资融合”：即地产资本、工业资本和金融资本的有机融合。

15.“十纵六横”：“十纵”：礼西路、胜利南路、南山路、江睦路、永康路、金星路扩建、得发路、东宁路、连海北路、礼睦路；“六横”：江南路西段、江门河南岸道路（天骄半岛）、滘头东路、五邑路扩宽、金瓯路扩建、南环路延长线。

16.“一岗双责”：指国家各级政府机关党员干部履行本职岗位管理职责的同时还要对社会安定、安全生产工作负责（预防事故灾害发生，避免人员伤亡事故，减少社会治安案件）。

17.“十大平安工程”：即法治建设工程、民生保障工程、群众权益保障工程、社会矛盾化解工程、公共安全防控工程、人口服务管理工程、“两新”组织建设工程、信息网络服务保障工程、基层基础建设工程、平安文化。

江门市江海区2012年国民经济和社会发展计划执行情况与2013年计划草案的报告

——2013年1月24日在江门市江海区第九届人民代表大会第三次会议上

江门市江海区发展改革和统计局局长　李伟煜

各位代表：

我受江门市江海区人民政府委托，向大会报告江门市江海区2012年国民经济和社会发展计划执行情况与2013年计划草案，请予审议，并请各位政协委员和其他列席人员提出意见。

一、2012年国民经济和社会发展计划执行情况

2012年以来，全区围绕区委八届二次全会提出的奋斗目标，以科学发展观统领经济社会发展全局，认真贯彻落实中央、省宏观调控的政策措施，全力应对严峻的经济形势，狠抓各项工作的落实，迎难而上，开拓进取，攻坚克难保民生，全区经济社会保持平稳发展势头。

——总体经济呈现放缓态势

2012年，受全球经济发展放缓影响，全区经济呈现增速回落态势，部分指标未能达到预期目标，但各项主要经济指标增幅基本与全市持平。预计全区生产总值112.76亿元，增长9.7%；预计人均生产总值44043元，增长9.25%；预计单位生产总值能耗下降4.25%；财政一般预算收入5.37亿元，增长10.62%；规模以上工业增加值56.26亿元，增长13.3%，增幅高于全市平均水平1.2个百分点；固定资产投资55.4亿元，增长8.1%；社会消费品零售总额26.30亿元，增长12.06%，高于全市平均水平2.06个百分点；预计进出口总额20.88亿美元，增长3%；三次产业结构比例预计为3.58∶62.87∶33.55。

——工业经济止跌回升

受外需疲软、内需有所减弱的影响，全年工业增速比去年有较大幅度放缓，但增速下半年呈现探底回升态势。全区实现工业总产值278.02亿元，增长12.9%，增幅比去年回落9.16个百分点，但比上半年高12.4个百分点；规模以上工业增加值增幅比上半年高12.3个百分点。骨干企业不断发展壮大，规模以上工业企业184家，比去年增加23家。信义玻璃、量子高科、健威家具等龙头企业的快速增长，非金属矿物制品业、家具制造业和食品制造业增加值分别增长79.9%、43.9%和22.0%，拉动效应明显，带动全区工业增幅的回升。民营企业实现工业增加值为20.96亿元，增长8.5%，比全区增速低4.8个百分点。加快推进战略性新兴产业发展，德力光电、奥伦德光电、崇达电路板、尚日能源等项目建设进展顺利，LED博览交易中心建设全面启动。继续抓好企业上市工作，科恒实业成功上市，成为辖区第二家上市企业，地尔汉宇通过证监会首发申请，蒙德电器已向证监会申报IPO，企业上市的速度和数量居全市首位。把握国家振兴产业政策实施的机遇，协助地尔汉宇电器股份有限公司获得重点产业振兴和技术改造项目资金1122万元。

——城市建设步伐不断加快

城市基础设施建设加快，东华大桥、礼乐

大桥已全面通车，胜利大桥即将通车，胜利南路、江睦路、金瓯路等道路工程扎实推进；江珠高速北沿线征地工作进展顺利，其中北街水道特大桥已进场动工。核心区开发建设加快，抓住胜利大桥、东华大桥、礼乐大桥“三桥”通车机遇，结合轨道商圈，加快商业居住、文化教育、休闲娱乐等城市功能配套项目的建设，城市功能配套进一步完善。鹿茵酒店、协和医院、明泰地产沃尔玛山姆店、中环广场二期等项目按计划推进，明泰江海新城、濠江花园、文昌花园、天鹅湾花园、江海碧桂园、和渔山小区胜利南安置小区等房地产项目建设进度加快。沿江新城片区逐步成型，海逸酒店、海逸华庭、奕聪花园、海逸名苑、海伦湾等一批项目加快建设。“三旧”改造取得突破，全面完成2603亩“三旧”项目历史遗留用地手续，外海汇聪电器厂示范项目动工建设。全面启动内涝整治工程，虾蛟滘电排站和横沥水闸（改）扩建工程完成主体工程建设，中沙水闸工程建设进展顺利。城乡宜居水平不断提高，累计完成村庄规划编制26条、村庄整治22条，创建市级宜居社区2个。睦州水道堤岸景观工程示范段已建成，龙光塔至茶庵寺绿道工程动工，绿道釜山驿站和白水带驿站投入运营。

——固定资产投资增幅回落

工业投资、房地产开发投资和基础设施投资拉动作用明显减弱，全年固定资产投资增幅低于去年14.57个百分点。由于受利润下滑影响，工业企业投资意愿较低，新开工工业项目大幅减少，全区新开工工业投资项目26个，比去年减少15个，全年工业项目投资累计完成25.74亿元，下降5.43%，增幅比去年下降27.61个百分点。近年国家对房地产的调控效应逐步显现，我区房地产开发投资下滑，房地产完成投资14.97亿元，下降2.71%，增幅同比回落23.93个百分点，占全区投资比重27.02%，比去年下降2.94个百分点。随着重点基础设施项目的推进，我区基础设施投资保持平稳增长，基础设施完成投资8.41亿元，增长51.08%，占全区投资比重15.18%。

——消费拉动效应趋于平稳

受经济下行压力增大、国家刺激消费政策作用弱化等因素影响，我区消费增速略有回落，社会消费品零售总额增幅比去年回落6.13个百分点。其中批发零售业22.37亿元，增长12.46%；住宿餐饮业3.92亿元，增长9.87%。市场培育取得实效，汽车类零售额同比增长67.65%，海恒水产品交易市场增长30.83%；但受经济放缓，石油制品类商品零售额下降0.99%，拉低了全区零售额的增速。商品房销售稳步增加，全区商品房销售面积39.72万平方米，商品房销售额22.44亿元，分别增长75.52%和66.31%，全年增幅较去年分别上升64.97个和36.22个百分点。

——自主创新能力不断提升

发挥政府科技投入的导向性作用，鼓励企业加大科技投入，预计研发（R&D）经费支出占生产总值比重为1.7%。积极落实支持自主创新优惠政策，预计高新技术产品产值占工业总产值的比重为36.5%。通过国家高新技术企业认定8家，申报省级高新技术产品45个，新增国家级创新基金项目1个，省级4个，市级9个。深化产学研合作，省级产学研科技合作项目有10个立项。开展“科技活动月”系列活动，提高企业知识产权保护意识，全区专利申请量增长超50%。

——对外经济增长放缓

受全球经济复苏缓慢影响，我区对外经济增长放缓。全年合同利用外资20088万美元；外商直接投资11241万美元，增长27%。随着下半年“稳增长、调结构、促平衡”政策措施的推进，外贸进出口总额增速由负转正。预计进出口总额20.88亿美元，增长3%；其中出口总额13.64亿美元，增长3%；进口总额7.24亿美元，增长3%。以商引商和增资扩产成效明显。成功举办2012江海区重点项目动工竣工仪式，我区现场签约项目16个，总金额超50亿元。充分利用现有优势企业资源发挥招商效益和经济效益，东阳化工、广东欧铝威特增资已获批，谦信化工、汉宇电器二期等增资项目的进展顺利。

——财政收支压力增大

受经济增长放缓影响，财政收入低速增长，但财政对民生支出保持较快增长，财政收支矛盾突出。全年地方公共财政预算收入增幅比去年回落13.07个百分点，部分主要税种呈现负增长，其中增值税、营业税分别下降5.12%和3.16%。优化财政支出结构，提高民生保障水平，努力促进基本公共服务均等化，让人民群众共同分享经济发展的成果。全年地方公共财政预算支出7.06亿元，增长6.32%，其中农林水事务、公共安全、社会保障和就业、教育支出分别增长50.58%、18.28%、18.10%和17.74%。

——节能减排取得成效

抓节能减排工作，进一步强化节能减排目标责任制，加大节能项目技术改造力度，力争完成全年单位GDP能耗预期下降目标任务。充分利用统计联网直报系统“企业一套表”平台，进一步细化对重点耗能企业的统计监测工作，强化重点能耗企业的用能管理，建立主要能耗指标通报制度。推广应用绿色照明节能产品和建筑节能，加强资源综合利用，全面推行清洁生产。把好项目准入关，严格实施新建项目节能评估和审查制度。通过加快污水处理厂建设进度、督促燃煤企业使用低硫煤，加强对减排项目监督检查，推进重点企业烟气脱硫、余热发电、改用天然气、废水处理设施建设和加强现场督查、强化在线监控设施建设等有效措施，切实将减排任务落实到位。

——社会各项事业全面发展

积极实施“和谐共享”战略，人民生活水平持续提高。城镇居民人均可支配收入24614元，增长13.20%，农村居民人均纯收入13661元，增长13.65%，增幅分别比GDP高3.5个百分点和3.95个百分点。就业形势持续稳定，全区新增就业岗位5483个，城镇失业人员再就业4451人，城镇登记失业率为2.33%。加快推进保障性住房建设，全年落实公租房292套。区内教育条件不断完善，外海中学、礼乐中学、麻一小学等学校的运动场塑胶化改造工程如期竣工，新民小学新教学楼即将建成投入使用。深入推进医疗卫生体制改革，医药卫生体制五项重点改革工作顺利推进。全面推进“幸福家庭促进工程”和“健康优生惠民工程”，低生育水平保持稳定。全区人口自然增长率为5.62‰，符合政策生育率为85.27%。高度重视信访和维稳工作，积极调处涉及民生的信访问题。继续加大对产品质量和食品安全、森林防火、消防、三防、安全生产投入，全区安全生产情况良好。积极开展“三打两建”工作，和谐文明社会建设取得成效。继续推动稳价惠民政策，今年新建平价商店9间，率先在五邑地区做到平价商店“村（镇）全覆盖”，并争取省、市价格调节基金120万元，有力保障群众的基本生活。社工、义工服务队伍不断壮大，慈善事业稳步发展。大力推进平安和谐社区创建工作，积极开展形式多样的群众性文化活动，营造和谐的社会氛围。全力推进统计“四大工程”建设，加大对企业网上直报数据的审核，切实提高企业和街道的统计数据质量，为我区的科学发展提供重要的决策依据。

2012年国民经济实现平稳发展，社会各项事业全面进步。但还存在一些问题：受全球经济环境影响，经济发展速度总体放缓，生产总值、人均生产总值、规模以上工业增加值、固定资产投资、社会消费品零售总额和外贸进出口总额等指标未达年初预期目标；财政收支压力增大，保障和改善民生的任务艰巨；服务业发展相对缓慢，城市功能配套不够完善；资源与环境压力较大，推动可持续发展的能力有待加强。

二、2013年国民经济和社会发展计划安排意见

2013年，是贯彻落实党十八大精神、实现“十二五”规划目标的关键一年。当前我区经济发展是机遇与挑战并存，为此我们在安排2013年全区经济社会发展主要目标时，既把保持经济平稳健康发展作为解决民生问题的关键，又通过保障和改善民生为扩大内需、促进经济发展创造良好条件。

参考全市发展目标，结合我区实际，提出2013年国民经济和社会发展的主要预期目标：

——生产总值增长8%；

——全社会固定资产投资持平；

——规模以上工业增加值增长11%；

——进出口总额持平；

——地方财政一般预算收入增长8%；

——社会消费品零售总额增长9%；

——城镇居民人均可支配收入增长12%；

——农村居民人均纯收入增长13%；

——单位生产总值能耗完成市下达的目标任务。

为实现上述目标，要重点做好以下工作：

（一）加快产业转型升级，提高经济发展质量

大力发展战略性新兴产业，抓好新光源、新能源、新材料、生物医药等新兴产业发展。培育壮大绿色光源产业，加快LED博览交易中心首期项目建设，以大市场促进产业大发展。加快银雨芯片、德力光电和一诠科技等项目建设，着力打造广东省绿色光源示范基地。加快谋划新材料、新能源、新医药等战略新兴产业，抓好长优新型电池材料、华电清洁能源、科恒发光材料扩建项目和量子高科扩建项目的建设，培育新产业增长点。巩固提升优势产业，加快运用高新技术、先进适用技术和信息技术，壮大提升电子信息、精细化工、机电三大优势产业，着重抓好建滔电子、蒙德电气、汉宇电器二期和中远铝业等项目的建设。改造提升家电、摩托车、玻璃、食品、纺织、金属制品等传统产业，加快传统产业向品牌效益型产业转变。

优先发展第三产业，重点推进物流、商贸、金融、总部经济等现代服务业发展，提升现代服务业占服务业比重。着重发展广珠轻轨三个站场周边开发建设，发挥广珠轻轨的拉动效应，规划和引进一批商业居住、文化教育、休闲娱乐等城市功能配套项目。加快鹿茵酒店、天鹅湾、碧桂园和和协和医院等项目建设，全力推进府西小区、明泰江海新城等房地产项目开发，推动中环商业中心二期和府东小区金融商业街建设，打造江海中心商务区。加快海伦湾、海逸酒店、高新区2、3号地及滘北片区综合开发，打造江海西江新城片区。推动总部经济发展，加快建设区资产总部大厦和工商联大厦。

加快发展新型现代农业。优化农业产业结构，促进水产品、畜产品、园艺产品规模种养，促进农业生产经营专业化、标准化、规模化、集约化。着力发展城郊农业和生态旅游农业，打造旅游观光与农业科普教育、生产示范、技术推广等功能相结合的都市型旅游农业产业带，策划建设都市生态休闲旅游基地，大力发展具有江海特色的城郊型都市休闲农业。

（二）狠抓企业服务工作，增强经济发展后劲

加强重点产业和重大项目招商，重点引进世界500强、跨国企业和行业龙头企业等一批规模大、效益高的优质项目。依托国家级高新区建设，创新招商引资方式方法，大力推动产业招商、园区招商、以商引商。严把进园项目投资密度、投资强度、环保影响、产出效益和税收贡献关，不断提高招商引资质量和效益。加强绿色光源、新能源、生物医药和新材料等战略新兴产业的招商，将更多的资源向新兴产业倾斜，引导产业结构调整。加大对企业集团地区总部的招引力度，大力发展总部经济。做好直升机机场、江中珠游艇和巴斯夫项目等签约项目的后续跟踪服务工作，协调解决项目推进中存在的问题，促进项目早见成效。

加大企业帮扶力度，帮扶中小微型企业发展，落实好帮扶中小微企业的政策。推进“三促一帮”，切实减轻企业负担，帮扶企业积极应对国际金融危机，指导和帮助企业通过内部资源整合、转变方式、调整结构，推动合资、合作高端化，提高产品竞争力和抗压能力。加强工业经济运行调节和跟踪监测，完善服务体系，帮助企业解决融资、招工、用电等共性问题，为企业发展提高良好的市场环境，鼓励企业积极生产。充分利用国家有关政策，积极引导企业发行创业投资基金，帮扶企业解决融资难问题。大力扶持民营企业发展，培育一批优质企业，加快推进一批有前景、有成长性的高新技术企业上市。大力推进科技金融结合，以三资融合方式建设科技园区。

（三）统筹城乡协调发展，建设宜居宜业江海

抓好基础设施项目建设。积极推进市区基础设施一体化建设，继续完善城市路桥网络。推进胜利南路、连海北路、金瓯路、永康北路、礼睦路扩建、滘头东路、南山路和江睦路的建设，配合做好江珠北延线高速公路项目的建设工作。加快水利基础设施建设，重点开展城市内涝整治工程、堤围加固、灌排泵站更新改造、水闸除险加固，全面完成虾蛟滘电排站、横沥水闸、中沙水闸等工程建设，有效提高防洪能力。继续抓好城市绿道网的建设，加快推进礼乐主灌河绿道工程二期、江门河礼乐段东岸城市绿道等项目的建设。大力抓好“三旧”改造工作，力促礼乐江门纸厂、江南华庆里、滘头兰花味精、滘北茶山里等示范项目尽快动工建设。

优化农村发展环境。加快城乡一体化发展，推动城乡交通、水利、电力、通讯、信息网络等基础设施对接。加大对村级经济的扶持，鼓励发展物业出租业，落实农村集体自留用地政策，逐步解决农村集体自留用地问题。继续完善农村资金、资产、资源“三资”管理制度，加强农村集体合作经济组织管理工作。加强农村社区建设，推进村庄规划编制和村庄整治，加快建设农民新村和农民公寓，促进农民住宅合理布局和向公寓集中。推动城乡公共服务均等化，促进城市公共服务向农村延伸，大力发展农村公共事业。加大农村教育、卫生、文化、科技投入，提高农村生产生活水平。加强农村精神文明建设，活跃农村文化，树立文明新风尚。

抓好节能减排工作。严格执行国家产业政策，实施新建项目节能评估和审查制度，对不符合节能要求的项目不予审批。加大减排力度，严格执行新建项目污染排放总量审核，控制污染物增量。积极推广天然气等新能源的应用，引导企业利用优质、清洁和高效能源，加快推进华电清洁能源项目和礼乐食品工业园区集中供热项目建设。加快规划和建设城镇污水处理设施和配套管网，抓好江海污水处理厂配套截污管工程二期、礼乐片区污水管网等环保基础设施建设。实施绿化、美化、亮化、净化工程，加强白水带公园和礼乐主灌河生态防护林的保护，进一步营造优美生态环境。加强资源综合利用和环境污染整治，全面提升城市绿化水平和城市生态品位，建设宜业宜居的生态型现代化新城区。

（四）大力发展社会事业，构建和谐江海

实施“和谐共享”战略，全力推进基本公共服务均等化，加大财政对民生的投入，将发展成果惠及广大老百姓。努力稳定扩大就业，完善公共就业服务体系，落实就业扶持政策，千方百计增加就业岗位。积极推进“农超对接”和平价商店建设，完善价格管理机制，规范各种收费行为，按时发放物价补贴，改善群众生活水平。继续做好保障性住房建设，解决中低收入家庭住房困难问题。健全社会救助体系，加快推进礼乐社会福利综合服务中心建设。着力解决弱势群体的生活保障问题，依法保障妇女、未成年人、残疾人和农民工的合法权益。继续加强社工、义工队伍建设。加大对医疗卫生投入，深化医药卫生体制改革，完善公共卫生、社区卫生等医疗服务体系，切实解决群众看病贵、看病难问题。加快教育现代化建设，积极发展民办教育、社区教育和职业技术教育。

狠抓社会维稳工作，强化社会治安综合治理，妥善化解社会矛盾。巩固安全生产隐患治理成果，深入开展安全生产专项整治，全力防范较大以上安全事故，控制一般事故的发生。深入开展产品质量和食品安全专项整治，抓好森林防火、消防安全、交通安全、“三防”等工作，维护社会稳定。进一步巩固“三打”成果，全面铺开“两建”工作，优化社会信用环境和市场监管环境。继续完善应急预案体系，增强应急物资保障能力，加强应急队伍建设，提高应急预防和处置能力。积极开展群众性精神文明创建活动，巩固和深化创建全国文明城市成果。加强未成年人思想道德建设，弘扬社会主义美德和风尚。继续推进幸福家庭促进工程，稳定适度低生育水平，提高出生人口素质，促进人口长期均衡发展。进一步转变政府职能，全面实施并完成区级深化行政审批制度改革工作，提高政府运转效率。

各位代表，新的一年，发展任务艰巨，责任重大，让我们在区委的领导下，深入贯彻落实科学发展观，锐意进取、真抓实干、攻坚克难，为实现2013年预期目标，建设幸福和谐江海而努力奋斗！

江门市江海区2012年公共财政预算执行情况和2013年公共财政预算草案的报告

——2013年1月24日在江门市江海区第九届人民代表大会第三次会议上

江门市江海区财政局局长　吴俊勇

各位代表：

受区人民政府委托，我向大会报告2012年公共财政预算执行情况和2013年公共财政预算草案，请予审议。

一、2012年公共财政预算执行情况

（一）2012年全区地方公共财政预算收支执行情况

2012年，在区委、区政府的正确领导下，在区人大的监督指导下，全区各部门密切配合，共同努力，完成地方公共财政预算收入53689万元，为区人大通过调整预算（下同）52417万元的102.43%，超收1272万元，比2011年收入完成数48534万元增收5155万元，按可比口径增长10.62%。

全区地方公共财政预算支出完成70532万元，为区人大通过调整预算59595万元的118.35%，比2011年支出完成66449万元增加4083万元，增长6.14%。

2012年全区地方公共财政收入53689万元，加上税收返还、上级补助19990万元、调入国债转贷还本资金2885万元、上年结余2318万元，当年地方财政总收入78882万元。全区公共财政支出70532万元，加上各项上解支出4142万元、国债转贷还本支出3000万元，财政总支出77674万元，总收入和总支出相抵后结余1208万元（其中中央代发地方债券结转下年支出926万元），净结余282万元，全部转入2013年公共财政安排使用。

（二）2012年基金收支情况

2012年全区基金收入2783万元，其中残疾人就业保障金441万元、城市公用事业附加1115万元、福利彩票公益金306万元、地方教育附加921万元。基金收入加上上级补助1529万元和上年结余1036万元，当年全区基金总收入5348万元。

2012年全区基金支出4313万元，总收入和总支出相抵后结余1035万元(其中结转下年支出806万元)，净结余229万元。基金专款按照区委、区政府的工作部署和急重轻缓的原则作相应安排，主要用于残疾人事业、城市公用事业、民政、教育等有关方面的支出。

（三）民生实事落实情况

按照区委、区政府的要求，区财政集中财力，加大对区域民生实事的支出安排。2012年共拨付民生资金25116万元，同比增长12.1%。通过花大力气建设幸福江海，提高区域群众的幸福指数，让群众能实实在在体会到经济增长和财政增收带来的成果。

（四）财政管理与改革情况

2012年，为确保预算任务的顺利完成，着重抓了以下五方面的工作：

1．坚持依法征管，确保收入平稳增长

2012年，面对复杂严峻的国内外经济环境，我区财政收支预算执行压力十分巨大。加

大力度组织财税收入，成为今年我区财税工作的主题。一是坚持财税联席会议制度和财税情况分析报送制度。从财税角度对经济深层次问题进行分析，层层落实和细化收入责任，及时应对征管中出现的问题，确保工作落到实处。二是加强部门联动，齐抓共管。积极主动与税务、发改、经促等主要经济职能部门以及各街道办事处加强沟通联系，认真贯彻落实16项促进财税收入稳定增长工作措施。大力支持招商引资和转型升级工作。强化税源调查分析预测，加强约谈举证和实地核查，及时纠正各类涉税违法行为，突出加大土地增值税清算力度、抓好企业所得税汇算清缴的后续工作，开展属地建筑安装项目税收专项检查。加大对闲置土地的清理力度，想方设法挖潜堵漏。三是在加强税收收入征管的同时，切实抓好非税收入入库，增强收入调控力度。

2．发挥财政杠杆作用，促进区域经济发展调结构、转方式

一是加大对企业发展的扶持力度，落实中小企业资金扶持政策。其中，拨付中小企业扶持资金560万元，拨付汉宇电器1122万元国家重点产业振兴及技术改造专项资金，协助企业向上级申报补助资金项目23个，申报补助资金额13153万元。取消、停征和减征涉及我区的行政事业性收费6项，切实减轻企业和社会负担。二是支持企业走出去，引进来，大力发展进出口业务。拨付企业国际市场开拓资金、进口贴息资金、出口信用保险资金等外贸发展专项扶持资金共645万元。三是积极支持重点项目建设。加强与金融机构磋商，争取贷款资金，密切跟进胜利南路、礼乐大桥等重点项目，保证重点项目有序实施。同时，积极争取上级财政资金的支持。今年落实项目资金42532万元，其中LED博览中心项目争取市专项资金28591万元；胜利南路工程争取市专项资金13941万元，做好胜利南路建设的拆迁补偿款的发放。四是加强节能减排和环境保护，落实上级节能减排资金政策，开展河流污染治理，鼓励企业开展节能减排整治，大力改善群众生活环境，拨付节能环保资金4050万元。

3．强化支出管理，重点向三农、民生倾斜

年初我区已预计到2012年资金调度困难，在编排地方公共财政预算和非税收入收支预算时，大力压减一般性支出，腾出资金用于落实民生和重点项目的支出，重点保障教育、三农、卫生、社保等民生项目的支出。一是提高教育保障水平。拨付教育资金16412万元，其中义务教育阶段生均公用经费水平提高100元/生/年；落实全区在编教师体检经费；建立学前教育助学体系，对经济困难家庭幼儿给予补助，实现3～6岁残疾儿童享受3年免费学前教育，加大对外来工子女教育的资金补助力度。二是确保各项支农惠农政策的落实。农林水事务支出4580万元，通过加大财政投入力度，完善强农惠农富农政策体系，深化农业财政管理机制改革，推动城乡统筹发展；继续落实种粮直补、综合直补、农机购置补贴等各项支农惠农政策，严格按照政策规定依时、足额兑付各项涉农专项资金；加大水利建设投入，推进城乡水利防灾减灾工程建设，推动水利改革科学发展。三是积极推动医药卫生体制综合改革。拨付医疗卫生资金5166万元，足额安排乡镇卫生院补助、农村卫生站医生补贴、基层医疗卫生机构实施绩效工资收支差补助和公共卫生项目经费，确保基本公共卫生服务经费标准达到人均25元以上。建立健全基层医疗卫生机构“收支两条线”制度，积极推动基层医疗卫生事业单位绩效工资的顺利实施。四是加大对社会保障体系改革的支持力度。拨付社会保障和就业资金7411万元，落实资金提高城乡居民医疗保险财政补助水平，城乡居民医疗保险补助水平提高到人均每年240元。落实社会保险各项政策，建立“普惠性”的城乡基本养老保险制度体系,做好我区被征地农民养老保险和新型农村养老保险的资金筹集和管理工作，确保参保群众的基本养老待遇资金正常支付。切实提高我区城乡低保标准，从2012年7月起，城镇低保标准由每人每月330元提高到350元，农村低保标准由每人每月230元提高到250元。贯彻执行广东省农村五保供养工作规定，确保五保供养标准全部达到农民人均纯收入的60%以上。继续给予全区80岁以上老人发放政府高龄津贴。五是积极落实各项就业扶持政策，加强人力资源市场建设。拨付就业补助资金254万元，通过职业介绍补贴、小额担保贷款贴息、社保参保缴费补助等方式帮扶就业困难人员再就业和农村富余劳动力转移就业。六是加强城乡文化事业投入，促进辖区文化事业发展水平的提高。拨付文化体育与传媒资金524万元，用于加大基层文化广场建设、举办迎春文艺晚会、送戏下乡、巩固创文成果等投入。七是开展“三打两建”工作，构建和谐江海。响应上级号召，加大力度对我区“三打”整治，并做好“两建”工作，拨付“三打两建”资金288万元。八是落实国家计划生育政策，足额配套各项计生奖励扶助专项资金。拨付人口与计划生育事业资金1257万元，专项用于人口管理、计生家庭奖励、计生宣传等事务支出，财政投入人口和计划生育事业经费由原人均30元提高到45元以上。

4．加强监督管理，促进依法理财

一是加强专项资金管理。积极配合有关部门制定支农资金、教育费附加等专项资金使用计划，提前介入资金使用管理，并科学安排、组织落实项目资金。通过动态监控预警机制，实时监控财政资金支付全过程，及时发现支付过程中违规或不规范操作问题并作出相应处理。二是加强对重点工程项目的跟踪与服务。对我区财政投资的工程项目采用现场调研、实地考察的方法，密切跟进横沥水闸改（扩）建、中沙水闸重建等工程的具体进度，为资金的划拨提供依据。三是加强政府采购监督，打造阳光采购。对采购源头、采购过程和采购结果三个主要环节强化监管，严把源头、信息公告、抽取评委、政府采购现场监督、合同备案、合同履约和资金支付、政府采购信息数据审核等“七关”。贯彻落实政府采购优先采购节能、环保产品的政策，扶持中小企业发展，推动绿色采购。做好全区的一般办公用品、公务用车保险、维修和加油采购工作。修订《江门市江海区政府采购管理办法》。四是采取措施缓解还本付息的资金压力。想方设法调度资金，确保城建项目和重点建设项目贷款本息依期偿还，保障政府诚信。2012年区本级共偿还各类贷款和债务19108万元，其中2009年地方政府债券资金3000万元，中央专项再贷款和省防范化解金融风险专项借款7014万元，国债转贷146万元，胜利南路项目和其他重点项目借款7920万元、教育借款1028万元。

5．不断深化财政改革，创新理财观念

在狠抓促收入、稳增长、压支出的同时，坚持改革创新，积极推进财政各项改革。一是深化预算管理和国库集中支付改革，强化财政专户资金及单位资金申拨管理，所有财政资金必须通过支付系统流转。二是严控一般性支出。落实厉行节约有关规定，加强“三公”经费管理，严格控制支出。三是积极推进公务卡改革。已制定公务卡改革的各项规章制度，完成区直预算单位的发卡工作，并出台公务卡强制结算目录。四是进一步规范非税收入管理工作。全区已有17个执收单位上线非税系统。五是升级改造财政业务系统平台，完成系统的构建调试工作。

2012年，全区预算执行和财政管理工作取得良好成效，但在财政运行和管理工作中还存在一些问题：如收入增收基础比较弱、资金调度困难、财政收支矛盾十分突出等。因受国内外客观因素影响，预计今年我区经济增长压力仍然较大，经济困难可能还会持续一段时间。我们要全面估量形势，既要看到面临的困难，沉着应对，也要看到经济增长的动力和潜力，紧紧围绕区委、区政府各项工作部署，坚定信心，坚持统筹兼顾、增收节支的方针，积极组织收入，更加注重稳增长、调结构、保民生、促发展，确保全面完成财政各项工作任务。

二、2013年公共财政预算草案

2013年是全面贯彻落实十八大会议精神的第一年，也是我区加快转型升级、建设幸福江海的关键时期。虽然区域经济在2012年第四季度有所回升，但外部经济低迷之势一时难以扭转，仍然呈复杂多变的态势，加上国家宏观调控政策的持续影响，预计2013年我区经济仍然保持在平稳增长区间，财政收支压力巨大。

收入方面。世界经济复苏缓慢，导致外需持续不足，对外贸企业将产生不利影响。原材料价格、劳动力成本上涨，对企业经营将产生冲击。房地产调控政策的持续，对房地产企业造成影响的同时对其周边产业将持续产生冲击。此外，“营改增”等结构性减税政策将一定程度影响财政增收。预计2013年财政收入将仍面临较严峻的形势，仍以平稳增长为主调。

支出方面。根据中央2013年经济工作部署，转方式、调结构、扩内需、保民生、促发展等仍是经济工作的重中之重。随着科教兴国、实现养老保险制度全覆盖、促进就业优惠、促进教育事业均衡发展、加大水利建设投入等各项政策的强化，2013年需要加大对“三农”、教育、科技、医疗卫生、社会保障和就业、文化体育、保障性住房、交通、节能环保等民生及重点支出的投入。综观收支各方面的因素，2013年我区财政收支矛盾十分突出，必须坚持量入为出、收支平衡、有保有压，保运作、保民生、保重点，科学合理编制年度预算。

我区编制2013年公共财政收支预算总的指导思想是：坚持以邓小平理论和“三个代表”重要思想为指导，深入贯彻落实科学发展观，全面贯彻党的十八大和中央、省、市经济工作会议精神以及市委十二届三次全会、区委八届三次全会、区九届人大三次会议的要求，紧紧围绕区委、区政府提出的“四个必须”“六个方面的工作”的部署，坚持强化收入征管，应征尽征；落实积极的财政政策，充分运用财政手段加快推进经济产业结构调整，扩大内需，促进经济持续健康发展；进一步优化财政支出结构，坚持厉行节约，压减一般性支出，严控“三公”经费支出，加大财政投入力度切实保障和改善民生；深化财政改革，实施“和谐共享”战略，全力推进基本公共服务均等化，均衡区街综合发展；坚持依法理财，完善财政体制机制，加强财政科学管理，打造幸福江海。

（一）2013年地方公共财政预算收入

2013年全区地方公共财政预算收入安排57985万元，比2012年增收4296万元，增长8%。全区地方公共财政预算收入加上预计省市税收返还款和上年结余，减除各项上解款后，预计全区可支配财力为64546万元。

（二）2013年地方公共财政预算支出

根据2013年预算收入安排及预计全区的可支配财力，按照《预算法》的规定和量入为出、收支平衡的原则，拟全部用于安排支出，即公共财政支出相应安排64546万元，确保各项重点支出得到有效保障，其中科技、文化体育与传媒、社会保障和就业、城乡社区事务及农林水事务等投入大幅增长。重点支出及主要项目安排情况如下：

1. 充分发挥财政职能作用，加快产业转型升级，提高经济发展质量。贯彻落实发展实体经济政策措施，加快电子信息、机电、精细化工等产业技术改造，推动以LED产业为龙头的战略性新兴产业发展壮大，大力发展新能源、生物医疗和新材料等战略性新兴产业。其中，安排科技资金1407万元，比上年增长4.38%。

2. 坚持把人民利益放在第一位，推进基本公共服务均等化，进一步做好保障和改善民生工作。

一是加大教育投入，加快教育现代化建设，提升教育发展水平。安排教育投入15335万元，比上年增长11.14%。其中，安排城乡免费义务教育补助资金1886万元，用于免除城乡免费义务教育阶段学杂费和课本费，提高义务教育阶段公用经费水平；安排中小学校安全防范专项资金74万元，加强校园安全；安排2130万元加强教育设备、设施建设，加快教育现代化建设，提升教育发展水平。

二是提高社会保障水平，完善城乡居民社会保障体系的覆盖工作。按照“保基本、广覆盖、有弹性、可持续”的基本原则，完善社会救助和社会福利体系，不断加强城乡社会保障体系建设。安排社会保障和就业投入10046万元，比上年增长20.54%。其中，给予全区80岁以上老人发放政府高龄津贴和支持老年人事业发展，安排专项资金403万元；安排基层社区居委专项补助经费798万元，加强社区建设，构建和谐社区；努力稳定扩大就业，完善公共就业服务体系，落实就业扶持政策，千方百计增加就业岗位，安排促进就业专项资金、退役士兵职业技能免费培训补助等225万元。

三是加大对医疗卫生投入，深化医药卫生体制改革，完善公共卫生、社区卫生等医疗服务体系。安排医疗卫生投入4043万元，比上年增长11.13%。其中，健全覆盖城乡居民的医疗保障体系，按照每人每年240元的标准要求，安排城乡居民基本医疗保险补助资金1391万元；大力实施基本公共卫生服务，安排城乡居民疾病预防控制、免费婚前孕前检查、妇幼保健等基本公共卫生服务279万元；推进基层医疗卫生事业发展，改善基层医疗卫生条件，提升基层医疗卫生服务水平，切实改善群众看病贵、看病难问题，安排基层医疗卫生机构经费293万元。

四是落实国家人口计划生育政策，促进人口长期均衡发展。安排计生投入1272万元，比上年增长28.88%。其中，安排计生家庭奖、计生家庭特别扶助奖、城镇独生子女奖、计生家庭意外伤害保险等454万元；落实人口计划生育目标管理，安排计生避孕经费、人口计生服务经费、综合治理、计生宣传等专项经费176万元。

五是推进文化体育事业发展，打造文化强区。安排文化体育投入603万元,比上年增长16.41%。其中，加快建设覆盖城乡的公共文化服务体系，开展群众性精神文明创建活动，安排农村电影放映“2131工程”、群众文化体育艺术活动经费等文化专项经费47万元；推进公益性文化事业，安排图书馆专项经费20万元，用于农家书屋建设和区级图书馆建设；提高体育事业发展水平，安排各类体育活动经费47万元；加强基层文化建设，安排基层文化站经费167万元；积极开展群众性精神文明创建活动，巩固和深化创建全国文明城市成果，安排精神文明建设经费25万元；进一步巩固“三打”成果，支持铺开“两建”工作，安排“三打两建”专项经费97万元。

3．毫不放松抓好“三农”工作，促进城乡协调发展，加快社会主义新农村建设。安排农林水投入3863万元，比上年增长16.81%。

一是夯实农业基础，落实强农惠农政策，调动农民积极性。落实对农民的各项补贴，提高农业生产安全保障水平，安排政策性农业住房保险和强制免疫疫苗经费32万元。治理病虫害威胁，构建粮食安全保障体系，安排病虫害控制专项74万元。大力支持发展现代农业，提高农村农业装备的技术力量,提升农产品质量，安排农村“三资”管理、基础设施建设和扶持农业产业化等专项资金35万元。改善农村面貌，打造社会主义新农村，安排新农村建设、一事一议财政奖补资金等54万元。通过充分保护和调动农民生产经营积极性，使务农种粮有效益、不吃亏、得实惠。

二是加大水利建设投入，推进区域水利工作科学、持续发展。积极贯彻落实中央和省、市部署，充分发挥财政资金的杠杆作用，促进我区水利发展，统筹安排水利建设资金2845万元。

三是加快推进生态建设，做好区域林业生态保护工作。发展经济同时不忘做好区域内林业生态的保护，打造绿色江海、宜居江海。其中，安排森林抚育、森林防火、病虫害防治等专项资金69万元。

4．提高公共服务管理水平，打造服务型政府。安排23881万元，推进行政管理体制改革、提高行政效能，加强公安政法队伍建设，提升社会治安监控能力，增强公共安全和社会治安保障能力，提高安全监管和应急救援水平，创新社会管理模式，切实提高公共管理和公共服务能力。

5．对口支援新疆、西藏建设。根据上级关于对口支援新疆、西藏的工作部署，安排支援新疆、西藏资金141万元。

6．建立公共安全应急体系，维护社会稳定。安排防范化解金融风险准备金400万元，总预备费300万元。

（三）2013年基金收支预算

2013年纳入区级基金预算收入的项目共4个，分别是城市公用事业附加收入、彩票公益金收入、残疾人就业保障金、地方教育附加。

按上述基金范围，2013年政府性基金收入安排2787万元，比上年增收4万元，增长0.15%。计划安排基金支出2799万元，主要用于城市公用事业、教育、民政、残疾人事业、文化体育方面的支出。

三、坚定信心，真抓实干，努力完成全年预算任务

2013年，我们将以科学发展观为统领，根据区委、区政府的工作部署，积极发挥财政职能作用，切实支持经济社会建设，保障和改善民生，促进经济发展方式转变，深化财政改革，完善体制机制，加强财政管理，切实做好以下工作：

（一）以组织收入为中心，增强财政保障能力

紧紧围绕区委、区政府确定的2013年全区地方公共财政预算收入增长目标，认清经济发展形势，密切联系各部门，坚持财税工作联席会议制度，加强税收政策研究，做好税收调查分析，加强税源培育和管理，挖掘潜在税源，特别是对主体税种要进一步加强征管，坚持依法征税，加大稽查力度，做到应收尽收。同时加强非税收入征管，切实增强财政保障能力。

（二）以改善民生为重点，优化财政支出结构

正确处理好财政“吃饭”与“建设”的关系，当前及后段时间，财政支出的重中之重还是保工资、保运转、保民生，决不因财政收入困难而削弱民生支出力度。要坚持量力而行、量财办事的原则，牢固树立过“紧日子”的思想，按照省、市、区关于厉行节约的要求，进一步完善支出控制约束机制，努力降低行政运行成本，争取把更多的资金用到保持经济发展和改善民生上来。要加强重点项目资金的管理，确保资金的安全、有效使用，保障区重点项目顺利实施。

（三）以加快转型升级为突破口，培育新的经济增长点

认真贯彻落实产业转型升级和“三促一帮”各项政策，充分发挥财政资金在促进转型升级和扶持企业发展中的作用，优化民营经济和中小微企业发展环境，大力发展总部经济，推进高新区44号地三资融合科技园建设。继续推进企业本地化核算工作。加快电子信息、机电、精细化工三大优势产业的转型升级步伐。培育优质企业上市和壮大绿色光源产业。加强产业平台建设，扶持企业转型升级。加大第三产业发展扶持力度，争取上级资金支持，加快推动西江公用码头、物流产业园区等项目建设。同时，落实招商引资优惠和奖励政策，加大力度吸引民资投资，为财政增收奠定基础。

（四）以深化改革为动力，加强公共财政建设

围绕推进基本公共服务均等化的要求，深化财政管理改革，不断完善公共财政体系。继续完善国库集中支付管理，加强部门沉淀资金的统筹安排。按照区委、区政府的统一部署积极稳妥做好预决算信息的公开工作。积极探索公有资产管理新模式，实现公有资产保值和增值，增强财政保障能力。继续推进公务卡改革，规范政府财政收支行为。完善财政业务系统平台，完善部门预算、资金支付等系统，努力实现各系统间、业务间信息无缝流转与交换。健全财政监督机制，选取再就业、低保等项目资金开展绩效预算管理工作试点，完善财政支出绩效评价管理办法、项目的评价制度和监督机制，并相应制定预算绩效管理细则、评价指标体系等相关制度，力争三年内实现绩效管理在预算编制、绩效跟踪、绩效评价、结果应用等环节全过程覆盖的目标。

（五）以队伍建设为抓手，提高工作执行力

继续加强财政队伍建设，完善工作制度和内部监督制约机制，深入开展政治思想道德教育和党风廉政建设，开展政策理论和业务知识学习培训，不断提升干部队伍的整体素质，增强攻坚克难的信心和动力，营造凝聚力、干事创业的良好氛围。

各位代表，新的一年，我们将高举中国特色社会主义伟大旗帜，以邓小平理论和“三个代表”重要思想为指导，深入贯彻落实科学发展观和党的十八大精神，在区委、区政府的正确领导下，在区人大的监督支持下，解放思想、坚定信心、锐意进取、真抓实干，弘扬敢、拼、争精神，坚持严、快、实作风，圆满完成全年财政预算任务，为我区加快转型升级、建设幸福江海做出新的更大贡献！

专题

JIANG HAI YEARBOOK

江门高新区与江海区合署办公

2013年6月17日，按照省委、省政府和江门市委、市政府的统一部署，高新区、江海区进行了机构调整，高新区党工委、管委会设13个副处级内设机构，江海区党政机构调整为13个部门，调整后的13个相应内设机构合署办公，一把手由区领导兼任。这次机构调整是一个组织结构扁平化的过程，构建了大经济、大建设、大规划、大卫生、大监管等大部门格局。

高新区、江海区建成国家电子信息产业基地、广东省电子信息材料专业区、广东省火炬计划半导体绿色照明特色产业基地和江门市新兴的制造业基地，落户企业484家，包括亚什兰、康宁、三菱重工、西铁城、艾默生等5家“世界500强”企业。以三大产业（LED绿色光源产业和生物技术为主的战略性新兴产业，电子信息、机电制造、汽车零部件、精细化工等为主的高附加值先进制造业，现代物流、总部经济、科技服务、商住配套及金融等为主的现代服务业）为支撑发展经济。

2013年，完成地区生产总值124.55亿元，增长12.5%；规模以上工业增加值59.69亿元，增长17.8%；固定资产投资62.53亿元，增长12.88%；社会消费品零售总额31.81亿元，增长16.02%；外贸进出口总额22.27亿美元，增长4.05%。全年实现地方公共财政预算收入6.07亿元，增长13.11%；区域税收总收入18.38亿元，增长15.4%。

高新区、江海区合署办公以后，明确今后5年的发展思路和任务，围绕“加速经济发展、加快城市化进程、增强科技创新能力”三大任务，推进“重点项目、基础设施、三旧改造、一区多园”等4个关键项目，强化“队伍建设、人才建设、机制建设、社会建设、从政环境建设”五项保障，打造成珠三角西部的现代科技新城和体制机制创新的先行区，成为江门经济发展新引擎。

一、机构调整

6月17日，江门市委办公室、江门市人民政府办公室印发《中共江门高新技术产业开发区工作委员会江门高新技术产业开发区管理委员会主要职能内设机构和人员编制规定》和《江门市江海区部分党政机构调整方案》，明确合署办公相关事项，江门高新区、江海区正式合署。高新区党工委、管委会设13个机构，江海区由原来的20个机构调整为13个，调整后的13个相应党政内设机构合署办公。

6月19日，江门市委书记刘海通报江海区党政工作机构与高新区相应内设机构实行合署办公情况。

7月1日，区党政办公室接收原高新区管委会相关印章。

7月4日，举行高新区党工委、管委会挂牌仪式，同时13个新部门分别挂新牌。

8月12日，区直部门启用新的经费账户和新的机构代码。

8月15日，区发改统计局、区经济科技局迁入原高新区大楼办公。

二、人员调整

6月18日，召开高新区、江海区正科级干部集体谈话会和副科级以上干部大会，宣布涉及合署办公的部门“一把手”和内设机构负责人的任免决定，13个党政内设机构的干部全部到位，完成168名干部的职务任免。

9月16日，召开组织工作会议，对干部提出“敢于担当”等用人导向的具体要求。

三、体制改革

6月28日，出台《高新区江海区工作指引》，规范公文审批程序，整合两区重要党政会议，明确印章管理制度等。

10月16日，成立江门高新区、江海区机构编制委员会，按照大科室制要求，制定13个部门“三定”（定职能、定机构、定编制）方案，初步构建咨询、协调、决策、监督、运营“五位一体”的运行机制。

11月25日，印发《单位常务副职职责指引》，明确单位常务副职“授权、日常、分管”（即接受部门首长授权、负责单位日常事务、分管单位核心工作）定位。

12月6日，市下发通知，赋予高新区市级国土管理、投资审批、科技审批等43项管理权限。

12月9日，印发经市审批通过的13个部门“三定”方案。

12月16日，市政府下发《江门市人民政府关于印发〈关于进一步理顺江门高新技术产业开发区管理权限的实施方案〉和〈赋予江门高新区市级经济管理和相关行政管理权限事项目录（第一批）〉的通知》（江府〔2013〕26号），进一步理顺江门高新区管理体制机制，提升高新区产业竞争力和自主创新能力。

12月26日，市下发《江门市人民政府印发关于进一步完善市本级与蓬江区、江海区事权财权有关机构调整方案的通知》（江府函〔2013〕154号）、《江门市人民政府印发关于市本级与蓬江区、江海区财政管理体制调整方案的通知》（江府函〔2013〕155号）、《江门市人民政府印发关于市本级与蓬江区、江海区土地出让收益分配方案的通知》（江府函〔2013〕156号）、《江门市人民政府印发关于进一步完善江门高新技术产业开发区财政管理体制实施方案的通知》（江府函〔2013〕157号），按照“精简效能、总量控制，编制与职能基本匹配，人随职能走、重心下移”“属地管理、财力与事权相匹配、统筹兼顾”“统一收储、统一供地、统一收益分配，合理划分市区两级政府事权、财力事权相匹配、权责利相对应，健全奖励激励机制”等原则调整相关事项，贯彻执行市“赋予江门高新区一级财政管理权限，调动高新区加快发展的积极性”的指导思想。

四、发展思路

10月10日，党政班子联席会议审议通过区委书记梁许赞在中心组学习会上的讲话，研究同意关于五年发展思路的提法。

10月15日，区委书记梁许赞在中心组学习会上发言，明确今后五年发展思路，提出“加速经济发展、加快城市化进程、增强科技创新能力”三大主要任务。

五、主要成效

探索合署新模式。两区13个党政相应内设机构合署办公，原人大、政协、群团组织不变；部分党政班子成员交叉任职，成本最低，效果最好，利于发挥国家级高新区品牌政策优势，利于优化江海区行政管理资源和形成发展合力。

深化大部制改革。2011年江海区按照省的试点要求完成大部门制改革，把33个党政机构整合为20个。2013年，两区合署，高新区设13个机构，江海区原20个机构整合为13个，整合后的13个部门合署办公，并重新进行“三定”，把原江海区、高新区人员和编制整合、统筹使用，统一管理。

实现扁平化管理。调整后13个党政机构，由区领导兼任部门“一把手”，分管领导变为直接领导，分管责任变为直接责任，构建大经济、大建设、大规划、大卫生、大监管等大部门格局。

2013年高新区江海区十大亮点工程

2013年11月，高新区党工委、江海区委正式启动“2013年高新区江海区十大亮点工程”评选活动。经过区直各部门和各街道广泛征求意见，筛选出60项候选工程（即区直十大亮点工程和5个街道的十大亮点工程）。根据《关于印发2013年高新区江海区十大亮点工程评选宣传工作方案的通知》有关要求，又筛选出18个备选工程；综合网上投票、现场投票和专家评议的结果，最终评选出“2013年高新区江海区十大亮点工程”。

一、高新区江海区合署办公

6月17日，江门高新区与江海区合署办公，高新区党工委书记、管委会主任梁许赞兼任江海区委书记。两区内设13个副处级党政工作机构，由党政副职领导兼任部门“一把手”。提出未来5年的总体工作思路，包括至2018年实现总产值超过1000亿元，打造成为珠三角西部现代科技新城和体制机制创新先行区，成为江门市经济发展的新引擎。

二、59个村（社区）公共服务站建成使用

全区59个村（社区）公共服务站建成并投入使用，其中外海街道19个、礼乐街道27个、江南街道6个、滘头街道5个、滘北街道2个，覆盖全区所有行政村（社区），进一步完善村级公共服务网络，为全区经济社会发展和村级“两委”换届选举创造良好条件。

三、德国线束项目半年建成

德国线束项目位于高新区34号地科技创新创业园内，是首家入驻高新区的汽配企业，主要配套一汽大众南海项目，总投资3亿元，其中2013年计划投资1.2亿元，分三期建设。项目一期占地7817平方米，于1月29日进场施工，至7月13日完成主体工程并交付德方，并于9月投产，创造“高新区速度”。

四、胜利南路（胜利大桥—五邑路段）通车

7月4日，胜利南路（胜利大桥—五邑路段）通车，连接蓬江江海两区、总投资3.12亿元、全长880米的胜利大桥全线贯通。胜利南路全长1.8公里，北起胜利大桥，直达广珠城轨江门站，设计速度每小时60公里，标准宽度40米，双向6车道，行车道宽3.5米，与江南路、五邑路和金瓯路等主要城市主干道路构成高新区、江海区道路交通网络。

五、江门市江海区党员服务中心（社区学院）落成开放

7月1日，集接待党员群众、党务业务办理、党务信息管理、党员学习交流和党员志愿者服务等功能于一体的江海区党员服务中心（综合党代表工作室）完工并揭牌，向全区8000名党员和周边2万多名群众提供一站式服务。这是江海区2013年社会管理创新五项重点工作［推进社会管理创新深化行政审批制度改革、建立健全农村基层治理机制、提升农村“三资”（资金、资产、资源）管理水平、建立和完善党代表工作室、培育和发展社会组织）］之一。位于该中心的社区学院同时向辖区居民开放。

六、LED项目建设顺利

以光博汇为龙头的LED项目建设顺利。光博汇占地226亩（15公顷），投资40亿元人民币，建筑面积100万平方米，由广东光博汇投资发展有限公司投资建设和运营，计划3年内建成，届时将成为行业内国内一流、规模最大的交易中心，预计入驻企业4000家以上。中国（江门）国际绿色光源博览交易中心项目年内8月8日奠基，12月12日开盘招商。

七、滘北家庭综合服务中心落成运营

12月10日，作为江门市首批观察项目，江海区唯一的社会管理创新“书记项目”的滘北家庭综合服务中心揭牌并向辖区居民开放。该中心投入130多万元，建筑面积560平方米，设有文化小广场、公共服务站和便民服务站等功能场所，是全区首个以政府购买服务方式引入专业社工运营，集政务、服务于一体的社区综合服务中心。

八、白水带绿道建成使用

2012年，江海区全面完成省立绿道和市立绿道支线以后，计划把分散的绿道连接形成环状布局，全长60公里。2013年，重点实施龙光塔至茶庵寺绿道，由外海街道牵头负责的江海区外海改善白水带风景区及周边改善农业生产条件项目（简称“白水带绿道”）基本完成并投入使用，增加了市民休闲活动空间，对促进江门市现代旅游休闲农业发展和白水带风景区山林防火等具有现实意义。白水带绿道西起龙光塔、东至茶庵寺，占地2.1公顷，道路全长2649米，宽8.75米。

九、礼乐街道大力改善校园环境

为做好“创强争先建高地”工作，努力办好人民满意的教育，礼乐街道投入250多万元，进行新联小学、礼贤小学田径运动场改造，完善设施设备，提升学校文化品位，构建和谐育人环境，并以特色鲜明的内涵优势和高品位教育，促进礼乐街道教育事业现代化上新台阶。

十、社区民警兼任村（居）委干部

推进社区警务建设，5个街道的43名社区民警在村（居）委会兼任副主任、副书记、主任助理，在全市率先全面实现社区民警进村（居）委领导班子。全区社区警务工作人员102人，为2012年的2.5倍。

大事记

JIANG HAI YEARBOOK

2013年江海区大事记

1月24日，2013年江海新春音乐会在东湖影剧院举行。音乐会安排18个精彩节目，包括电光击乐鼓、独唱、合唱、水晶乐曲演奏、陶笛吹唱、唱跳等表演形式。

1月，全省首创的《“特邀代理人”参与涉案未成年人刑事诉讼的规定（试行）》由区检察院、区法院、区公安分局联合签订，规定检察院、法院、公安机关在讯问或审判涉案未成年人时，若其法定代理人不能到场或不宜参与刑事诉讼，应当由区“关心下一代工作委员会”指派一名“特邀代理人”到场参与刑事诉讼。

2月，经广东省著名商标委员会的审核，江门市快事达胶粘实业有限公司的“快事达”商标和量子高科（中国）生物股份有限公司的“欧力多”商标被认定为广东省著名商标。

3月5日，经过网上投票和专家评议，“光博会奠基、东华大桥通车、完善交通路网建设（礼乐大桥通车）、江海商业广场奠基、胜利大桥通车、汇聪电器厂改造项目动工、胜利南路即将通车、新中社区致力开展青少年义教、科恒股份有限公司上市、外海慈善会成立”被评为江海区2012年十大亮点工程。

4月16日，江海区启动食用油放心工程，177家餐饮行业代表、学校、机关、工厂食堂负责人现场签订自律承诺书，决定使用由江海区餐饮协会统一采购的“放心油”的餐饮企业由最初的8家增加到20家，协会平均每月为会员商家提供食用油7600公斤，标志着全区进入食用油行业化监管新模式，“两建”工作取得新突破。

4月18日，广东省文化厅非物质文化遗产处处长张梅，广东省物质文化遗产保护专家委员会副主任吴世枫、杨明敬等到外海五大祠就外海太虚拳申报广东省非物质文化遗产项目进行调研，市委常委、江海区委书记旷仁山会见到访的专家学者，结合自己的练习体会向来客介绍太虚拳，并就相关申报材料问题进行研讨交流。

4月19日，在广东省科技厅公布的2012年广东省高新技术产品认定结果中，江海区的17家企业的34个新产品获得广东省高新技术产品认定。

4月28日，江门市委、市政府召开“五一”国际劳动表彰大会，广东省总工会向获得2013年度“全国五一劳动奖章”、奖状、工人先锋号和广东省“五一劳动奖章”、工人先锋号的先进个人及集体颁奖。江门长优实业有限公司生产部经理舒长虹获得广东省“五一劳动奖章”个人奖，广东银帆化学优先动手环保涂料研发项目组获得广东省工人先锋号称号。

5月6日，江海客运站开工。江海客运站位于江海区东海路与五邑路交叉口西南角、广珠城轨江门站东侧，临靠公交车接驳站场。为一级B类客运站，综合楼有8层，高30米，建筑面积1.6万平方米；地下人防工程建筑面积8200平方米，人防工程防核武器和防常规武器抗力级别6级。工程总造价6628万元。设计日发送旅客5000～10000人次，规模比江门汽车总站小，与新会新车站相近。主要服务江海片区的居民，以及方便来往城轨江门站的旅客换乘，粤西方向的客流，往广州方向的短途班线。

5月9日，江海区第一个社区教育学习站江南街道新中社区教育学习站挂牌并对外开放。学习站设有新南义斋、社区义工队、图书分馆、老年人学校等。

6月7日，江海区民情志愿服务队成立，

25名民情志愿服务队队员开始民情信息收集志愿活动。该服务队分为5个支队，包括区直综合支队、代表委员支队、街道支队、网络舆情支队、社会团体支队。江海区民情志愿服务队广泛动员社会力量，及时了解社会需求，收集民情民意，提出政策需求，做好民意调查评估，为上级社工委和区委、区政府科学决策提出重要依据，为加强社会建设、共建幸福江海服务。

6月17日，江门市委办公室、江门市人民政府办公室印发《中共江门高新技术产业开发区工作委员会江门高新技术产业开发区管理委员会主要职能内设机构和人员编制规定》和《江门市江海区部分党政机构调整方案》，明确合署办公相关事项，江门高新区、江海区正式合署。高新区党工委、管委会设13个机构，江海区由原来的20个机构调整为13个，调整后的13个相应党政内设机构合署办公。

6月28日，高新区、江海区举行2013年“扶贫济困日”启动仪式，江门国家高新区党政领导班子成员、江海区四套领导班子成员率领江海区区直各单位正科级以上的领导出席仪式，参加爱心捐赠活动，现场接收捐款4.47万元。

同日，江海区首届中小学校长沙龙在礼东小学举行，区教育局以及全区中小学校长共16人参加活动。

6月，江海区新增2家就业见习基地，分别是江门亿都电子科技有限公司、江门市德邦物流有限公司。江海区自2009年开始建立大学生见习基地，至此共有高校毕业生见习基地22家，提供就业岗位73个，拟招聘人数560人。为促进见习基地的良性发展，该区实行高校毕业生见习补贴政策，按照接收每位见习生每月475元的标准对基地进行补贴。

同月，广东省科技厅、财政厅、国家税务局和地方税务局联合公布，江海区艾默生网络能源（江门）公司等6家企业被认定为广东省2012年第二批高新技术企业。

7月1日，位于外海街道银泉社区的江海区党员服务中心启用，并于7月11日举行揭牌仪式。江海区党员服务中心（综合党代表工作室）集“两代表一委员”接待党员群众、党务业务办理、党务信息管理、党员学习交流和党员志愿者服务等功能于一体，面向全区8000名党员和周边2万名群众开放。

7月4日，江门高新区、江海区合署办公揭牌仪式在机关大院大门前举行。区党政领导班子成员，区人大常委会、区政协领导班子成员，各街道、区直各单位领导班子成员，垂直部门的主要领导出席仪式。

同日，胜利南路（胜利大桥—五邑路段）通车，连接蓬江江海两区、总投资3.12亿元、全长880米的胜利大桥开通。该路段全长1.8千米，北起胜利大桥，直达广珠城轨江门站，设计速度每小时60千米，标准宽度40米，双向6车道，行车道宽3.5米，与江南路、五邑路、金瓯路等主要城市道路一起构成江海区、高新区道路交通网络。

8月16日，江海区书法家协会成立，该协会有会员50多人，其中省、市级以上书协会员20多人。

8月20日，江海区兄弟龙舟协会成立并举行揭牌仪式。兄弟龙舟协会是一个非营利性质的社会团体，会员由残疾人、健全人共同组成。该协会接受区社会事务局和区残联的业务指导，挖掘残疾人的体育潜能，加强残疾人与健全人的体育交流，参加本地区和应邀参加全国各地及港澳台地区的龙舟竞赛及相关活动。

9月26日，江海区举行江海碧桂园酒店奠基仪式。江海碧桂园酒店选址紧邻江海区行政中心，建筑面积4.2万平方米，采用具有浓厚中式特色的建筑风格，设置总统套房、标准客房共190间，以及可容纳300人同时就餐的大型宴会厅及多功能会议室。计划于2015年5月1日建成开业。

9月29日，由江海区政协、阳春市政协联合举办的“江海·阳春国庆书画联展”在市文化馆展厅举办。本次书画联展展出的120多件作品均为江海、阳春两地书画家创作，作品以大尺幅为主，形式多样。此次展览贯穿国庆假期。

10月，市经信、发改、统计三部门联合公布2012年度四市三区节能目标责任评价考核结果，江海区单位GDP能耗比2011年下降4.50%，超额完成年度目标任务0.25个百分点，位居全市第一名。

11月12日，中铁十七局集团广中江高速公路项目工程第TJ14合同段项目经理部在高新区原江门一职新英校区广场举行成立仪式。广中江高速公路项目线路全长65.98公里，双向6车道，由广州南沙至江门高速公路和佛江高速公路江门段组成，横跨广州、中山、佛山、江门4市，其中江门段长27.6公里，江海段长4公里。按照线路走向，广中江高速公路江海段将在金星路上空采用高架形式，下沉穿过广珠城轨江门支线高架桥涵洞；在沿金星路的外海街道麻三村附近设置隧道进口，在外海街道金溪村附近设置隧道出口，贯穿白水带风景区山体。

11月21－22日，江海区第九届中小学生运动会在外海中学举行。全区25所中小学约400名学生参加跳高、跳远、投掷、赛跑、五项全能等项目的比赛。其中小学组比赛破纪录3项，外海中心小学、礼乐中心小学、麻一小学分别获得前三名；初中组比赛破纪录3项，外海中学、礼乐中学、麻园中学分别获得前三名；高中组破纪录15项，外海中学名列第一名。

11月，礼乐文锦幼儿园、武东幼儿园通过市一级幼儿园评估。至此，江海区共有优质幼儿园14家，占全区幼儿园总数的37%。

12月10日，江门市首批观察项目、江海区唯一的社会管理创新“书记项目”——滘北家庭综合服务中心举行揭牌仪式。该中心投入130多万元，建筑面积560平方米，设有文化小广场、公共服务站、便民服务站等功能场所，是全区首个以政府购买服务方式引入专业社工运营，集政务、服务于一体的社区综合服务中心。

12月18日，江海区跆拳道协会成立，罗广鹏当选荣誉会长，林文伟当选会长。大会对荣誉会长、会长、理事及9个训练基地颁发聘书和牌匾。

12月，投资800万元的滘头街道盛辉幼儿园和投资280万元的外海精英幼儿园通过江门市一级幼儿园评估。至此，江海区规范幼儿园达65%，广东省优质幼儿园达40%。

同月，全区59个村（社区）公共服务站（其中外海街道19个、礼乐街道27个、江南街道6个、滘头街道5个、滘北街道2个）全面建成并投入使用，覆盖5个街道的所有行政村（社区）。

概况

JIANG HAI YEARBOOK

基本情况

【位置·面积】 江海区位于江门市东部，东与中山市隔江相望，西南毗邻新会区，北接蓬江区。全区面积109.16平方千米，占江门市总面积的1.15%。

【气候·河流】 属亚热带海洋性气候，全年平均气温22.6℃，温和多雨，阳光充足，四季常青。西江干流经江海区段全长13.23千米。

【人口·民族】 全区常住人口258500人，户籍人口160631人，其中年末户数51526户。全区出生人口1797人，出生率11.20‰；死亡人口992人，死亡率6.18‰；自然增长率5.02‰。人口中大部分为汉族。

【行政区划】 江海区是江门市辖县级建制区，与江门高新区合署办公。下辖外海、礼乐、江南、滘头和滘北5个街道，设有村民委员会36个、社区居民委员会25个。

江海区行政区划简表

表1

街道	村（社区居）委会名称	村委会数	社区居委会数
外海	村委会：麻一、麻二、麻三、南山、中东、东南、东升、七东、七西、直冲、东宁、前进 社区居委会：墟镇、金溪、清兰、四大、沙津横、石鹤利、银泉、永康、彩虹	12	9
礼乐	村委会：英北、英南、东红、跨龙、东仁、雄乡、敬和、雄光、威西、五四、威东、向前、武东、乌纱、新民、新创、向民、新丰、向荣、新兴、向东、新华、镇龙、丰盛 社区居委会：墟镇、文苑、文昌沙	24	3
江南	社区居委会：桥南、蓬苑、江翠、新中、竹苑、中沙	0	6
滘头	社区居委会：仁美、建联、银城、正南、永明	0	5
滘北	社区居委会：北湾、富横	0	2
合计	—	36	25

各街道人口情况

表2 单位：人

名 称	年末常住人口	年末户籍人口			
		合计	按性别分		年末户数（户）
			男	女	
全 区	258500	160631	79838	80793	51526
外 海	96453	49685	24329	25356	17884

继上表

名 称	年末常住人口	年末户籍人口			
		合计	按性别分		年末户数（户）
			男	女	
礼 乐	83901	65324	32664	32660	17809
江 南	32047	22043	11129	10914	7720
滘 头	36549	18318	8999	9319	6430
滘 北	9550	5261	2717	2544	1683

各街道户籍人口变动情况

表3　　单位：人

名 称	出生人口	出生率（‰）	死亡人口	死亡率（‰）	自然增长率（‰）
全 区	1797	11.20	992	6.18	5.02
外 海	618	12.48	358	7.23	5.25
礼 乐	715	10.97	370	5.68	5.29
江 南	179	8.05	115	5.17	2.88
滘 头	211	11.56	116	6.36	5.20
滘 北	74	14.18	33	6.32	7.86

社会经济发展

【国民经济综述】 主要经济指标增幅达到预期目标。全年地区生产总值129.64亿元，增长9.5%，其中第一产业增加值4.27亿元，增长2.8%；第二产业增加值82.97亿元，增长11.5%；第三产业增加值42.40亿元，增长5.6%。在第三产业中，交通运输、仓储和邮政业增长7.9%，批发和零售业增长4.9%，住宿和餐饮业增长1.4%，金融业增长9.2%，房地产业下降2.5%，营利性服务业增长16.4%，非营利性服务业增长4.5%。人均GDP为50296元，增长8.8%。三次产业结构比例为3.29∶64∶32.71。

【城乡发展环境】 高新区公共码头岸线项目完成审批手续，与中国外运股份有限公司签署合作框架意向书，前期工作完成率超出年度投资计划。胜利大桥、胜利南路工程主干道全线通车，广中江高速项目征地拆迁工作扎实推进，永康北路完成路面工程，金瓯路(江门水道～港澳码头)改造工程、富民路东段（永康路～金星路）工程、南山路前期工作、江睦路征地拆迁稳步推进，“十纵六横”综合交通网络不断完善。核心区开发加快，中环二期江海商业广场地基工程全面铺开，碧桂园酒店动工建设，鹿茵酒店主体工程封顶，江海供电局生产综合楼主体工程竣工。沿江新城片区建设提速，海逸酒店、海伦湾等项目进度加快，奕聪花园二期六栋高层封顶。“三旧”改造取得进展。汇聪电器厂项目提前完成改造任务并逐步投入使用。兰花味精项目进度加快，完成供地手续，全年投资额2亿元。春燕纺织项目落实投资合作开发对象。新农村建设加快推进，累计完成村庄整治规划编制29条，创建区级名村示范村19个。外海街道麻二村、礼乐街道武东村列入2013年宜居村庄创建试点。宜居环境不断优化。高新区南湖工程开挖进度加快，中沙水闸重建工程完成机电安装及主体工程，江海生活污水处理厂配套截污管工程（二期）开工建设，礼乐主灌河绿道工程二期、江门河礼乐段东岸城市绿道工程全面铺开。实施“森林围城，树林进城”绿色行动，种植乔木1万多棵，新增绿化面积26万平方米。

【固定资产投资】 全年固定资产投资62.53亿元，增长12.88%。从经济类型看，国有经济投资8.82亿元，增长157.89%；港澳台、外商经济投资15.23亿元，增长21.84%；民营经济投资30.89亿元，增长0.98%。从产业看，第二产业投资20.22亿元，下降21.45 %；第三产业投资42.31亿元，增长42.65%。全年房地产开发投资25.64亿元，增长71.28%；商品房施工面积247.78万平方米，增长76.08%；商品房竣工面积12.21万平方米，增长33.59%；商品房销售面积31.05万平方米，下降21.83%；商品房销售额19.13亿元，下降14.75%。

【基础设施建设】 完成两区城市综合发展规划的深化方案，两区规划融合迈入新阶段。发行9.5亿元企业城投债，用于完善高新区基础设施。高新区公共码头项目确定首期项目投资合作伙伴并签订框架合作意向书。投入21亿元完善交通路网。胜利南路（新中大道～五邑路）通车，永康北路建成，金瓯路、江睦路、金星路升级改造等工程加紧施工，广中江高速公路江海段基本完成征地拆迁工作。推进道路亮化工程。完成路灯改造3000盏，5个街道全部完成主要市政道路的亮化工作。改善排涝设施和水环境。完成水资源实时监控管理系统，江海污水处理厂扩建、高新区工业污水处理厂主体工程完成建设。横沥水闸、虾蛟滘电排站、江新联围外海堤段除险加固等工程完成并投入使用，中沙水闸重建完成主体工程。

【工业生产】 全年规模以上工业增加值增长14%；其中轻工业增长12.3%，重工业增长15.5%。从经济类型看，国有及国有控股企业增长0.9%，集体企业下降2.1%，股份制企业增长15.2%，外商及港澳台投资企业增长13.7%，民营企业增长10.5%。

【农业生产】 全年粮食作物播种面积 3488亩，增长3.16%；果蔗种植面积 9295亩，下降8.02%；蔬菜种植面积 33619亩，下降12.52%；粮食产量1284吨，增长12.7%；果蔗产量54321吨，下降3.3%；蔬菜产量42192吨，下降24.75%。

【国内贸易】 全年实现社会消费品零售总额31.72亿元，增长15.70%。从行业看，批发零售业实现零售额27.71亿元，增长17.83%；住宿餐饮业实现零售额4.01亿元，增长2.85%。分商品类别看，在限额以上批发零售业零售额中，粮油、食品类增长30.68%，文化办公用品类增长49.79%，汽车类增长52.95%，石油及制品类增长7.95%。

【对外经济贸易】 全年进出口总额22.25亿美元，增长4.39%。其中进口总额7.6亿美元，增长2.01%；出口总额14.65亿美元，增长5.66%。从贸易方式看，一般贸易出口8.18亿美元，增长20.17%；加工贸易出口6.35亿美元，下降8.14%。从企业性质看，国有企业出口0.09亿美元，下降2.53%；三资企业出口8.79亿美元，下降4%；私营企业出口5.77亿美元，增长25%。外商直接投资1.20亿美元，增长6.92%；合同利用外资额2.16亿美元，增长7.41%。

【财政收入】 全年累计完成地方公共财政预算收入6.07亿元，增长13.11%，增幅比2012年高2.49个百分点，其中税收收入4.97亿元，增长13.09%。财政增收进一步促进基本公共服务均等化，提高民生保障水平。地方公共财政预算支出8.49亿元，增长20.36%，其中城乡社区事务、医疗卫生和教育分别增长47%、20.81%和12.43%。

【社会各项事业】 全年地方公共财政预算教育支出1.85亿元，增长12.43%。全区拥有普通中学12所，小学15所，幼儿园41所。普通高中招生2523人，在校生7393人，毕业生2346人。初中招生2577人，在校生7762人，毕业生2466人。小学招生3829人，在校生19357人，毕业生2729人。幼儿园入园儿童2011人，在园幼儿7891人。教育普及程度进一步提高，小学学龄儿童入学率100%，小学升学率100%，初中适龄少年入学率100%，初中升学率99.4%，高中报考录取率87.94%。

全年地方公共财政预算科学技术支出0.17亿元，下降34.14%。国家级高新技术企业42家，省民营科技企业63家；省级工程技术研究开发中心12家，市级工程技术研究开发中心29家。新增国家级高新技术企业12家。申请发明专利417件，增长7.47%。发明专利授权量70件，下降0.27%。全区有效发明专利242件。组织申报省级科技项目93个；申报市级科技项目69个，获得市级立项30个；申报区级科技项目15个，获得区级立项12个。

全区共有文体服务中心5个，文化馆1个，综合档案馆1个，建有礼乐街道图书馆和市五邑图书馆外海、滘头街道分馆，图书总藏量2.9万册。广播人口综合覆盖率和电视人口综合覆盖率均为100%。共有53个文体广场，其中全民健身广场8个，文体小广场45个；公共体育场所总面积38.05万平方米，人均公共体育场所面积1.47平方米。

全区共有各类卫生机构45个，其中医院5个。各类卫生技术人员546人，其中执业（含助理）医师200人，执业护士226人，床位278张。医院卫生院卫生技术人员404人，其中执业（含助理）医师151人，床位数278张。

乡土教材《江海英贤》获省党史部门党史优秀成果三等奖；百姓艺术健康舞《好日子》《相亲相爱》入选省文联百姓健康舞教材；参加省政协第十届粤港澳“四洲杯”粤曲演唱大赛1人获二等奖；组织2支队伍参加五邑“狮王争霸”传统武术竞赛并分获第一、三名；组队参加市青少年锦标赛，获金牌3面、银牌9面、铜牌11面。

【城乡居民人均可支配收入】 全年农村居民人均纯收入15655元，增长14.6%。农村居民家庭恩格尔系数为48.5，消费支出中教育文化娱乐服务所占比重为5.02%，居住住房总建筑面积人均 34.15平方米。

全年城镇居民人均可支配收入27642元，增长 12.30%。城镇居民家庭恩格尔系数37.6，消费支出中教育文化娱乐服务所占比重9.82%，现有住房总建筑面积人均35.72 平方米。

高新技术产业发展

【江门高新区概述】 江门高新区成立于1992年7月，位于珠三角西部，江门市区东南部，1993年3月被批准为省级高新区，2010年11月经国务院批准晋升为国家级高新区。园区总开发面积33平方公里，其中一期18平方公里已开发，进入二期15平方公里开发阶段。园区区位条件优越，水陆空交通便利，后备土地资源充足，环境质量为珠三角其他城市的高新区所无法比拟，是高新技术产业投资的理想选择。无论是经济规模、产业结构、发展质量，还是单位面积产出、开发强度、人均产值等方面，江门高新区均在全市前列，成为推动江门经济增长的重要引擎。拥有10万常住人口的江门高新区也是江门市主城区的重要组成部分。为加快落实国家关于加快经济发展方式转变和经济结构调整以及大力培育战略性新兴产业的战略部署，经充分论证，江门高新区立足现有产业发展，适时调整发展目标，最终确立以绿色光源为主的战略性新兴产业，以光机电一体化为主的高附加值先进制造业，以现代物流、总部经济、科技金融及商住配套为主的现代服务业等新三大主导产业发展方向。

【江门市高新技术工业园有限公司】 工业园公司领导班子4人，全体干部、职工50人（包括后勤、返聘人员），设立部门3个，包括办公室、财务部、管理部；子公司4个，包括江门市高新工业园投资开发有限公司、江门市高新技术创业服务中心有限公司、江门市高新技术工业园物业管理有限公司、江门高新港务发展有限公司。工业园公司筹措和落实建设资金，推进、实施一批具有战略意义的基础设施和配套工程，共完成基础设施建设投资7850万元，完成小型工程及零星工程等市政配套设施投资908万元，包括综合污水处理厂土建结构部分基本完成，进行厂内工艺管网施工和南山路污水管网施工；南山路跨麻园河桥工程完成吊梁和排水箱涵的施工，进行桥面铺装和桥梁北面道路路基施工；光明一路（46号地）道路排水工程完成施工图设计和编制预算工作，进行施工招标工作；高新东西路、南山路全线贯通。

【工业建设】 2013年，江门高新区、江海区共实现地区生产总值129.64亿元，增长9.47%，规模以上工业增加值60亿元，增长14%。净增规模以上企业22家，机电产业产值突破150亿元；18个工业投资项目提前完成年度投资，量子高科（中国）生物股份有限公司微生态健康产业基地、江门建滔电子发展公司覆铜板一期和江门崇达电路技术有限公司个性化小批量印刷电路板生产项目和信义环保特种玻璃（江门）有限公司13兆瓦光伏发电示范等8个项目投产或试产；规划用地面积12平方公里的省市共建广东（江门）汽车零部件产业专业园获省经济和信息化委员会授牌。

【招商引资】 江门高新区“一区多园”模式取得突破，江沙示范园区、鹤山工业城、鹤山龙湾工业园纳入 “一区多园”管理；银帆和巴斯夫合作项目等一批总投资超20亿元的项目落户。

【高新技术开发】 高新技术产品产值占工业总产值比重提高到37.3%。新增国家高新技术企业12家、国家级创新资金项目3个、省级工程技术研发中心7个、省级知识产权优势企业1家。科技创新创业中心、科技创新创业园一期全面动工。高新区被认定为省小企业创业基地，建成科技孵化器7.1万平方米，在孵企业79家、毕业企业23家。加大知识产权保护力度，江海区被列为国家知识产权强县工程试点县（区），成立全市首个知识产权法庭。江海区每万人发明专利拥有量12.2件，居全市首位。

【创新中小企业运作体系】 加大企业扶持力度，兑现各项各级财政扶持企业资金1.33亿元。量子高科（中国）生物股份有限公司被认定为“广东省战略性新兴产业骨干（培育）企业”，广东大冶摩托车技术有限公司成为省电子商务示范企业。建立全省首个园区企业信用评价体系，进行信用评级的中小企业145户，比评级前增加授信额度16亿元。建设银行、融和农商银行高新区科技支行挂牌成立，成为全市首批挂牌的科技支行。新增1家小额贷款公司——江门市江海区汇信小额贷款有限公司。广东侍卫长卫星应用安全股份公司成为全市首家在天津股权交易所挂牌的企业，江门市地尔汉宇电器股份有限公司通过上市首发申请，广东聚科照明股份有限公司完成股份制改造。

【绿色光源产业基地建设】 2013年，获得“广东省战略性新兴产业（江门绿色光源）基地”“广东省LED产业化基地”等称号；全市最大单体建筑专业市场、广东省重点建设项目LED博览交易中心首期封顶，首期商铺开始预售；区内聚集LED产业内上中下游各类企业900多家，引进MOCVD设备39台，形成较为完整的“外延片生产—芯片制备—封装—下游应用产品生产”的产业链，高新区作为LED产业核心园区的实力得以增强。

【物流基地建设】 发行9.5亿元企业城投债券，以完善高新区基础设施，高新区公共码头项目确定首期项目投资合作伙伴并签订框架合作意向书。投入21亿元完善交通路网，胜利南路（新中大道—五邑路）通车，永康北路建成，金瓯路、江睦路、金星路升级改造等工程加紧施工，广中江高速公路江海段基本完成征地拆迁工作，“十纵六横”交通网络初步形成。区内江中、江鹤、江珠三条高速公路交会，广珠城际轻轨设3个站点，交通网络覆盖珠江三角洲区域。

【特色产业和科技创新】 “十一五”期间，江门高新区确立以LED战略性新兴产业为招商重点和超常规发展对象，规划4平方公里作为LED产业核心园区（分为LED核心区和商贸生活配套区），并相继出台一系列优惠政策，产业集聚效应初步显现。高新区信息网络平台、高新区公共服务平台、高新技术创业服务中心大楼、广东省半导体绿色光源检测平台、广东省（江门）绿色（半导体）光源公共服务平台、广东省院士专家企业工作站、生物技术孵化器和科技协同创新平台等相继落成并投入使用，其中国家半导体光电产品检测重点实验室的得以落户并投入使用。

【江门高新区公共码头】 计划投资1亿元，年内完成9000万元，完成全年计划的90%。购买西电设备，与市企业资产公司、产权交易中心办理委托公开拍卖相关手续；码头岸线完成审批手续；并与中国外运股份有限公司签署合作框架意向书。

【江门高新区科技创新创业中心】 计划投资3000万元，年内完成1860万元，完成全年计划的62%。静压管桩施工基本完成，进行基坑支护施工，其中基坑支护桩基本完成；止水搅拌桩基本完成；冠梁锚索进行施工，完成15%；静压管桩进行静载试验检测。

【高新区科技创新创业园】 计划投资15000万元，年内完成12600万元，完成全年计划的84%。一期3号厂房完成，工厂设备入场安装试产；9号宿舍基本完成，1、2、3、7、8号宿舍楼在建。宿舍楼纳入市公租房，获得市补贴3700万元。创业中心与工厂就厂房、宿舍的租赁合同基本确定。二期工程采用“融资+工程总承包”的模式建设，并获市政府批复同意，完成招标文件。

【江门高新区总部科技园】 计划投资13000万元，年内完成350万元，完成全年计划的2.69%。规划方案通过市规委会研究同意。由市政府牵头筛选投资主体，制订相应项目方案。

【江门高新区南湖工程】 计划完成4264万元，年内完成2750万元，完成全年计划的64.5%。完成交地合305亩，完成开挖190亩；完成水利所、马鬃沙农场的108.11亩和27.48亩的《土地及拆迁补偿协议书》签订。水利所、马鬃沙农场开始交地，水利所南湖范围内的落羽杉完成砍伐；完成南湖北岸场地平整，湖心岛建筑完成；南湖一区湖底、湖岸线及场地平整分步验收；在彩虹桥与龙溪河交汇处放置3条150厘米的涵管进行截水，围堰修筑施工便道，为南岸开挖工程做好准备。麻园河与龙溪河交汇处改河边水口的农业电排站完成拆迁交地。南湖北岸场地的市政工程进场施工，北岸人行道、非机动车道路床开挖并回填石渣垫层。

党政机关

JIANG HAI YEARBOOK

中共江门高新技术产业开发区工作委员会·中共江门市江海区委员会

□ 区委工作

【区委八届十七次会议】 1月6日召开，会议研究召开中共江门市江海区委八届三次全体会议的有关事项；讨论区委八届三次全体会议工作报告；研究召开江门市江海区第九届人民代表大会第三次会议的有关事项；研究在礼乐街道另行选举区人大代表1名的问题；研究召开中国人民政治协商会议江门市江海区第三届委员会第三次会议的问题；研究增补江海区政协委员会名单和政协常委名单；研究外海街道增补工商联（总商会）执委会成员；审议江门市江海区建立党委新闻发言人制度的实施办法；审议《江海区党（工）委（党组）中心组学习制度》；研究外海街道麻一村等10个村（社区）党（总）支部调整设置为党委的问题；审议《江海区关于建立健全区管干部谈话制度的实施办法》等九项工作制度；研究有关纪律处分问题；有关人事问题。

【区委八届三次全体会议】 1月10日召开，会议贯彻党的十八大、中央经济工作会议、省第十一次党代会和市委十二届三次全会精神，总结全区2012年工作，部署2013年工作。

【区委八届十八次会议】 1月18日召开，会议传达省委十一届二次全会精神；研究区残联、红十字会换届有关事宜；研究人事问题。

【党政领导班子联席会议】 1月11日召开，会议研究2012年江海区总结大会有关事项；研究《村民自治章程（范本）》；通报2012年重点项目完成情况和研究2013年重点项目计划；通报有关项目招商情况；研究安全生产有关工作；研究区政府工作报告（送审稿）；研究江海区2013年经济和社会发展预期目标；研究《江门市江海区2012年国民经济和社会发展计划执行情况与2013年计划草案的报告（送审稿）》；研究《江门市江海区2012年财政预算执行情况和2013年财政预算草案的报告（送审稿）》。

2月22日召开，会议研究江海区村（社区）公共服务站建设工作方案；研究江海区社会管理创新五项重点工作方案；研究2013年江海区重点工作、党建工作、社会管理工作和行政管理工作计划；研究2013年江海区民生实事计划。

4月19日召开，会议通报表彰全区“三打”专项行动先进集体、先进个人情况；通报安全生产工作情况；研究江海区行政审批制度改革事项目录（第一批）；研究江门市江海区纪委约谈督查督办项目暂行办法；研究中共江海区委、区政府关于贯彻落实中央“八项规定”的实施意见；研究2013年以区委或区政府以及区委、区政府名义召开的全区性会议计划安排；通报区领导工作分工。

6月4日召开，会议研究审定《江门市江海区落实科学发展观评价指标体系及考核评价办法》；研究审定《江门市江海区义务教育学校布局专项规划》；研究审定《中共江海区委、江海区人民政府关于加快推进教育现代化的决定》；研究审定表彰2012年度江门市江海区人口与计划生育先进工作者的问题；研究修订《江门市江海区人口与计划生育目标管理责任制考评办法》；研究推荐省和市扶贫“双到”工作优秀集体和优秀个人的问题；研究审定《江海区2013—2015年扶贫开发工作方案》；研究府西小区整合开发方案；研究信访积案化解年活动方案。

6月24日召开，会议研究润恒物流项目招商情况；通报高新区、江海区党政领导班子分工。

8月7日召开，会议研究调整全区中小学校教职工住房公积金缴存标准的问题；传达省、市社工委工作会议精神，提出贯彻建议；研究高新区、江海区重大决策专家咨询论证办法和重大决策专家咨询论证委员会工作规则；通报重点项目建设责任领导调整事项；听取广中江高速公路建设项目情况汇报；听取金瓯路改造工程项目情况汇报；听取连海路道路工程情况汇报；学习《江门市人民政府办公室关于印发江门高新区实施“一区多园”意见（试行）的通知》；传达中央、省有关文件精神；通报江门市各市区实绩考核办法对江海区产生的影响及其应对措施。

9月5日召开，会议研究成立高新区、江海区平安创建工作领导小组和十大工程专项领导小组方案；研究江门高新区公共码头项目首期投资合作意向书；通报上报江门市第八批荣誉市民的情况；研究“三定”方案。

10月10日召开，会议研究部门常务副职工作指引的问题；通报推荐江门市“侨乡金扫”和“侨乡环卫先进工作者”的情况；通报干部使用公务用车的有关情况；通报全区登革热病有关情况；审议梁许赞在高新区党工委、江海区委中心学习组会议上的讲话。

11月6日召开，会议研究《高新区、江海区党政机关和事业单位差旅费管理办法》。

11月14日召开，会议审议江海区法治文化建设总体方案。

12月20日召开，会议通报信义二期扩产项目优惠补贴的问题；通报江南小学学生坠楼事件的情况；研究江海区农村集体资产管理交易办法；研究高新区、江海区2014年重点建设项目计划（征求意见稿）；讨论《梁许赞同志在中共江门高新区工委2014年工作会议暨中共江门市江海区委八届四次全体会议上的讲话》；关于2014年财政预算编制原则的说明；通报消防工作情况。

12月27日召开，会议研究调整江海区党政工作机构纪检组织设置的有关问题；研究区政府工作报告（讨论稿）；研究江海区2014年经济和社会发展预期目标；研究《江门市江海区2013年国民经济和社会发展计划执行情况与2014年计划草案的报告（讨论稿）》；研究《江门市江海区2013年财政预算执行情况和2014年财政预算草案的报告（讨论稿）》。

【党委会议】 7月9日召开，会议研究召开江海区妇女第六次代表大会工作意见的问题；研究人事问题。8月2、7、23日和11月6日召开，以上会议研究干部、人事问题。11月29日召开，会议专题学习贯彻党的十八届三中全会精神。12月20日召开，会议研究召开江门市江海区第九届人民代表大会第四次会议的有关事项；研究召开中国人民政治协商会议江门市江海区第三届委员会第四次会议的有关事项；研究审议增补江海区政协常委、委员名单事项；研究召开江门市江海区妇女第六次代表大会有关事项；研究召开中共江门高新区工委2014年工作会议暨中共江门市江海区委八届四次全体会议的事项；审定梁许赞在中共江门高新区工委2014年工作会议暨中共江门市江海区委八届四次全体会议上的讲话。

【管委会党工委工作会议暨区委全体会议】 12月31日召开，会议贯彻党的十八届三中全会、中央经济工作会议、市委十二届四次全会精神，总结高新区、江海区2013年工作，部署2014年工作。

【重要决策和重大活动】 3月7日，区政府印发《江门高新区、江海区实施〈珠江三角洲地区改革发展规划纲要〉实现“九年大跨越”工作方案》，提出要全面贯彻落实党的十八大、习近平总书记视察广东重要讲话、省委书记胡春华、省长朱小丹在江门调研重要讲话精神，争取到2017年，率先全面建成小康社会，以及基本实现社会主义现代化，在推进转型升级中加快发展，经济结构进一步优化，经济综合实力显著增强，对外开放和区域一体化水平进一步提升，城乡区域发展更加协调，生态环境明显改善，文化建设成效显著，体制机制更加完善，社会管理明显增强，人民生活水平持续提高；争取到2017年，地区生产总值年均增长10%，人均地区生产总值达到65400元（2010年价）以上，服务业增加值比重达到30%，城乡居民人均收入比2010年翻一番，研发经费支出占地区生产总值比重达2.2%。

4月25日，区委、区政府印发《中共江门市江海区委江门市江海区人民政府关于贯彻落实中央“八项规定”的实施意见》。《实施意见》结合江海区实际，提出6项19条有关规定：改进调查研究，包括注重调研实效、减少陪同人员和简化接待工作；精简会议活动，包括减少会议活动、控制会议规模和时间；改进文风，包括精简文件简报、提高办文质量和改进新闻报道；规范出访活动，包括合理安排出访和控制因公出国团组人数；厉行节俭节约，包括严控会议活动经费、公务接待支出、公用经费支出和规范公务用车管理；加强督促检查。

6月17日，按照市委、市政府的统一部署，高新区、江海区进行机构调整，高新区党工委、管委会设13个副处级内设机构，江海区党政机构由20个调整为13个，两区13个相应内设机构合署办公。其中设置纪律检查委员会机关和办公室、组织部、宣传部、统战部、政法委共6个工作部门，政府设置发展改革和统计局、经济和科技促进局、财政局、住房城乡建设和水务局、国土规划和环境保护局、卫生和人口计生局、市场安全监督管理局等7个工作部门。

7月4日，高新区、江海区举行高新区党工委、管委会揭牌仪式，标志着高新区和江海区党政相应内设机构合署办公各项工作基本完成。

8月9日，印发《高新区、江海区重大决策专家咨询论证办法（试行）》。《办法》结合高新区、江海区实际，提出12条有关规定，包括决策咨询委员会的领导机构、主要咨询论证事项、咨询论证程序、运作方式、专家委员遴选聘任办法等。为规范和完善高新区、江海区重大决策专家咨询论证委员会（以下简称区咨委会）的工作，制订《高新区、江海区重大决策专家咨询论证委员会工作规则》。

8月19日，经高新区管委会主任暨江海区政府常务会议研究决定，2013年11月13日起，在江海区范围内实行计划生育手术并发症人员特别扶助制度。扶助对象对符合条件的本区户籍人员；扶助标准分为100元、200元、300元，给予一次性抚恤金补偿共4个等次。

10月28日，举行江门高新区公共码头首期项目投资合作意向书签约仪式，市、区有关领导、区直和街道有关人员，中国外运公司相关人员参加。

11月6日，经江门高新区管委会主任暨江海区政府常务会议研究决定，2014年1月起，把江海区公务员和参公管理人员纳入工伤保险范围。公务员纳入工伤保险统筹管理以后，其工伤保险基金征集、工伤认定、劳动能力鉴定、工伤保险待遇参照新修订的国务院《工伤保险条例》《广东省工伤保险条例》的规定执行。

12月25日，高新区江海区金融工作座谈会暨融和农商银行科技支行揭牌仪式，区和市金融局、市科技局、中国人民银行江门中心支行、江门银监分局主要领导，以及有关金融机构领导共48人参加。

【调研工作】 围绕“行政事业单位财务管理模式”主题开展调研，形成《江海区财务集中核算模式分析与改革建议》等调研成果；为盘活闲置厂房，加快产业转型升级开展专题调研，形成《江海区闲置厂房调研情况报告》；围绕江门高新区当前的融资现状和突破江门高新区缺乏发展资金困境的问题，分别前往湖南省长沙高新区、衡阳高新区，上海市金桥开发区、张江高科技园区和湖北省武汉高新区开展专题调研，形成《江门高新区投融资平台建设研究》。

【保密工作】 深入开展保密宣传教育，强化保密机构队伍建设、保密技术防范等工作。开展“保密法纪宣传教育”活动。组织全区领导干部参加全市保密演示会，通过对现代办公设备泄密窃密的方式、途径、危害及有效防范对策和手段进行直观生动的演示，使广大领导干部、涉密人员进一步增强保密意识，提高反窃密、防泄密的能力和水平。组织全区有关领导和涉密人员集中观看《全国窃密泄密案例警示教育展》《涉密经济数据泄漏警示录》《〈密战〉警示录》等保密警示教育片，利用网站（网页）发保密法律知识和业务知识帖子8次，在机关大院办公大楼大堂摆放保密宣传栏3个，向全区干部发送手机短信4条4200人次，宣传保密法律知识、业务知识和应知应会内容。开展档案系统专项保密检查，重点对涉密档案数字化加工、档案公开保密审查、计算机及移动介质保密管理、档案管理、要害部门部位管理以及涉密人员管理情况进行检查，发现问题及时整改。根据中央保密委办、国家保密局《关于开展“调查研究年”活动有关事项的通知》，结合实际开展“调查研究年”活动，摸清全区保密工作基本情况，提出工作意见和建议。组织开展政府信息公开保密审查专项检查工作。全区保密部门（含市直部门）33个，涉密网络1个，非涉密网络9个，涉密计算机54台，非涉密计算机1729台，有登记造册的非涉密移动存储介质415个，对各单位计算机进行一次全面检查，及时清除互联网计算机上存储的内部敏感信息，把互联网计算机的工作文档及时归档处理。涉密计算机和内部计算机上严禁连接手机。重新对涉密计算机和移动存储介质进行全面清理、分类，贴好标签，按类型进行使用和管理。重新对全区涉密计算机进行调查、登记、备案，共登记涉密计算机39台。全年收取上级三密信函523份；三密文件502份，其中秘密286份，机密116份，密码电报39份；定期清理销毁密件2000多份。对销毁文件、资料送到开平市苍城镇永顺纸厂进行监销，实现销毁安全无事故。对各单位清退的计算机硬盘、优盘等涉密载体进行登记备案，统一送市保密局集中销毁。

【中共江门高新技术产业开发区工作委员会领导名录】

书　记：梁许赞（2013.6-）
副书记：周惠红（女，2013.6-）
　　　　颜　强（2013.6-）
委　员：庞正华（2013.7-）
　　　　刘　兵（2013.6-）
　　　　周婉玲（女，2013.6-）
　　　　何　腾（2013.8-）
　　　　李欣立（2013.6-）
　　　　黄伟权（2013.6-）
　　　　郑耀强（2013.6-）
　　　　吴　旭（2013.6-）
　　　　曾计开（2013.6-）
　　　　何宁坤

【中共江门市江海区委员会领导名录】

书　记：旷仁山（-2013.6）
　　　　梁许赞（2013.6-）
副书记：周惠红（女，2013.6-）
　　　　颜　强（2013.6-）
常　委：庞正华（2013.7-）
　　　　刘　兵（2013.6-）
　　　　周婉玲（女，2013.6-）
　　　　李欣立（2013.6-）
　　　　郑耀强（2013.6-）
　　　　吴　旭（2013.6-）
　　　　何宁坤
　　　　屈伟明

□　纪检监察

【纪委全体成员会议】　2月28日，召开区第八届纪律检查委员会第三次全体会议，会议传达学习习近平总书记在十八届中央纪委二次全会上的重要讲话、十八届中央纪委二次全会、十一届省纪委二次全会以及市纪委十二届三次全会精神，听取市委常委、区委书记旷仁山的讲话，审议通过区委常委、纪委书记刘兵代表区纪委常委会所作的《转变作风惩治腐败，为建设幸福和谐美丽江海提供坚强保障》工作报告及《江门市江海区纪检监察审计工作规程》，总结2012年纪检监察审计工作，部署2013年的工作任务。

【专项会议】　11月5日，召开街道党工委主要负责人“三述”（述责、述德、述廉）专题会议，听取各街道党工委书记向区纪委全会作“三述”报告，并由区纪委委员对他们现场评议。经测评，各街道党工委书记履行“一岗双责”，遵守《廉政准则》、中央“八项规定”等条例，将党风廉政建设和反腐败工作纳入党工委的重要工作日程，推动各项工作的开展，干部群众的总体满意度均达到90%以上、达到“优秀”等次。

【纪律教育学习月活动】　按照省、市工作部署，8月上旬起至9月30日，开展以“严纪律、正作风、促廉洁”为主题的纪律教育学习月活动，分思想动员、学习教育、查摆问题、整改总结4个阶段进行。区纪委领导班子成员落实联系工作责任制，到各街道、区直单位、农村、社区参与纪律教育学习月活动，指导纪律教育活动的开展。各街道、区直各部门围绕“严纪律、正作风、促廉洁”主题，着眼于领导班子建设，查摆问题，找准突出问题。

【惩治和预防腐败体系构建】 落实党风廉政建设责任制，把63项反腐倡廉主要任务分解到13个牵头单位、49个责任单位。举办廉政教育培训班6期。组织区党政领导班子到省廉政教育基地接受教育。对36名新任科级干部开展集体廉政谈话，并到江门监狱参加廉政警示教育活动。组织全区420人观看省、区作风暗访专题片。发放《2013反腐倡廉教育读本》406本，发出廉政短信1500多条。礼乐围垦指挥所所长黄铣榆作为江海区先进个人代表，首次在江门市五邑廉洁清风先进事迹报告会上宣讲。

【领导干部廉洁自律】 首次组织各街道党工委主要负责人向区纪委全会开展“三述”活动，发出调查问卷、民主测评表各125份，与区委、区政府、人大、政协等单位124名代表谈话并收集意见和建议18条。对各单位落实党风廉政建设情况进行考评，把考评结果报区党风廉政建设领导小组备案，作为领导班子和领导干部业绩评定、奖励惩处、选拔任用的重要依据。严格控制党政机关办公楼等楼堂馆所建设，全年两区没有审批新建楼堂馆所项目立项。组织开展全区13个区直部门和5个街道党员领导干部会员卡清退行动，全区应报告的人数共262人，其中县处级33人、乡科级198人、基层站所负责人31人。参加自查自报人数262人，报告未持有各类会员卡的人数262人。

【纠正不正之风】 开展纠风专项治理。春、秋两季组织相关部门对教育、涉农等领域行业的收费问题进行检查；开展整治庸、懒、散、奢等不良风气，切实改进工作作风。各单位认真查摆问题，落实整改措施；通过开展明查暗访共制作两期暗访专题片在全区干部大会上播放，定期检查和通报全区大型会议的会风、会纪情况，收到良好的教育效果。组织在市行政服务中心有进驻办事窗口的15个区直部门、五个街道办事处政务服务中心等单位开展民主评议政风行风活动，并对2012年被评议不达标单位进行“回头查”活动。通过评议，区直、基层单位完善有关建章立制工作，服务群众的理念、办事效率大为提高，所有被评单位达到“满意”档次。

【源头治腐】 深化“三资”（资产、资源、资金）管理，由各街道在各自服务平台网站上放置广告宣传栏，加大对交易平台网址的宣传力度。印发《江海区农村集体资产管理交易办法（试行）》，进一步规范“三资”交易管理。全年区“三资”交易中心共交易468宗，交易总额36862.62万元，增加集体收入1014.23万元。探索农村村级财务委托第三方管理工作，确立滘北街道为农村财务委托第三方管理示范点单位。推进廉洁村居示范点建设，加强群众监督，聘请一批义务监察员，对村务、财务和村干部勤政廉洁情况进行监察。在江南街道新中社区示范点建立廉政QQ群，鼓励QQ监察员对日常村务做好监察、反馈；共发展QQ义务监察员45人次，反馈和处理信息38条。实现义务监察员与村监委合署办公，建造廉政休闲公园，加强村民的廉政文化宣传教育工作。拓展监督沟通，在社区内设置居民意见箱，收集居民对社区管理的意见和建议，及时做好调查、整改和反馈。

【查处违法违纪案件】 全年共接收群众信访举报75件。应办信访举报件33件（重复件和业务范围外件除外），按期应办23件，实办22件

（未到期10件），核查率96%；实名举报的10件，已核5件(有5件未到期)，按期办结率100%。清理2008年至2013年信访暂存件94件。通过信访核查，对3名科级干部进行诫勉谈话，为10名党员干部澄清是非，为176名干部提供廉政信息。全区审结案件12宗，其中自办案件5宗，街道案件7宗。查处违纪违规案件的涉案金额178.63万元，为国家和集体挽回经济损失34.76万元。

【执法监察】 加强对节能减排资金管理使用情况的专项执法监察，围绕项目评估审批、资金拨付、资金管理使用、项目实施等环节检查，纠正不规范行为，督促各街道、各有关部门建立健全规章制度，发挥节能减排项目资金的经济效益和社会效益。督促区财政局进一步建立健全政府采购工作制度，提高政府采购信息化水平。继续开展工程建设领域突出问题专项治理，通过检查，发现在建工地对进场混凝土车辆的施工管理存在空白地带，并对安监部门提出全面整治建议，防止安全生产事故的发生。开展约谈督查督办项目，制定《江门市江海区纪委约谈督查督办项目暂行办法》，对7个重点项目进度缓慢的建设主管单位、协助单位主要领导进行约谈；对全年六大经济指标未达标的3个责任单位进行约谈。成立两区合署办公搬迁监督组，制定《高新区江海区合署办公部门办公场所搬迁实施方案》，为两区合署办公和进行最新一轮大部制改革提供纪律保证。

【行政效能监察】 加强教育培训，推进廉政风险防控，组织各街道纪工委书记、区直部门主要领导共40人参加市纪委举办的重点岗位廉政勤政建设之廉政风险防控工作培训班。围绕中心工作开展专项效能监察，全年区行政审批电子监察系统共对659宗审批事项进行电子监察，各承办部门都能提前办结审批事项。对网上办事大厅建设进行专项效能监察，完成安装调试并开通。行政效能投诉中心共接到和处理群众投诉件1件，群众对处理结果表示满意；落实责任追究个案2宗。

【小汽车定编】 规范全区公务用车的管理，摸清全区公务车辆的基本情况，为公务用车整改提供保障。全区有公务用车的部门22个，共有车辆355辆，其中在编车辆214辆，小货车107辆，违规使用车辆34辆；5个街道共有行政公务用车82辆，其中在编车21辆，小货车13辆，违规使用车辆48辆。全区共17个单位存在有违规使用公务车现象，违规车辆共82辆。严格控制公务用车编制和公务用车标准，全年未新增小汽车定编指标。8个部门申请购车，总购车辆9辆，没有批准过超标车辆。贯彻落实省政府办公厅《关于厉行节约若干规定的通知》精神，做好党政机关公务用车问题专项治理工作，理顺区公安分局违规警车补办定编手续及粤0牌汽车的管理工作。

□ 组织工作

【干部任免】 6月17日，根据市委、市政府的决定，江门高新区、江海区合署办公。按照市委关于干部安排的总体指导意见以及各单位的领导干部职能分工，理顺高新区、江海区工作部门区管干部共计168人的职务任免。通过广泛征求区各有关单位的意见，出台《江海区股级干部任免办法》。

全年共任免科级干部10批。通过《江海区股级干部任免办法》规范股级干部任免程序和任职条件，全年共审核股级干部任职资格20批64人。

【干部教育培训】 以服务中心工作为主线，举办学习贯彻党的十八大精神培训班3期，参与685人次。两区合署办公，江门市委党校江海分校从区委宣传部下属事业单位调整为高新区、江海区组织部属下事业单位，履行两区相应的工作职责和任务。开创省外高校（党校）培训先河，在河北省石家庄市委党校举办副科级领导干部培训班，在复旦大学开办正科级领导干部培训班。11月，江门高新区国家技术开发区作为江门市第二批干部教育培训基地挂牌成立。

【村社区党组织设置】 完成对全区村、社区党组织优化升格，党员50人以上成立党总支，100人以上成立党委，并根据实际情况，通过联合组建形式，在村民小组建立党支部，强化基层党组织的领导核心地位。

【村社区换届培训】 针对礼乐街道新兴村、跨龙村等后进村，通过建立区领导和街道主要领导挂点制度、区直部门结对帮扶。召开全区换届选举动员会，建立区领导联系点制度，建立由区委组织部牵头，区纪委、区委宣传、区社会事务局等部门协作联动工作机制；成立专门调研组，深入了解村（社区）两委基本情况，及时排查不稳定因素。开展换届法制宣传活动9场，举办全区村级换届培训班。

【大学生村官工作】 继续选聘13名优秀的属地大学生到村任职。出台《江海区大学生村官量化绩效考核办法》。全年共发展5名大学生村官入党，外海、礼乐街道分别成立大学生村官党支部。

【党代表履职工作】 全区建成党群活动中心4个，其他5个党代表工作室完成升级改造。7月1日，区党员服务中心启用。继续完善“三联系”制度，建立“两代表一委员”轮值制度和党代表约谈制度；通过整合资源，区服务中心实现“两代表一委员”接待党员群众、党组织关系接转、党务政策咨询、党员义工活动、党员远程教育等功能。中心共有258名“两代表一委员”到党代表工作室接待党员群众，接见党员群众370人次；开展专场活动41场次，参与党员群众1181人次。

【党内关爱工程】 关爱困难党员，全区援建党员“暖心屋”6间；各级领导干部累计上门慰问困难党员312人次，送出慰问金、慰问品累计金额53万元。投入党内关爱基金4.6万元，帮扶解决19户困难党员家庭子女读书问题；利用区慈善基金为38名低保、低收入困难党员每人派发800元援助金。

【现代远程教育】 建立远程教育终端站点设备测试日制度，每月6日开机测试，确保每个月至少开机一次。全省党员干部现代远程教育终端站点全面放开互联网使用，11月18日起，各地终端站点可通过远程教育电脑访问互联网。制定《江海区关于实施党员能力素质提升工程的工作方案》，利用远程教育平台，开展“知识讲堂、党员示范、实践基地，专业合作社、专家服务队”等系列活动。

【党组织和党员管理】 理顺两区党组织和党员的归口管理关系，科学设置各党组织。下发《江海区发展党员“五榜”公示制实施办法》，对提交入党申请的人员、拟确定为入党积极分子的人员、拟列为党员发展对象的人员、拟吸收为中共预备党员的对象和拟转为中共正式党员的预备党员均张榜公示，严把党员发展质量，全区共发展党员121名。全面推行党员、义工“双发展”制度，全区所有机关单位、村（社区）党组织注册成立党员义工服务队，走在全市前列。统筹党工青妇“五好”（班子建设好、队伍建设好、组织建设好、制度建设好、工作业绩好）示范点的创建工作，全区3个市级创建单位通过市考核组检查验收，10个区级创建单位成效显著。

【区直机关工委】 全年共发展党员16名。为适应高新区江海区机构合署后的党政部门设置，开展对部分党政职能部门党组织设置的变更和调整，新成立1个机关党委、3个党总支和8个党支部，撤销2个党总支、31个党支部。指导涉及调整变更的党组织做好组织设置、党员组织关系接转以及新一届领导班子的选举工作。组织开展第七选区（区直机关选区）人大代表另行选举工作，12月23日举行选举大会，陈全学当选为区第九届人民代表大会代表。

【工作创优奖项目评选】 出台《江门高新区、江海区直属机关“工作创优奖”评选办法》，开展“工作创优奖”评选活动。区直机关25个工作创优项目通过评选，组织部的“区综合党代表工作室建设”（区党员服务中心）项目、政法委的“江海区村（社区）公共服务站建设”项目、党政办公室的“高新区和江海区合署办公系统优化”项目、公安分局的“深化社区警务工作”项目和工商分局的“江海区食用油放心工程”项目获得年度“工作创优奖”称号。

【非公有制经济组织和社会组织党建工作】 建立稳定的“两新”（新经济、新社会）组织党建工作经费保障机制，出台《关于建立江海区非公有制经济组织和社会组织党建工作经费保障机制的实施意见》和《江海区非公有制经济组织和社会组织党建工作财政专项经费使用管理暂行办法》，在全区范围内建立以财政补贴为主、其他来源为辅的“两新”组织党建工作经费保障制度，开展2013年党组织书记补贴和党员活动经费的发放等工作。成立江门高新区、江海区“两新”组织党员教育培训基地，组织110名“两新”党组织书记进行专题培训。招聘9名“两新”组织党务专职工作者，进一步充实“两新”党建工作队伍。协助江门市安诺特炊具制造有限公司开展示范点建设，该公司党群活动中心7月对党员职工开放。做好“两新”党组织先进工作经验的总结推广，其中广东大冶摩托车技术有限公司党委的《以创先争优活动为动力 助发展赢地位》和江门市安诺特炊具制造有限公司党支部的《党群共建打造活力和谐企业》被《江门市“两新”组织党建工作创新案例汇编》所收录。

【人事工资】 为更好地保障全区公务员的工伤权益，把公务员纳入工伤保险范围，扩大工伤保险覆盖面，减少公务员发生工伤事故时的财政支出，2014年1月起，为全区机关公务员和教师购买工伤保险。兑现公安警员套改后的工资待遇。是年5月起，从工资统发中对46名符合条件的警员兑现职务套改以后的工资，并对2010年1月至2013年4月的工资差额进行补发。兑现社区和驻村民警职级待遇。按照市相关文件精神，制订社区和驻村民警职级待遇的实施细则。7月起，对符合条件的36名社区和驻村民警兑现职级待遇。

【军队转业干部安置】 全区接收安置5名军队

转业干部，其中4名干部安置到机关单位工作，1名干部选择自主择业。

【事业单位人事管理】 组织实施事业单位公开招聘4次，招聘64人。其中教育系统专场招聘2次，共招聘教师41人；其他事业单位招聘2次，招聘23人。事业单位招聘人员，具有研究生学历的21人，占总招聘人数的33%。在音乐、美术、体育教师以及司机岗位的招聘工作中，根据岗位特点，按照做什么考什么的原则，采取笔试+面试+技能测试方式进行考核。全年办理区内事业单位工作人员调动13人，从区外调入高素质人才3人。加强乡镇卫生院人才引进工作，直接聘用15名具有执业资格的医生。对事业单位人员的入轨聘用资料进行收集和整理，及时掌握事业单位人员聘用情况。

【公务员管理和培训】 全区考试录用公务员17人，办理公务员区内转任8人，从区外转任10人。探索从区外转任公务员的办法，通过面试、专业技能测试、政审考察等方式进行考核，保证调入人员的素质，如区法院向全国公开遴选5名法官。委托市行政学院举办公务员初任培训班。组织26名2012年录用的公务员参加初任培训；组织全区公务员开展“为民、务实、清廉”专题培训，邀请五邑大学胡帆副教授作专题讲座2场。在全区公务员基本信息采集的基础上，组织各单位人事干部进行全面的数据核查，把数据库接入江门市公务员管理信息系统，初步实现公务员录用、转任、考核等管理的信息化、网络化。

【公务员年度考核】 全年机关单位参加考核人数（未含处级人员）987人，评定优秀等次145人，占14.69%。其中科级人员367人，优秀等次49人，占科级人员总数的13.35%；科级以下620人，优秀等次96人，占该层次人数的15.48%；基本称职等次1人；无不称职人员；不定等次人员22人，其中3人正被刑拘，其他为试用期人员。

【两区合署机构调整】 6月，中共江门市委办公室、江门市人民政府办公室印发《中共江门高新技术产业开发区工作委员会 江门高新技术产业开发区管理委员会主要职能内设机构和人员编制规定》，明确高新区党工委、管委会设13个副处级内设机构，分别为：纪律检查工作委员会机关（挂高新区监察和审计局牌子）、党政办公室、组织部、宣传部、政法委员会、社会事务局、发展改革和统计局、经济和科技促进局、财政局、住房城乡建设和水务局、国土规划和环境保护局、卫生和计划生育局、市场安全监督管理局。根据《江门市江海区部分党政机构调整方案》，江海区党政机构由原来20个调整为13个。高新区内设机构与江海区相应党政工作机构实行合署办公。两区合署以后，高新区与江海区有关领导班子成员实行交叉任职，新成立的13个党政部门为副处级单位，领导职数按“一正三副”设置，单位“一把手”由两区党政副职领导兼任；三名副职均为正科级，其中设常务副职一名；各部门科室为副科级。管理模式由金字塔结构转为扁平化结构，解决部门分设过细、职能交叉重叠和多头管理等问题。

【行政审批制度改革】 4月，区人民政府令第1号公布《江门市江海区人民政府2013年行政审批制度改革事项目录（第一批）》，涉及改革事项共131项，其中取消审批事项39项，转移给行业协会等社会组织承办12项，委托下放各街道实施80项。

【事业单位管理】 完成事业单位分类改革工作。全区有121个事业单位，除了17个参公管理事业单位向省申报为行政类事业单位待批复以外，余下的104个事业单位均进行明确分类。其中公益一类事业单位79个，这类事业单位面向社会无偿提供公益服务,不得开展经营活动，其经费需由国家财政予以支撑；公益二类事业单位5个，这类事业单位面向社会提供公益服务,按照政府确定的公益服务价格收取费用，其所需经费由财政根据不同情况予以相应补助；公益三类事业单位20个，这类事业单位业务活动具有公益属性,在国家政策支持下可以通过市场实现资源配置，实行经费自理。取消事业单位法人年检事项。根据省编办的要求，3月起取消区事业单位法人年检事项，改为网上填报年度报告，推动事业单位登记管理工作重心由“登记许可”向“强化监督”转变，做好事业单位年检取消后的换发新证及监管工作，完成网上填报年度报告并更换法人证书的事业单位有99个，完成率85.3%。选择部分直接向社会提供公益服务、社会关注度较高、利益关联方较多的事业单位法人进行年度报告公开，在广东事业单位登记管理网公开44个事业单位的2012年度报告。推进事业单位法人治理结构试点工作。出台《江门市江海区事业单位法人治理结构建设试点工作实施方案》，选定外海中心小学为法人治理结构试点单位，探索管办分离管理模式，指导试点单位开展建立法人治理结构、草拟章程等工作。

【关心下一代工作】 区委老干部局、区关工委坚持每月组织书画会开展一次活动，先后开展“书画进社区、进农村、进学校、进企业”活动。围绕“同心共筑中国梦”的主题，在江海区社区学院举办以“朝霞•秋光丹墨韵”为主题的退休干部与中小学生书画作品联展。结合新《中华人民共和国刑事诉讼法》实施，为加强对未成年人的权益保护，在全省首创“特邀代理人”制度，推荐7名“五老”人员和8名在职人员获聘“特邀代理人”。依法参与公检法机关批捕、公诉等阶段对涉案未成年人进行的询问，在对未成年人涉案过程中合法权益的保护发挥作用。

□ 宣传工作

【理论学习和教育】 开拓创新党员干部理论学习新载体、新平台，精心策划“江海微学堂”，7月开通运营微信公众账号，每周发布2期前沿、热点和权威的理论知识和两区文艺精品（原创广场舞、原创歌曲、微电影、摄影图片）等文化宣传内容。全年共发布32期。开通高新江海政务微博，增加宣传新阵地。组织区委中心组进行6次集中学习，印发学习资料400份。通过创新通过观看视频、专家解读、交流讨论与中心发言等形式进行学习，增强学习吸引力和成效。首次成立区理论骨干宣讲团，深入各街道、区直机关、农村、社区、学校、厂企和外来人员聚集点，开展“讲党课、送年货”十八大精神走基层宣讲活动，参加学习和教育的干部、群众和学生5000人。

【新闻宣传和舆论引导】 围绕“加速经济发展、加快城市化进程、提升科技创新能力”三大主要任务，做好各项新闻宣传和舆论引导工作。11月起，《江门日报高新江海新闻》从每周1刊扩版至每周2刊。全年省市区媒体刊登两区新闻4000多条次，其中《江门日报》600多篇、市电视台120多条次、电台150多条次，省级及省外媒体120多篇次，外海广播电视站播出1200条次，礼乐广播电视站播出1200条次。印发《全区每月宣传口径提要》6期59个专题共123条，根据区各项大事主题印发给各街道和区直部门。出版机关大院宣传栏11期，江南文化广场宣传栏5期。全年策划全区“十大亮点工程”、全区“四会”报道、“迈向千亿新征程”“教育争先 江海扬帆”“创文大家谈”等13个新闻专题，在专版设置《高新江海论坛》固定栏目，以时评的形式占领舆论高地。根据两区重大新闻活动，每月制作《高新江海新闻每月综述》短片，集中在晚间播放，让广大群众回顾区内重大事件。共策划《江门高新区专版》（纪念火炬计划实施二十五周年特刊）和十大亮点工程等14个新闻专题，加大在《中国高新区》《广东科技》杂志的专题宣传。做好网络舆情监督，及时处置突发性负面新闻事件，协助处置突发事件8宗。全年共提交网络舆情专报200份，跟踪、反映最新媒体报道；及时跟踪处理突发性公共事件，防止恶性炒作，如年末的“江南小学学生坠楼事件”。

【开展社科研究】 围绕中心开展社科研究，做好陈少白研究会的前期调研，开展《江门党史第三卷（江海篇）》征编，市级社科课题调研报告“江海区农村三资管理的研究”如期结题。江海区社区学院被评为市级人文社会科学普及示范基地，社科普及周期间在各街道、社区开展社科活动14场次，参加3000人次，市活动组委会授予区委宣传部“江门市第九届社会科学普及周活动最佳组织奖”称号。

【公共文明指数测评】 在第一次全市公共文明指数测评中，江海区获得总分第一；乡土教材《江海英贤》获省党史部门党史优秀成果三等奖；王英华获评“全国优秀社科普及工作者”；百姓艺术健康舞《好日子》《相亲相爱》入选省文联百姓健康舞教材；辖区有关单位获评“市人文社会科学普及示范基地”、市首批“学习型党组织示范点”；获评市标兵文明村1条；获评市生态文明村1条；获评市标兵文明社区1个；获评市生态文明单位4个；获评市文明窗口1个；获评市精神文明建设工作先进个人5人；获评江门好人2人。

【创建文明城市活动】 在江海区第一次全市公共文明指数测评获得总分第一；外海街道麻三村被评为市标兵文明村；礼乐街道威西村被评为市生态文明村；江海区供电局等4个单位被评为市文明单位；江海区慈善救助互动中心（区慈善超市）被评为市文明窗口；外海街道四大社区被评为市文明社区；黄玉明等5人被评为精神文明建设工作先进个人；林礼成等2人被评为江门好人。每月开展一次明查暗访，把检查情况制作成文字、图片、光盘材料，分发到责任街道和区直有关部门，要求其限期整改。由区创建办牵头开展文明市场评比，实行“两月一明查、一月一暗访”，把检查情况结合开展辖区集贸市场进行评比。区分管创文领导实行“每周一街道”现场办公，调查研究解决实际问题，督查督办工作难点热点。宣传部班子成员分片包干督查督办一个街道。8月12日起至“国检”结束，区委宣传部、区创建办全体干部职工坚持每天值班制度，根据当天督查情况印发“每日一督查通报表”至各街道和相关部门。

全区累计举办形式多样、内容丰富的道德讲堂80场，在全区宣传阵线开展以爱岗敬业为主题的道德讲堂活动。举办名家读书讲坛活动，邀请五邑大学教授凤群讲授“莫言的文学世界”，130多名党员干部参加活动。以“五好文明家庭”评选活动、“朝阳行动”关注留守儿童活动、“家庭教育大讲堂”等品牌活动，确保未成年人教育工作的实效和推动未成年人教育工作的创新。分别向5间乡村少年宫各投入资金1万元，推动乡村少年宫开展各项活动。创文期间按时报送市创建办材料4500份，其中文明程度指数测评2000份、未成年人思想道德建设2500份，上报并通过市创建办验收的创文见证材料978件。与江门融和农商银行等6家企业签订《江门市江海区精神文明建设共建战略合作协议》。制定《江海区精神文明建设评比表彰办法》，实行动态管理，取消文明荣誉称号终身制。同时制定2013—2014年基层文明创建培育点计划，确保全区群众性精神文明创建活动落实常态化、制度化和科学化管理。

□ 统战工作

【港澳联谊活动】 依托江海区海外联谊会、区工商联（区总商会）和区外侨局，采取“走出去、请进来”方式，广交新朋友，加深老朋友。拜访港澳社团首领、知名人士、政协委员48人次，通报江海区经济社会发展情况；应邀参加港澳社团等重大庆典活动12人次；接待香港外海同乡会、香港礼乐同乡会、区海外联谊会等回乡旅游观光、探亲访友、祭祖等活动的海境外乡亲6批253人次；春节前为港澳社团首领、知名人士等寄发贺年片200多张；开展香港社团发展情况调研和帮助香港社团加强自身建设，举办统战骨干培训2期共有68人次参加，进一步充实完善港澳乡情调查资料380多条。

【季度调研活动】 第一季度，由民盟江海总支部牵头，会同区政协、区委统战部和区域其他民主党派，以“打造特色文化品牌，繁荣发展江海文化”为主题的第32次季度调研活动，到外海体育公园、沿江文化广场、外海街道墟镇社区考察，并形成《关于整合外海历史文化资源打造特色文化名镇的调研报告》上报区委。

第二季度，由民建江门市委会江海总支牵头，会同区政协组织区域各民主党派，开展以“整合江海资源优势，促进载体升级改造”为主题的第33次季度调研活动，赴贵州省黔南布依族苗族自治州惠水县、独山县等地学习考察，并形成《关于整合江海资源优势促进载体升级改造的调研报告》报告上报区委。

第三季度，由民进江海区总支牵头，会同区政协与区域各民主党派，开展以“深化医药卫生体制改革，推进社区医疗服务建设”为主题的第34次季度调研活动，参观江海区机关门诊部等医疗机构，听取社区医疗服务情况介绍，并形成《关于深化医疗卫生体制改革推进社区医疗服务建设的调研报告》上报区委。

第四季度，由农工党江海区总支牵头，会同区政协与区域各民主党派，以“抓好生态环境建设，打造宜业宜居城市”为主题的第35次季度调研活动，到江海区污水处理厂、广东江门生物技术开发中心参观学习，并形成《关于抓好生态环境建设打造宜业宜居城市的调研报告》上报区委。

【参政议政】 先后2次组织召开民主党派和党外代表人士座谈会，通报全区重大决策和经济社会发展，听取意见、建议并做好反馈工作，调动民主党派、党外人士参政议政和建言献策的积极性。

【民主党派和党外代表人士队伍】 根据中央和市委《关于进一步加强新形势下党外代表人士队伍建设的实施意见》精神，召开部长会议研究制定工作方案，开展党外代表人士调研，建立党外代表人士资料库。对区域各民主党派现有成员情况及拟发展成员情况摸底调查。协助各民主党派做好组织换届和届中调整工作，推荐12名党外代表人士与各民主党派交友联谊。

【农村联谊会】 发挥外海街道七西、麻二村和礼乐街道新华、新丰村联谊会的示范作用，引导农村联谊会开展助学助困、敬老、文体等特色活动。组织村干部、农村联谊会领导成员参观学习、交流经验，确定外海街道东升村和礼乐街道武东、英南、向前、东仁等5条村为成立农村联谊会的对象，协助其做好筹备成立农村联谊会的各项工作，按照章程条件要求批准其成立。全区成立农村联谊会10个。全区农村联谊会筹得善款250多万元，参与化解农村矛盾纠纷13宗，资助8名贫困学生读书6万多元，中秋慰问16户贫困家庭5万多元，重阳慰问2462老人支出70多万元，为村集体经济发展建言献策12条受到采纳。

2013年江海区域民主党派概况

表4

名　称	成立年度	负责人	成员人数
民革江海区总支部	2004	臧立新	24
民盟江海区总支部	2004	曾小洁	14
民建江海区总支部	2005	李光明	32
民进江海区总支部	1996	陈昌钢	20
农工党江海区总支部	2004	唐　高	29
致公党江海区支部	2003	黄俊杰	6
九三学社江海区支社	2006	黄家河	22
合　计			147

江海区人民代表大会

【区九届人大三次会议】 1月24至25日召开，会议听取和审议《江门市江海区人民政府工作报告》《江门市江海区人民代表大会常务委员会工作报告》《江门市江海区人民法院工作报告》《江门市江海区人民检察院工作报告》。

【常委会会议】 区九届人大常委会共举行8次会议。1月14日，第八次会议审议通过《关于江门市江海区第九届人民代表大会第三次会议召开时间和建议议程的决定（草案）》和《关于江门市江海区第九届人民代表大会第三次会议列席人员范围的决定（草案）》、代表资格审查委员会关于代表资格审查报告、江门市江海区人民代表大会常务委员会工作报告、江门市江海区人民代表大会常务委员会2013年工作要点；审议提交区九届人大三次会议的政府、计划、预算、法院和检察院等工作报告；讨论通过提交区九届人大三次会议预备会议及主席团审议的各项建议人员名单；审查通过拟提交九届人大三次会议的其他文件。4月28日，第九次会议听取和审议《关于区政府贯彻实施〈中华人民共和国环境保护法〉情况的执法检查报告》。6月17日，第十次会议听取和审议区人民政府区长周惠红提请的《关于提请审议何宁坤等同志职务任免的议案》，通过何宁坤等职务任免的事项。6月28日，第十一次会议听取和审议区政府《关于我区被征地农民养老保险工作情况的报告》。8月2日，第十二次会议听取和审议区人民政府区长周惠红提请的《关于提请审议庞正华等同志职务任免的议案》，通过庞正华等职务任免的事项。8月30日，第十三次会议听取和审议江海区2013年上半年国民经济和社会发展计划执行情况报告，听取和审议江海区2013年上半年预算执行情况报告、江海区2012年度本级财政预算执行和其他财政收支情况的审计工作报告；书面听取关于2011年度本级财政预算执行审计的整改情况报告；听取和审议区人民政府常务副区长庞正华代表周惠红区长提请的《关于唐建安等同志职务任免的议案》、区人民法院院长廖学安提请的《关于罗斌等同志职务任免的报告》和《关于黄佩贤等同志职务任免的报告》、区人大常委会主任会议提请的《关于马锦德等同志职务任免的议案》，并通过各项任免事项；会议决定接受吕华海辞去区人大常委会委员职务的请求。10月31日，第十四次会议听取和审议区政府关于《江门市江海区学前教育工作情况的报告》，审议并通过区人民检察院检察长李权威提请的《关于提请审议麦明道等同志职务任免的报告》；12月13日，第十五次会议听取和审议区政府关于《关于江海区社区矫正工作情况的调研报告》，听取和审议区政府《关于江海区九届人大三次会议代表建议办理情况的报告》，补选梁许赞为江门市第十四届人大代表，听取区人大常委会代表资格审查委员会关于代表出缺的资格审查报告，作出关于补选和另行选举江海区第九届人民代表大会代表的决定，审议并通过区人大常委会主任会议提请的《关于谭瑞庭同志免职的议案》，书面听取《2013年常委会组成人员走访代表月活动的情况报告》。听取和审议区政府9项工作报告。组织开展环境保护法贯彻情况、被征地农民养老保险、学前教育、财政、计划、审计等7项检查、调研和视察活动。补选区人大代表2名，另行选举区人大代表2名。

【审议决定重大事项】 区九届人大常委会对重大事项作出决定、决议4项，包括《江门市江海区人民代表大会常务委员会关于召开江海区第九届人民代表大会第三次会议日期和建议议程的决定》《江门市江海区人民代表大会常务委员会关于江海区第九届人民代表大会第三次会议列席人员范围的决定》《江门市江海区第九届人民代表大会常务委员会关于接受吕华海同志请辞报告的决定》和《江门市江海区人民代表大会常务委员会关于补选和另行选举江海区第九届人民代表大会代表的决定》。

【监督工作】 区人大常委会采取听取汇报、开展专题调研和组织视察等方式，把监督与支持结合起来，加强和改进监督工作，促进“一府两院”（政府、法院、检察院）依法行政、公正司法。组织常委会组成人员和人大代表对全区被征地农民养老保险工作、学前教育工作、社区矫正工作的调查和环境保护法专项执法检查；开展对区上半年国民经济和社会发展计划执行情况、区上半年财政预算执行情况以及2012年度本级财政预算执行情况和其他财政资金收支情况审计工作情况的调查。开展法制宣传工作专题调查。

【代表工作】 召开2012年度江海区代表工作会议。各街道联络处交流2013年代表工作情况，总结2012年全区代表工作，布置2013年代表工作；会议组织到肇庆市学习交流代表工作经验。通过开展代表小组活动，指导各代表小组组织开展调查、视察、参观学习和观摩活动，收到相互启发、相互促进和相互提高的效果。组织代表参加区长约见活动，督促区政府办理并书面答复代表在约见活动时提出的建议，代表对办理情况表示满意。组织代表观摩法院庭审活动，增强代表的法制意识。组织辖区市人大代表围绕“文昌沙污水处理与礼乐污水管网建设情况”“市政道路改造与建设”两个专题开展视察。组织区人大代表学习如何监督财政预算，开展“人民选我当代表，我当代表为人民”的专题讨论。对九届人大三次会议及闭会期间代表提出的29件建议跟踪督办，代表对答复的满意（基本满意）率100%。

【任免工作】 区人大常委会依法任免国家机关工作人员63人次。

【依法治区工作】 以开展《法治广东建设五年规划（2011—2015年）》中期评估为契机，突出推进依法行政，公正司法两个重点，实施法治惠民实事项目，组织实施“建设‘一站式’诉讼服务中心”“制定自由裁量权量化标准”“创新法律援助”等13项法治惠民实事项目。其中“贯彻落实新《中华人民共和国刑事诉讼法》，建立未成年人特邀代理人制度，保障参与刑事诉讼的未成年人合法权益”的实事项目纳入市重点项目。《江门日报》连续5周专题报道江海区的法治惠民实事项目成果。制定《江海区法治文化建设总体方案》，提出全区未来2年法治文化活动的总体目标和工作要求，推出法治文化建设“十个一”工程，选取第十一中学、滘北街道、区检察院等单位作为法治文化建设示范点，指导并推动示范点开展创建活动，以上三个单位均被评为市首批法治文化建设示范点。开展《江海区贯彻落实法治广东建设五年规划（2011—2015）的实施意见》落实情况检查，提出完善法治考核和财政投入增长机制，建立和健全法治政府配套制度，加快法治文化基础设施建设，创新法治文化宣传教育理念，构建“大普法”格局等意见和建议。开展法治镇（街）创建活动，既按照省的创建标准，做好规定动作；又结合示范点的实际，创新自选动作，丰富创建载体和内容。以“提高依法化解矛盾纠纷的能力”为主题，组织全区副科级以上干部和各村（居）委书记、主任等300多人进行法制培训教育，运用法治思维与法治方式处理社会问题的能力。协调相关单位在全区开展法治进校园、群众普法大型宣传、普法进村（居）等活动，营造全社会学法、守法、尊法、用法的良好法治氛围。结合村（居）换届选举的工作重点，组织“依法实施选举，构建和谐江海”的大型法律宣传及咨询服务活动，普及换届选举工作法律知识，举办9场次村（居）换届选举法律知识巡回宣讲和警示教育活动，受教育人数5000人次。

【江海区人大常委会领导名录】

主　任：陈洽棠

副主任：高和庆
周　明
李太春
胡影儿
黄卫明
陆润球

中江门高新技术产业开发区管理委员会·江门市江海区人民政府

【区政府常务会议】 1月11日，召开九届十二次常务会议。会议审议区政府工作报告（送审稿）；研究江海区2013年经济和社会发展预期目标；审议《江门市江海区2012年国民经济和社会发展计划执行情况与2013年计划草案的报告（送审稿）》和审议《江门市江海区2012年财政预算执行情况和2013年财政预算草案的报告（送审稿）》。

1月28日，召开九届十三次常务会议。会议研究同意区政府办公室《关于核发2012年江海区重点项目奖励金的请示》、区财政局《关于向区人大上报财政预备费使用情况的请示》和《关于向区人大上报财政预备费使用情况的请示》；研究区教育局提交的《关于建立我区在编教师定期体检制度的请示》，同意从2012年起建立全区在编教师定期体检制度，并由区教育局组织实施，其中江南街道和区直学校在编教师体检所需经费由区财政负担，外海、礼乐、滘头、滘北街道的在编教师体检所需经费由区和街道各负担50%；研究区三旧办提交的《江海区“旧村”改造拆迁补偿方式及标准指导意见》，提出为更好推进“旧村”改造拆迁工作，先取一个三旧改造项目作为试点推进，暂不宜出台指导意见，具体由区三旧办负责；通报全区会计集中核算工作的情况。

1月28日，召开区政府九届十三次常务会议。会议审核江海区“三旧”改造拆迁补偿方式及标准指导意见；研究滘头小学改造问题；建立全区在编教师定期体检制度问题；核发2012年江海区重点项目奖励金的问题；向区人大上报财政预备费使用情况和向人大上报2012年财政支出超预算情况；通报会计核算中心有关工作情况。

3月1日，召开九届十四次常务会议。会议研究同意区发展改革统计局《江海区2013年各街道办事处经济和社会发展预期目标》、区法制局《2013年区政府规范性文件制定计划》、外海街道《关于成立外海街道彩虹社区居民委员会的请示》和《关于成立外海街道永康社区居民委员会的请示》、区财政局《关于江海区资产大厦建设有关问题的请示》《江海区行政事业单位国有资产管理暂行办法》和《江海区行政事业单位国有资产处置办法》、区农林水务局《江海区小型农田水利工程建设项目资金补助暂行办法》、区政府办公室《2013年区政府主要工作考核目标》，要求根据会议提出的意见修改完善以后印发执行。

3月25日，召开九届十五次常务会议。会议研究同意区普法办《2013年度江门市江海区人民政府常务会议学法计划》、区三旧办《江海区旧村改造评估报告审核流程》和《江门市江海区滘头银星股份合作经济社“三旧”改造项目银联工业区建筑物拆迁补偿价格评估报告》；研究区住房城乡建设局《关于作出江珠北延线高速公路房屋征收决定的请示》，同意对江珠北延线高速公路（江海段）用地红线范围内江海三路137、139、140号的商品房实施征收并公告。

4月11日，召开九届十六次常务会议。会议学习《中华人民共和国道路交通安全法》；听取区三旧办关于滘头银星股份合作经济社“三旧”改造项目土地价值的情况汇报，同意区三旧办提出的核定意见，即滘头银星股份合作经济社“三旧”改造项目的上盖建筑物评估价值、土地成本、提前搬迁奖励和停业补助、办理项目地块国有土地证的土地契税被列入该项目的“三旧”改造项目返还成本；区农林水务局关于南山电排站建设的有关情况汇报，同意南山电排站升级改造工程以外海街道为责任单位和资金分担及管理方案；江南街道《关于稳定江南街道环卫工作的请示》，同意从2013年起每月增加江南街道环卫经费固定补助5万元，直至合同承包期满为止并给予2012年江南环卫经费一次性补助30万元；区城管局《关于增加一线环卫工人生活补贴的请示》，同意从2013年起增加一线环卫工人每人每月300元的生活补贴，资金由区和各街道各负担50%。外海街道关于江海区生活垃圾压缩中转站项目建设的有关情况汇报，同意该项目以BOT运作模式建设，并要求外海街道牵头会同区城管、财政部门制定具体方案报区政府审定；外海街道《关于解决外海高新区域新增道路清扫及绿化保洁经费的请示》，同意区财政在原负担费用的基础上，每年增加补助50万元给外海街道，高新区域新增道路清扫及绿化保洁费用超出部分和今后新增费用均由外海街道解决，直至2016年承包期满为止。

6月4日，召开九届十七次常务会议。会议研究同意区教育局《关于建设中小学高素质教师队伍的实施意见》、江海区申报认定全国义务教育发展基本均衡区的情况汇报，并审核有关申报材料，同意以区政府名义提交自评报告等材料；区民政局《关于2013年我区农村五保供养标准和城乡低保标准的请示》；区农林水务局《江海区中长期动物疫病防治规划（2012—2020年）》；区发展改革统计局关于江门市实施《珠三角规划纲要》“九年大跨越”工作江海区的重点项目计划；区文体旅游局《江海区“陈少白”文学艺术奖方案》；区经济促进局《关于审核2013年江海区信息化建设专项经费预算的请示》，要求区财政局、区经济促进局要加强对信息化建设项目资金预算的绩效管理；区人口计生局关于江海区2012年度人口与计划生育目标管理责任考评结果，要求加大人口计生工作力度，对在人口计生目标管理责任制考评中的后进单位，制定整改措施督促改进，区领导落实挂钩联系责任到所联系的单位开展帮扶指导。

6月24日，召开九届十八次常务会议。会议研究同意区经科局《关于调整我区2013年节能目标的请示》；研究量子高科二期征地协议有关事项，原则同意与量子高科公司签订《借款协议书》；研究润恒物流项目补充协议有关事项。

【管委会主任暨区政府常务会议】 8月19日，会议研究同意把原中核集团龙湾工业园、鹤山工业城、先进制造业江沙示范园纳入江门国家高新技术产业开发区，原中核集团龙湾工业园冠名为“江门高新区址山园”、鹤山工业城冠名为“江门高新区鹤山园”、先进制造业江沙示范园冠名为“江门高新区江沙园”，按照程序上报市政府审定以及建议市按照《江门市人民政府办公室关于印发江门高新区实施“一区多园”意见（试行）的通知》有关规定执行，要求区经济科技局做好“一区多园”管理的衔接工作；同意区教育局《关于加快江海区学前教育发展的实施意见》《关于江海区推进街道规范化公办中心幼儿园建设的指导意见》和《关于我区申报广东省社区教育实验区的请示》；滘头街道《江海区滘头小学教学楼改造方案》；同意区教育局、区财政局《2013年教育费附加使用计划》；同意区委组织部、区财政局《关于调整我区机关事业单位离退休费的请示》；同意区卫计局、区财政局《关于实施计划生育手术并发症人员特别扶助制度的请示》；同意区扶贫开发“双到”工作领导小组办公室《关于安排2013年扶贫“双到”帮扶资金的请示》。通报近期区有关领导职务任免情况。

11月6日，会议同意区编办《江门市江海区食品药品监督管理体制改革实施方案》，要求区编制管理部门进一步与上级沟通，以使食品药品监督管理体制改革更为科学合理；同意区委组织部、区财政局《关于将江海区公务员和参公管理人员纳入工伤保险范围的请示》；同意区住建水务局《关于对礼东围和礼西围（礼乐河段）穿堤水闸进行灌浆加固的请示》，要求区水利、财政部门相互沟通，在2014年洪涝期前完成工程建设；同意区经科局《江门市江海区林地保护利用规划（2010—2020年）》。讨论《江门高新区及江海区征地拆迁补偿方案》，要求进一步完善方案，再次征求意见并修改完善上报。研究江门高新区科技创新创业园二期项目建设模式的问题，为加强科技创新创业载体建设，壮大高新区自有资产，同意科技创新创业园二期项目建设采用“融资+工程总承包”的模式进行。为推进项目建设，确定成立由庞正华、刘晓蓉负责的专项工作领导小组。听取区教育局关于江海区申报广东省推进教育现代化先进区的情况汇报，要求区有关部门要积极配合做好申报工作。通报第三季度的安全生产工作情况，要求继续做好安全生产工作，坚决遏制安全生产事故发生。

12月20日，会议研究通过区经科局《江海区2013年度科技专项资金安排计划》；通报科技创新创业园二期工程的项目概况、项目回购概况等有关情况，要求加快推进该项目建设；听取区国土规划环保局关于江门高新区及江海区征地拆迁补偿方案编制的说明，原则同意该征地拆迁补偿方案，并要求尽快报市政府审定。

12月27日，会议研究同意区教育局、区财政局《关于调整2013年城市教育费附加支出计划的请示》；区政府办公室《在区九届人大四次会议上的区政府工作报告（送审稿）》；区发改统计局《关于审议江海区2014年经济和社会发展预期目标表的请示》和《关于向区人大报告江海区2013年国民经济和社会发展计划执行情况与2014年计划草案的请示》；区财政局《江门市江海区2013年财政预算执行情况和2014年财政预算草案的报告（送审稿）》；听取区国土规划环保局、区经科局就市增加2013年土地储备及融资计划有关情况的通报，研究其提出的意见和建议，原则同意其所提意见，要求尽快将反馈意见报市政府；通报科学技术部火炬高科技产业开发中心对江门高新区作出的2011年评价（试行）结果，并传达市领导批示精神，提出要按照评价结果和市有关要求落实整改。

【区长办公会议】 3月25日，会议研究江海区党员服务中心（综合党代表工作室）建设经费的问题，同意解决该建设经费，并要求尽快投入建设和在建设过程中节约开支。

4月11日，会议研究同意区人口计生局《关于印发江海区2013年度社会抚养费征收标准的请示》、区监察审计局《关于2013年度江海区审计项目计划的请示》；通报全区预防H7N9型禽流感的有关工作情况。

6月4日，会议研究同意区人口计生局2013年度江海区人口计划指标；审核礼乐街道《礼乐跨龙空心砖厂拆迁补偿合同》，提出合同以礼乐街道、跨龙村委会、跨龙空心砖厂三方名义共同签订。

【管委会主任暨区长办公会议】 8月19日，会议研究同意区卫生计生局《关于申请安排区人民医院配电工程经费的请示》和《关于审定江海区平价医疗服务体系建设实施方案的请示》；区档案局《关于妥善处理高新区原有档案的请示》，要求高新区原有档案的整理由高新区党政办公室作为整理主体，有关部门配合做好相关工作；区公安分局《关于加强我区公安派出所建设的意见（送审稿）》。

12月27日，会议研究同意滘头街道《关于滘头电排站扩宽入水口工程及添置设备的请示》。

【区政府全体会议】 3月4日，召开九届二次全体会议。会议总结2012年区政府考核目标工作完成情况，部署2013年区政府考核目标及有关工作。

【专项工作会议】 1月15日，召开区创建平安江海工作会议，部署以加强和创新社会管理为主线，以增强人民群众安全感和满意度为目标，全面推进创建平安江海工作。

1月31日，召开区九届人大三次会议代表建议、区政协三届三次会议委员提案交办会议，部署两会期间建议提案办理工作。

2月26日，召开LED博览中心项目周边道路建设方案工作会议，汇报光博汇项目周边道路建设范围及资金估算，并研究确定道路推进计划、各道路的责任主体和资金解决途径。

2月28日、7月17日、10月12日，召开金瓯路征地拆迁工作协调会，讨论、研究民房交地、提前搬迁补助费和鱼塘青苗补偿等方面问题，并就相关问题达成一致意见。

3月6日，召开江海区金融工作座谈会，就上市、融资问题进行提问与解答，加强政府部门、银行金融机构、企业三者之间的沟通联系。

3月22日、5月27日、6月25日、7月3日、7月4日、7月11日、8月21日、8月27日、10月12日、10月16日、11月4日、12月3日、12月9日、12月10日、12月20日，召开广中江高速公路征地拆迁工作协调会，讨论、研究广中江高速公路征地拆迁、评估、补偿和道路建设等方面问题，并就相关问题达成一致意见。

3月25日，召开江海区网上办事大厅工作会议，传达省、市有关网上办事大厅工作的有关要求，并对区网上办事大厅项目建设提出指引，以推进区网上办事大厅建设进度。

4月26日，召开区创建广东省推进教育现代化先进区工作领导小组成员和江海区社区教育委员会成员会议，总结2013年“争先”工作情况，对下一步“争先”工作进行责任分工说明。

4月26日、7月18日、11月19日，召开外海垃圾压缩中转站项目建设工作协调会议，讨论、研究项目招标、用地移交、施工建设和环评等方面问题，并就相关问题达成一致意见。

4月27日，召开全区人口计生工作情况分析会议，贯彻全省人口计生工作会议精神，通报省对江海区2012年度人口计生目标管理责任制考评情况，分析存在问题，提出下一步工作意见。

5月16日，在江海区召开江门农副产品（冷链）配送中心项目专题会，通报江门农副产品

（冷链）配送中心项目最新进展情况，分析该项目落地过程中遇到的困难和问题，研究部署下一阶段工作。

6月6日，召开区创建广东省教育现代化先进区推进会议，总结全区教育“争先”工作情况，部署下一步工作。

6月7日，召开全区人口和计划生育工作会议，总结2012年度人口计生工作情况，部署2013年度人口计生工作；通报2012年度人口与计划生育目标管理责任制考评情况，表彰2012年度江海区人口与计划生育先进工作者。

6月8日，召开江海区第十一次指挥部会议，传达市创文指挥部第十一次会议精神，签订江门市江海区精神文明建设共建战略合作协议，部署有关创文迎检工作。召开全区重点工作推进会议，通报1－5月全区各项倒逼项目完成情况，研究部署下阶段重点工作。

6月18日，召开全区财税工作联席会议，总结分析1—5月财税工作进展情况，研究部署下阶段促产培财工作。

6月21日，召开开展打击成品油走私专项行动联合检查现场会议，开展打击成品油走私专项行动联合检查。召开区2013年“两建”工作会议，贯彻落实省、市“两建”工作会议精神，总结前一阶段“两建”工作进展情况，部署开展全区下一阶段“两建”工作。

6月24日，召开区2013年“扶贫济困日”活动工作会议，研究部署活动具体工作。

6月26日，召开区内涝整治工程建设专责小组工作会议，讨论、研究了中沙水闸重建工程、横沥水闸改（扩）建工程围墙工程、2013年区小型农田水利工程建设计划和水利工程政府采购方案等方面问题，并就相关问题达成一致意见。

7月4日，召开区人武部党委第一书记任职命令宣布大会，江门军分区政治委员顾基勇大校宣读任职命令。经江门军分区党委批准，梁许赞兼任区人武部党委第一书记。

7月17日，召开反走私综合治理专项工作调研会议，总结1－6月的反走私工作进展情况，并研究部署反走私综合治理专项工作下一阶段的重心问题。

7月24日，区长约见区人大代表座谈会，就平安交通问题约见部分区人大代表听取意见。

8月7日， 召开2013年江海区节能减排会议，总结2012年节能工作，安排下半年工作计划，确保完成全年节能减排考核目标。

8月9日和28日，召开连海南路征地拆迁工作协调会，讨论、研究连海南路征地拆迁补偿标准、住房租金和提前搬迁奖励等方面问题，并就相关问题达成一致意见。

9月3日，召开区2013年城乡居民社会养老保险宣传发动工作会议，解读2013年城乡居保参保发动工作方案。

9月16日，召开全区组织工作会议，学习贯彻上级组织工作会议精神，结合两区合署办公，提出贯彻落实措施。

9月18日，在江海区召开全市外资工作督办会议，通报1－8月份全市外资主要目标任务完成情况和重点企业跟踪联系效果，研究布置下一阶段外资工作，确保完成2013年外资任务。

9月26日，召开礼乐主灌河东岸堤加高加固工程建设工作协调会，讨论、研究小桥空心板设计变更和小桥桩基等方面问题，并就相关问题达成一致意见。

10月9日，召开2013年第三季度经济指标完成情况专题会议，分析1－9月高新区、江海区主要经济指标完成情况，部署下阶段有关指标工作。召开高新区、江海区重点项目推进会议，通报1－9月重点项目完成情况，研究部署下阶段工作。

10月12日，召开有关重点城建项目工作协调会议，讨论、研究金瓯路、江睦路、胜利南路、南山路、污水管网和申报市2014年城建项目计划等方面问题，并就相关问题达成一致意见。召开2013年高新区、江海区第三季度经济形势分析会，总结1－9月高新区、江海区经济运行情况，分析经济发展形势，研究部署下一阶段经济工作。

10月15日，召开高新区党工委、江海区委中心组学习扩大会议，学习贯彻习近平总书记一系列重要讲话精神，研究部署两区未来五年发展思路和工作。

10月18日，召开江门高新区公共码头项目工作会议，研究江门高新区公共码头项目建设阶段工作任务分工问题，以推进公共码头建设工作。

11月5日，召开高新区、江海区经济工作座谈会，传达市经济工作座谈会精神，总结分析前三季度经济运行情况，部署下一阶段经济工作。

11月7日，陈云贤副省长率省科技厅、省金融办、省粤科风投集团有关负责人到江门高新区调研。市领导刘海、冯立坚，区领导梁许赞等陪同调研。陈云贤副省长一行先后走访江门市地尔汉宇电器股份有限公司、国家半导体光电产品检测重点实验室和广东普加福光电科技有限公司。陈云贤副省长一行在高新、江海两区召开全省国家级高新区科技与金融结合推进会，探索如何为科技型中小微企业提供金融配套服务。

11月14日，召开高新区、江海区11月经济指标座谈会及企业情况调研工作会议分析，研究1—10月主要经济指标完成情况和下阶段指标增长工作，并就高新区企业及税收摸底情况、全区LED行业摸底情况作出工作安排。区长约见区政协委员座谈会，就高新区、江海区污水处理问题约见部分区政协委员听取意见。

11月27日，召开区预防化解劳资纠纷工作会议，传达省、市会议精神，总结全区预防化解劳资纠纷工作情况。

【考核目标完成情况】 考核目标。《中共江海区委江海区人民政府2013年主要工作考核目标》共有41项，按计划完成39项，占考核项目总数的95.13%；未完成的有2项，占考核项目总数的4.87%。其中未完成的两项均为经济指标增长任务，包括生产总值（目标10%，完成9.47%）、外贸进出口总额（目标8%，完成4.39%）。

重点项目。高新区、江海区58项重点项目累计完成投资额57.21亿元，超出年投资计划4.11亿元，完成率107.74%。其中江海区被列入市重点项目范围的项目10项，累计完成投资额17.35亿元，完成率112.5%，全市排名第一；高新区被列入市重点项目范围的项目19项，累计完成投资额23.69亿元，完成率113.4%，在全市17个责任单位中排名第三。58项重点项目中，全面完成15项，完成年度目标31项，两者约占全部重点项目80%，主要集中在工业、基建和水利领域；未完成年度目标11项，主要集中在房地产领域；暂缓1项南山路（江海路—五邑路段），待道路规划红线确定以后开展。

双十五工作。涵盖重点工作、民生实事、党建和社会管理、行政管理等3件82项任务，其中重点工作完成22项，未完成6项（分别为企业投资基金项目、“三旧”改造项目、城市综合体建设项目、连海苑安置小区项目、润恒农副产品配送项目、直升机场项目），完成率78.58%；民生实事完成31项，未完成1项（为高新区垃圾压缩站项目），完成率96.88%；党建和社会管理工作16项完成，完成率100%；行政管理工作6项完成，完成率100%。完成较好的工作有社保扩面工作（社会事务局）、学校直饮水及食堂改造工程（教育局）、永康北路及道路亮化工程（住建水务局）、社区警务建设（公安分局）、村（社区）公共服务站建设（社工委）、区级党代表工作室建设（组织部）、完善督查督办制度（纪委、办公室）等。

【推进重点项目建设】 被列入市重点项目范围的项目10项，累计完成投资额17.35亿元，完成率112.5%，全市排名第一，获批全市重点项目推进先进单位。全区58项重点项目中，进度较快的工业（含技术改造）项目10个，投产项目有德国线束项目（3号厂房）、江门建滔电子发展公司覆铜板（一期）项目、江门崇达电路技术有限公司个性化小批量PCB生产项目和信义环保特种玻璃（江门）有限公司13MWp光伏发电示范项目；进入设备调试阶段将投产项目有江门市地尔汉宇电器股份有限公司二期工程及节能环保型家用电器排水泵技术改造项目、广东德力光电有限公司外延片及芯片项目、广东江粉磁材高性能稀土永磁技术改造项目、广东江门生物技术开发中心有限公司酵母抽提物工程技改扩建项目、广东大冶摩托车技术有限公司摩托车车架机器人焊接线项目和赫克力士化工（江门）有限公司CMC二期扩产项目。

基建、水利项目的建设步伐较快，如胜利南路延长线（新中大道—五邑路段）和永康北路建成通车；中沙水闸重建工程完成机电安装及主体工程建设，投入运作；江海供电局生产综合楼建设项目完成主体结构封顶（主楼共12层）；礼乐主灌河东岸堤绿道工程和白水带绿道工程竣工并投入使用；江门高新区南湖主体工程基本完成。横沥水闸改（扩）建工程完成；南冲水闸管理所环境整治工程完成；江新联围外海堤段穿堤建筑物除险加固工程完成；虾蛟滘电排站重建工程完成；金瓯路升级改造工程征地拆迁工作完成；完成龙光塔至茶庵寺段绿道建设待2014年5月验收；广中江高速公路项目征地拆迁工作基本完成。

【三旧改造】 按照三旧改造图斑统计，全区“三旧”（旧城镇、旧村庄、旧厂房）改造面积1385.88公顷（2.0788万亩），其中旧城镇14个，面积89.84公顷；旧厂房134个，面积558.55公顷；旧村庄85个，面积737.5公顷。其中外海街道旧城镇9个，旧厂房60个，旧村庄40个；礼乐街道旧城镇1个，旧厂房35个，旧村庄25个；江南街道旧城镇2个，旧厂房10个；滘头街道旧城镇2个，旧厂房16个，旧村庄13个；滘北街道旧村庄7个，旧厂房13个。

2010—2013年，推进“三旧”改造项目17个，其中14个项目通过项目认定审批，9个项目通过实施方案审批，14个项目改造面积合计2386亩，总投资95亿元。其中汇聪电器厂项目2012年12月动工建设，年内主楼及宿舍楼均封顶并通过验收。2个项目（兰花食品有限公司、江礼塑料厂）完成供地手续，4个项目（兰花食品有限公司、江礼塑料厂、联合化纤、外海街道沙津横头股围）出具规划设计条件，2个项目（江门纸厂、春燕纺织有限公司）申请规划设计条件。外海街道沙津横头股围项目为年内新增项目，通过市“三旧”办的项目认定及“三旧”改造项目实施方案的审批，拆迁补偿方案经区政府审批并启动拆迁工作，签订协议25间，未签1间，签约补偿款共计45171111.8元；江门纸厂项目通过市“三旧”办的项目认定及

"三旧"改造项目实施方案的审批，市规划局回复泰力房地产开发有限公司，沿河道路不作大调整，可改造面积容积率要达到3.0，必须开通纸厂新村道路，保留绿化带。江门泰力房地产有限公司按照控规和规划局要求重新核算成本，制作规划方案；江礼塑料厂项目通过市"三旧"办的项目认定及"三旧"改造项目实施方案的审批，完成供地手续和出具规划设计条件并于年内动工建设；广东春燕纺织有限公司项目通过市"三旧"办的项目认定及"三旧"改造项目实施方案的审批，申请规划条件；兰花食品有限公司项目，通过市"三旧"办的项目认定及"三旧"改造项目实施方案的审批，完成供地手续和出具规划设计条件，返还土地及上盖物成本共6814.4934万元给改造主体，项目规划方案报市规划局。

【办理两会议案和建议提案】 共办理市、区两会期间及闭会期间建议提案、人大走访活动等建议及意见173项，其中市、区两会期间及闭会期间各代表和委员提出的建议和提案答复满意率（含基本满意）100%。在办理上述建议提案中，实行领导负责制，落实责任。各部门各司其职、分工合作，做到每件建议提案逐一落实到责任人，确保件件有落实，件件有答复。采取办前沟通、办中协商、办后反馈的形式，提高建议提案的办理成效，制订办理工作倒逼安排表，分解工作目标，加快办理进度，确保承办工作按质、按量、按时限要求完成。

【信访工作】 共收到来信来访件256件次，其中来信77件次（含上级交办）；来访179批523人次（到区上访）。其中劳资纠纷102宗、农村三资管理25宗、征地拆迁问题7宗等；市政府服务热线77宗、办结76宗，办结率98.7%；网上信访31宗，全部办结。群众进京上访2批4人次，到省上访9批74人次。到市集体上访22批630人次，集体上访主要是反映劳资纠纷和征地拆迁问题。越级上访主要问题分类：劳资纠纷11宗，占越级上访总量的33%；农村三资管理10宗，占越级上访总量的30%；其他问题6宗，占越级上访总量的18%；房屋拆迁问题3宗，农村土地征问题2宗，复退军人问题1宗。2013年是全省信访积案化解年，根据排查汇总，省交办4宗，市交办4宗，区排查5宗。全部化解的省信访积案有滘头街道五星经济社赵顺强信访积案、张春梅信访积案、滘头街道银星经济社赵连顺信访积案（三级终结）、礼乐街道曾荣沛（江珠高速拆迁）信访积案。市交办的4宗信访积案全部解决，包括礼乐街道陈相华信访积案、李林涛信访积案；外海街道卢锦兆信访积案；区直钟桂明信访积案（三级终结）。为做好信访积案化解年工作，成立工作领导小组，制定《信访积案化解活动工作方案》。按照每件案件"一案一档"要求，制订具体化解措施、化解方案和解决期限，召开处理信访积案会议，包案领导约见信访人。在完善信访工作的各项流程的基础上，继续完善各项信访工作机制，在化解历史积案中严格按照省市的要求，补充和完善信访案件资料，研究建立涉法涉诉信访案件的处理工作机制，把应当和已经通过司法途径解决的问题，由政法机关处理，减少群众信访不信法、不按法律规定解决问题的现象。

【应急管理】 全区13个单位，各街道、各村（居）委会以及重点企事业单位健全应急管理组织机构，明确分管领导职责，充实突发事件信息报送员。完善修订应急预案，按照"广覆盖、易操作、重实用"的思路，重点强化易发、多发灾害和事故应急预案管理，突出狠抓预案编制与修订等关键环节。共接收部门和基层突发事件信息233期，上报信息185期，突发事件26期，应急管理信息10期，应急值班信息6期。逐步建立部门信息共享机制，完善农村、社区应急广播系统建设，拓宽预警信息发布渠道。加强节假日和特殊时期的应急值守。

依托基层公共服务站建设，继续抓好第三批基层应急管理规范化农村（社区）创建工作，推进最后一批17个达标农村（社区）和12个示范农村（社区）的应急管理规范化建设。完成23个社区居委会、36 个村委会的应急管理规范化建设，基本构成“机制完善、保障有力、服务高效、安全有序、全社会共同参与”的基层应急管理体系。根据《广东省政府系统值班工作规范》要求，投入158万元在办公楼1号楼重新设计建设应急指挥中心，整合三防、森防、治安、交通等系统到应急指挥平台，规范和加强全区突发事件的处置工作。落实街道、农村（社区）的应急值守，街道、农村（社区）基本建立应急值守制度和突发事件信息报告制度。应对特大“尤特”等台风袭击和“9·22”“12·6”白水带风景区山火，及时化解鸿海洗水厂等劳资纠纷、华源混凝土有限公司“9·27”事故等社会矛盾，妥善处置江南小学学生坠楼事件，有序有力做好登革热、禽流感等疫情防控，最大限度地减轻了各类突发事件造成的损失和影响。以机关干部、基干民兵、治安巡逻队员、群众等为主体组建1213人的防汛抢险队伍，组建45人的半专业森林防火扑救队，100多人的地震灾害专业应急队，建立安全生产专业救援队伍1支、非专业救援队伍1支。会同江门军分区、区武装部、区三防指挥部、区农林和水务局等单位，组织区民兵防洪抢险轻舟应急分队在西江外海段进行防洪抢险水上机动演练，积累应急抢险救灾经验；会同区住建局、区卫生局、区安监局、区消防大队在江海碧桂园一期高层住宅建筑工地进行建筑施工消防事故应急演练；会同区平安办、区安监局、环保分局、区消防大队、区城管局、区人民医院、市车辆拯救中心、江门电化厂等部门，开展危化品运输车辆泄漏事故综合应急救援演练。

全区建成面积686平方米，具备救灾物资储备、慈善救助和红十字会备灾救灾等多功能区级应急物资储备库，重点储存救灾帐篷、棉被、衣服、应急灯等救灾物资。按照《江海区应急物资储备体系建设实施方案》要求，政府职能部门和各街道推进应急物资储备工作，部分村（居）设立物资储备库，建立起属地为主、条块结合分级储备的应急物资储备体系。完善避护场所管理和避护场所指引路牌标识，依托避护场所建立应急体验基地，主要道路设置应急避护场所指引标识，按照《江门市避护场所建设规划》推进区、街道以及社区避护场所建设，基本实现一社区一避护场所的建设目标。组织开展基层应急管理干部培训班、消防培训班、安全生产、森林防火等专题培训班，印发《江海区开展应急救护培训工作方案》。成立区应急救护培训中心，强化救护师资队伍建设，落实应急救护培训工作目标任务。举办各类应急培训班共26次，参加3800人次。每季度制作应急知识宣传专刊发放至各街道、村（居）委会和中小学校，全年刊发专刊4期，刊发数量2000多份；制作家庭应急明白卡应急宣传广告扇发至居民群众。探索中小学校应急教育，打造聚宣传展览、互动体验、教学培训、多媒体播放于一体的银泉小学应急宣教体验室，作为全区中小学应急宣教基地，推广应急教育专题课。

【政府采购】 全年政府采购预算金额1345.03万元，实际采购金额1135.83万元，节约采购资金209.2万元，节约率15.55%。做好政府采购代理工作，配合采购人制定采购标需求，严格审核相关技术充分征求潜在供应商对项目需求的意见和建议，执行节能环保政策。完成江海区胜利南路拆迁安置小区银城花园楼宇电梯设备采购项目、江门市江海区农村集体土地所有权登记发证服务项目、江海区礼乐二中教学多媒体设备项目、江海区外海中学教学多媒体设备项目、江海区外海银泉小学教学多媒体设备项目、以及网上询价等采购项目共计72个。为社会代理机构代理江海区政府采购项目时，提供项目相关的公告和开标、评标活动场地以及所需设备提供一切便利以及协助处理采购过程的质疑或合同问题事项。如江海区外海横沥水闸改（扩）建工程增加自动清污机采购项目；江海区人民医院16排螺旋CT购项目；江海区外海生活垃圾压缩中转站BOT采购项目。

【督办工作】 制定《中共江海区委江海区人民政府2013年主要工作考核目标》《江海区2013年双十五工作》和《江海区2013年重点建设项目计划》，汇编《中共江海区委　江海区人民政府2013年倒逼项目督查督办手册》，进行定期通报和年终考核。督促落实市委、市政府督办13大重点工作考核项目，组织飞行督查工作会议32次、工作协调会议38次。刊发《2013年高新区江海区倒逼项目进展情况》3期、《督查通报》22期、《督查专报》20期、《工作简报》10期；办理《企业心声》答复4期，落实企业家所提问题49项。

【LED博览交易中心项目建设】 中国（江门）国际绿色光源博览交易中心和连海北路建设项目是市委市政府确定的全市重点工作和重点项目之一，坐落于外海街道连海北路片区，项目南至江海五路、西至中路河、北至连海三路、东至沙津大道，占地652亩。LED国际绿色光源博览交易中心项目规划用地面积374亩，建筑面积100万平方米，其中照明展贸区65万平方米、商业配套20万平方米、停车区15万平方米。规划建设有展示中心，研发中心、配套高档住宅公寓、酒店等。目标定位是打造一个集电子商务、网络平台、产品展示、市场交易、检测认证、仓储物流、金融服务、信息交流和媒体宣传等功能与一体的、高端的国际绿色光源博览交易中心，建成以后成为国内档次最高、产品最多、规模最大的专业交易市场。连海北路项目是配合LED博览交易中心的建设而同步推进的一项市政道路工程。道路全长1210米、宽60米，实行一次性征地拆迁、分期实施道路建设，近期实施双向6车道，项目涉及652亩的土地征收、257户民房拆迁及44间厂房搬迁工作，需要完成占地40亩的安置区建设、横沥河整治、变电站异地搬迁以及直冲、沙津横、四大等地共55亩商业自留用地的安排等工作。

该项目于2012年8月奠基，年底动工。项目建设分A、B、C、D区进行，首期开发C、D区，占地100亩，建筑面积45万平方米。C、D区从2012年12月动工建设，办理特展馆和A、B、C、D区建设方面的相关手续，进行C、D区的工程建设，完成D区地下二层至地上四层底板，五层底板完成90%，六层底板完成10%；完成C区地下二层至地上二层底板，三层底版完成80%；特展馆工程桩机进场累计打桩4条。C、D区商铺预售。光博汇项目根据市场情况，有计划、针对性地开展2次大型的招商工作，第一次招商工作在年底，计划2014年进行2次大型招商工作。已招商家500家，以江门企业为主，另有中山、深圳、东莞、佛山和台湾的企业几十家。

【金融工作】 建设银行、融和农商行高新区科技支行先后挂牌成立，成为全市首批挂牌的科技支行。新增1家小额贷款公司。企业改制上市有新成效，侍卫长成为全市首家在天津股权交易所挂牌的企业，地尔汉宇通过上市首发申请，聚科照明完成股份制改造。利用“新三板”扩容时机，制订奖励政策，共有储备拟挂牌企业20多家，3家签订协议进入准备工作阶段。与银行开展深度合作，共授信970亿元贷款额度给高新区企业。结合小额贷款公司、贷款担保公司，构建“银行－小额贷款公司－贷款担保公司”的全方位融资体系，覆盖不同规模、不同需求的企业，高新区“金融一条街”初具规模。打造产业投资基金体系，江门申夏公司作为第一支立足于江门高新区的产业投资基金，募资3亿元并投资3000万元到高新区的高新技术企业。加强对小额贷款公司和融资担保公司的监管，组织公安、工商及各街道加大非法集资的宣传、查处力度，全年非法集资案件立案数为零。

【江门高新技术产业开发区管理委员会领导名录】

主　　任：梁许赞（2013.6-）
常务副主任：周惠红（女，2013.6-）
副 主 任：庞正华（2013.7-）
何　腾（2013.8-）
黄伟权（2013.6-）
任安良（2013.6-）
谢　清（2013.6-）

【江门市江海区人民政府领导名录】

区　　长：周惠红（女，2013.6-）
常务副区长：庞正华（2013.7-）
副 区 长：吴　刚（2013.6-）
唐建安（2013.8-）
陈焕溪
刘晓蓉（女，2013.6-）
陈　诚（2013.8-）
伍炜波（-2013.8）
王长青（-2013.8）
李文聪（-2013.8）

政协江门市江海区委员会

【三届三次会议】 1月23—24日召开，会议审议通过区政协常委会工作报告和提案工作报告；列席区人大九届三次会议，听取并讨论《政府工作报告》及其他报告。会议期间，举办“委员论坛”，9名民主党派、工商联、委员代表在大会发言，发挥参政、协商、监督作用。会议对三届二次全会的优秀提案进行表彰。

【主席会议、党组会议】 1月11日，召开三届九次主席会议、党组会议，研究部署区政协三届三次会议筹备内容、三届五次常委会会议议程、人事任免问题，研究关于健全区政协各专门委员会的决定。

2月19日，召开三届十次主席会议、党组会议，研究季度工作安排，调整领导班子分工。

4月17日，召开三届十一次会议、党组会议，研讨第二季度各专门委员会工作安排、村级集体厂房租赁情况调研活动工作安排、各联络组组长到澳门开展联谊活动和常委会专题视察活动；研究区委政治协商会议问题。

5月14日，三届十二次主席会议、党组会议，研究赴澳门联络组通报工作听取意见事宜、江海—阳春书画联展预算、第八届“文昌杯”青少年书法和书写规范汉字大赛事项、社会委员会专项调研工作审议《关于加强社情民意报送工作的意见》，通报村级集体厂房租赁情况调研活动工作。

6月28日，召开三届十三次主席会议、党组会议，研究招录区政协机关公务员政审情况、组织区政协常委会到贵州考察、区政协赴香港联络组通报两区合署办公及上半年工作情况事宜。

9月22日，召开三届十四次主席会议、党组会议，传达防台风紧急会议精神，研究江海—阳春书画联展活动、区政协办公室人员分工安排、港澳委员回江海视察、市政协委员江海联络组活动和五邑总商会迎国庆活动事宜。

10月31日，召开三届十五次主席会议、党组会议，研究召开机关民主生活会、2014年区政协机关预算方案、区长约见政协委员活动安排、增补区政协委员、成立区政协机关工会筹备工作事宜。

11月1日，召开三届十六次主席会议、党组会议，研究吕春德职务待遇问题。

12月20日，召开三届十七次主席会议、党组会议，研究三届四次会议事项、三届八次常委会议程、年终考核总结会安排、明年工作计划。

【常委会议】 1月11日，召开三届五次常委会议，研究人事任免、三届三次会议有关事宜。

1月24日，召开三届六次常委会议，审议通过《选举办法（草案）》、总监票员、监票员建议名单、《提案工作报告》和大会《决议》。

【区委民主协商通报会】 7月15日，区委组织区政协常委、区域民主党派负责人、工商联领导召开区委民主协商通报会。会议通报区政府上半年经济社会发展情况和两区合署办公情况，就区委、区政府的重大决策听取区政协常委、区域民主党派和工商联负责人的意见建议并开展民主协商。

【调研视察】 专题调研。对全区村级集体厂房的租赁情况开展调研，历时20多天，先后走访4个街道，5条村，实地视察7个工业园区，召开座谈会10场次，访谈企业代表30多名，就进一步提高村集体租赁厂房效益，增加村集体收入等方面形成调研报告。

组织民主党派季度调研。会同区委统战部、区域各民主党派开展季度调研活动，包括区民盟江海总支牵头开展“打造特色文化品牌，繁荣江海文化”专题调研，为打造太虚拳文化、陈少白传奇文化等具有江海区特色的文化品牌出谋献计；区民建江海总支牵头，区域各民主党派负责人和区政协常委到贵州省惠水县、独山县考察，为加快高新、江海两区合署办公后的资源整合和工业载体的升级改造开展探索；区民进江海总支牵头视察区红十字会门诊部和滘头街道卫生院，了解医疗软硬件建设、医疗卫生队伍和群众就医情况，为完善全区医疗卫生事业建言献策；农工党江海总支牵头到江海区污水处理厂、广东江门生物技术开发中心开展以“抓好生态环境建设，打造宜业宜居城市”为主题的调研，以推进江海区污水处理厂扩建和高新区工业污水处理厂建设进度，持续优化全区生态环境。

组织市政协江海联络组调研，视察江海区的农业旅游资源和光博汇、金瓯路改造工程等区内的市重点项目，对加快全区农业旅游资源的开发、推进市重点项目进度等向市有关部门积极建言；到广西柳州考察城市规划建设的宝贵经验，就如何在城市发展中保留工业发展历史、提升城市文化品位提出建设性和创造性建议。

专委会开展社会热点调研。区政协经济委组织全区劳动就业专题调研，就如何破解企业用工紧张问题向区委区政府提供了决策参考；对反映强烈的环境保护问题，开展专题调研，并提出意见建议；根据经济形势的新变化和新的税收政策等问题，组织区国税局、区地税局和区经科局、区发改统计局等经济部门和经济界的区政协委员、市政协委员代表等，召开“共谋经济发展”座谈会，对全区经济发展进行座谈研讨。区政协社会委对反映较多的社保问题，组织了企业和相关职能部门开展调研；对社会舆论热点的医疗问题，组织全区医疗卫生状况专题调研，就缓解我区医疗卫生资源紧张状况提出建议。

【民主监督和提案工作】 做好“一号提案”“回头看”和督办工作。区政协召开常委会会议，对2012年“一号提案”进行“回头看”，听取2012年“一号提案”《关于加快江海区内涝整治工作的建议》和2013年“一号提案”《关于加快完善道路交通设施，建设平安江海的建议》办理情况的通报，并实地视察外海横沥电排站、礼乐中沙水闸、南冲水闸等水利设施。通过定期召开提案办理情况通报会，争取相关责任单位通报提案办理进度的方式，配合区委区政府做好提案办理工作。在区政协三届三次会议上，收到提案20件、立案17件。其中经济方面3件、城市建设管理方面8件、科教文卫体方面6件。区政府与区政协联合召开提案交办会议，把提案交给相关部门处理。年内，区政协常委会和区域各民主党派负责人听取区政府、区纪委和审计监察局、区法院、区检察院的工作情况通报，履行党派民主监督，先后组织政协委员参与干部任免测评考察等监督评议活动，参与委员100多人次。

【参政议政】 在区政协三届三次全会上，9名民主党派、工商联、委员代表从经济、医疗、教育、文化、环境等方面在大会发言，发挥参政、协商、监督作用。开展“政协林”植树活动，共收到区政协委员捐款4万元，并组织委员在白水带风景区开展义务植树活动。贯彻区委的扶贫“双到”工作部署，先后2次到定点帮扶村开展扶贫活动。配合区政府做好广珠中江高速公路的征地拆迁工作，按进度完成拆迁工作任务。协助区委区政府做好重大信访案件包案工作，运用各方力量努力化解信访积案。做好党代表“三联系”工作，对联系的困难对象开展慰问活动。组织政协委员参与“两代表一委员”接访活动，参与接访的区政协委员48人次。组织区政协委员参加区法院举办的知识产权法宣传活动和区民政局举办的数字家庭研讨会等活动，发挥区政协委员的参政议政作用。全会闭会期间，出台《关于加强社情民意报送工作的意见》，通过社情民意反映群众意见起到补充作用，运用市政协《政协信息》平台反映社情民意6篇。

【联谊文体活动】 会同区委统战部走访区内各民主党派并进行调研，区政协领导分别到各基层政协联络组开展调研活动。4月，联合江南、高新联络组政协委员与江西省万载县政协开展交流联谊活动，推介江海的招商环境。5月，与蓬江区政协、恩平市政协开展友好交流活动，学习兄弟市区政协工作的先进经验；联合区教育局举办江海区第八届“文昌杯”青少年书法比赛和“江海政协杯”中小学生象棋赛；组织区政协各联络组组长到澳门，与区政协澳门联络组委员开展联谊活动。与澳门广府（珠玑）人联谊会、香港（澳门）江门同乡会等社团开展联谊活动。7－8月，向港澳委员通报两区的工作情况和重大决策部署，争取港澳委员对两区工作的支持。9月，与阳春市政协联合举办的“江海·阳春国庆书画联展”，加强两地文化交流。联合区工商联、区文体旅游局举办江海区“交通银行杯”男子篮球赛；组织政协委员参加市政协举办的书画摄影展和省“四洲杯”粤曲选拔赛。10月，组织港澳委员回乡视察现代农业项目和重点企业活动。12月，举办江海区书画摄影作品巡回展活动。

【政协江门市江海区委员会领导名录】

主　席：梁镜波

副主席：冼坚业　林锦集　肖汉华　李光明　唐　高

人民团体

JIANG HAI YEARBOOK

江海区总工会

【工会组织建设】 新增基层工会组织96个，比2012年多48个；新发展会员19520人，比2012年多14145人。至此，全区共有571家企业成立工会，共吸纳7万多名职工。在组建中突出重点企业，58家亿元企业中有40家企业成立工会。崇达电路、量子高科和亚什兰等企业工会在年内成立。

江门高新区和江海区合署办公以后，市总工会决定不再成立高新区总工会，有关职能归江海区总工会。区总工会从高新区企业工会联合会接管企业工会33家，从市总工会接管外资企业或私人企业工会23家，从蓬江区总工会接管江星电子、西铁城工会，把冠华汽车等工会划转蓬江区管理。督促全区13个党政部门调整、组建机关工会。促使人大机关、政协机关独立组建机关工会，工、青、妇、残联等单位合并成立群团单位机关工会。

明确一线工会事权财权，把一线工会分为三类管理，即街道或教育工会独立管理类、区总工会独立管理类、区总工会与街道联合管理类。按照事权与财权匹配原则，明确工会经费县级留成部分的分配比例，为区总工会、街道工委会和区教育工委会独立开展活动提供经费保障。

【依法维护职工合法权益】 推行工资集体协商、签订集体合同工作，全区98家企业签订合同，涵盖单位367家。外海街道工委会新签35份，续签17份。辉隆机械公司创造“三读三审”经验，获得省市的好评，该公司人事经理吴江波被评为广东省工资集体协商指导员建设先进个人。

建立健全职工民主管理机制，抓好以职工代表大会和厂务公开为主要形式的民主管理，维护职工民主权益。指导礼乐中学尝试职代会代表候选人竞争性选拔。结合职代会换届，从60个代表名额中拿出10个名额让职工自由报名竞争，为职工参与民主管理提供平台。天钇金属公司开展提合理化建议活动，对被采纳的重要建议予以物质和精神奖励、重要发明的产品以职工名字命名。

通过发放补贴、召开茶话会等方式，加强与公职律师的沟通联系，动员他们加强困难职工法律援助。全年共为17名职工提供法律服务，其中涉及工伤待遇争议5人，涉及非因工死亡1人，涉及劳动报酬、劳动合同、赔偿金等劳动争议12人。

【劳动竞赛活动】 组织259家企业、538个班组，17708多名的职工参加全国“安康杯”竞赛活动；购买“全国职工安全健康知识竞赛”活动专用试题1000份，组织基层工会会员进行测试。江门市安诺特炊具制造有限公司抛光车间钢砂工序班组获得全国“安康杯”竞赛优胜班组；江门市多快好省机械有限公司获得广东省“安康杯”竞赛优胜单位。联合区卫生局组队参加江门市总工会、市卫生局举办的“2013年江门市女职工医疗护理岗位创新技能竞赛”。联合区住建水务局选派9名环卫工人参加市总工会的环卫工人“金扫把”劳动竞赛。开展“三个100”（100名普工升级为初级职工、100名初级职工升级为中级职工、100名中级职工升级为高级职工）劳动技能提升行动。制定职工技能提升培训方案，采取请进来与送出去相结合的方式开展培训，在安诺特炊具制造有限公司举办30人参加的专题班，发动企业员工参加江门市劳动就业中心举办的培训班。培训合格150

人，其中初级53人，中级22人，高级75人。共有77家企业的员工参加培训，主要来自江门市安诺特炊具制造有限公司、江门市广悦电化有限公司、江门市长优实业有限公司、江门市公共汽车有限公司、江门健威家具装饰有限公司等。

【推广省医疗互助保障计划】 推行职工医疗互助保障计划，动员企业工会发动会员参加。向区财政局申请7万元经费为机关职工购买保障计划。为职工群众办理 “职工医疗互助保险”和“女职工安康保险”3892份，为职工办理赔付3宗。

【劳模推优评先】 按照市总工会的要求，开展推优评先工作，大力宣传为全区社会经济建设作出突出贡献的各条战线涌现出来的先进人物，弘扬劳模精神。在“五一”前，江门长优实业有限公司生产部经理舒长虹获得“广东省五一劳动奖章”个人奖，广东银帆化学优先动手环保涂料研发项目组获得“广东省工人先锋号”称号。礼乐街道工委会冯伟生获得“全国优秀工会工作者”称号。江门市安诺特炊具制造有限公司工会女职工委员会和江门精工谦和制衣厂有限公司女职工委员会被评为“江门市先进女职工委员会”；江门市中港宝田摩托车实业有限公司工会主席、女职委主任李秀云，江门荣信电路板有限公司工会主席林少菊和江南小学工会主席徐爱娥被江门市女职委评为“优秀女工干部”。5月，江门市江海区劳动模范协会完成换届选举工作，选举产生新一届劳模协会的领导机构和理事会成员，全国劳动模范、广东恒健制药有限公司工会主席冯淡开当选为江门市劳模协会江海分会第三届理事会会长。是月，江海区首家劳模创新工作室在长优实业有限公司挂牌成立，为劳模和技术人员提供技术创新交流经验平台。

【开展百姓健康舞进企业活动】 通过向社会组织购买服务开展一系列职工喜闻乐见的活动，如举办“健康心理”讲座、励志学堂等项目，其中有“百姓健康舞”进企业活动。向江海区舞蹈协会购买服务，请专业老师到企业教职工跳百姓健康舞。市、区委宣传部门安排一支队伍到江门吉华光电精密有限公司表演，为他们提供锻炼的机会。开展“百姓健康舞”进企业活动先后延聘专业老师到7家企业进行教习，除了聘请专业老师到企业进行教习以外，还安排职工到江海区文化馆进行学习，如中港宝田、崇达电路等工会，华众玻璃、吉华光电等工会组织职工到区文化馆学习。

【全省工资集体协商先进典型】 工资集体协商，是指用人单位与本单位职工（一般以工会的形式出现，工会主席是劳方首席代表）以集体协商的方式，根据法律、法规、规章的规定，就劳动报酬、工作时间、休息休假、劳动安全卫生、职业培训、保险福利等事项，签订集体的书面协议。江门市辉隆塑料机械有限公司及其工会委员会的做法得到省总工会的肯定。7月9—11日，江门市辉隆塑料机械有限公司管理办主任吴江波作为特别邀请代表在广东省总工会主办的全省工资集体协商指导员师资培训班上作题为《创新开展工资集体协商模式，构建劳资双赢的和谐劳动关系》讲解，该公司“三读三审制”这一源于实践而又理论创新的工资集体协商模式及经验，得到与会人员的认同。

江门市辉隆塑料机械有限公司“三读三审制”工资集体协商模式，源于西方国家议会讨论或案件审判、裁决的“三读”“三审”制度。通过借鉴与优化创新，“三读三审制”模式表述为工资集体协商过程中所有协商的议定事项实行“三读三审制”，“三读”即每次议定内容或修改后再次议定内容时要经过三次讨论，并讨论文本逐条宣读解析三遍以确保参加协商的每位代表均能明确理解协商内容，“三审”即每次议定内容或修改后再次议定内容一般在企业内要经过初审、复审、终审核准与正式文本公示三次审核，议定形成的文件要做到参与集体协商的代表签名同意、工会主席审核签名和企业法人代表（总经理）最终审核批准。

6年来，该公司工资集体协商模式实践和不断完善，员工工资平均每年增长超过18%，员工的幸福指数和满意程度得到增强，企业生产效率、工业总产值及经济效益得到增长。该公司开展人文关怀、工资集体协商、创建劳动关系和谐企业的成功经验受到省、市媒体的重点报道和省、市总工会的赞扬。2008年，该公司被市人社局评为“江门市★★★级劳动关系和谐企业”。2011年，获得省人社厅授予的“广东省模范劳动关系和谐企业”荣誉称号。模式主要设计者和亲身参与者吴江波的研究成果《三读三审制——一种小型企业工资集体协商制度及方法实证研究》获得省人力资源和社会保障厅颁发的“2011年广东省人力资源社会保障优秀研究成果奖”（全省唯一企业成果获奖者），其论文纳入《2011年度广东省人力资源社会保障优秀研究成果论文集》，登载在江门市人力资源和社会保险局网站上。

共青团江海区委员会

【对外联谊交流】 落实江海区青年联合会沟通联系机制，每季度组织一次区内青联委员聚会座谈，组织青联委员特别是企业界青年代表为江海区经济发展和自身企业的发展建言献策，加强青联会员企业之间的交流合作，以交流促合作，以合作促商机。坚持青联活动“走出去”和“引进来”，发挥青联平台在服务江海区经济社会发展中的作用。7月，团省委副书记池志雄带领广东青联十二组开展“中国梦·菁英行”扶贫济困行活动，到文昌中英文学校开展结对帮扶外来工子弟活动。9月，组织各街道团委、村居团组织负责人、社区干部、义工骨干、青年社会组织负责人等一行22人赴顺德区杏坛镇青年坊和社会综合服务站参观交流；区青联有关人员陪同台湾新竹国际青年商会一行到江海区进行考察LED上下游产业交流活动；联系江港交流促进会参与区扶困助学活动，结对资助38名困难家庭中小学生。

【义工工作】 为支持配合做好创建文明城市工作，组织以青年力量为先锋的群众力量投入支持创文。建立区四套班子领导和政府组成人员参与义工服务活动制度，明确每年正月十五后的第二个星期六为领导义工日。市领导、区四套班子领导和组成人员到文昌中英文学校参加“心手相连”义工活动。全区注册义工人数33000人，达到全区户籍登记在册人数的21%，总服务时数100250.5小时，平均每个人的服务时数3小时，建立包括机关、事业单位、企业、学校、社工机构、社会团体等在内的115支志愿服务队。政府机关和基层党组织党员义工服务队300多人次参加“文明劝导和清洁保洁”志愿服务活动，清理卫生死角，劝导不文明交通行为，送出“移动大拇指”贴纸5000多张。组织400多名义工到社区入户，社区居民入户宣传率100%。在创文国检阶段，组织200多人的义工队伍全天12小时值班轮岗。开展“青年社会服务进企业”系列活动和“义工志愿服务进工业园区、进厂企、进村居”系列活动，组织举办多场义工便民服务，针对企业开办多场“健康情绪”“成就你的美满婚姻”等主题心理讲座，开展“书·送爱进企业”“团结共进创和谐”户外拓展等服务活动。推进创新社会管理工作，先后孵化向阳花青年社会服务中、一行社工服务中心和青年巧手维修服务社3家青年社会组织，投入资金向其购买服务项目。在市义工网发布义工服务活动公告250多条，组织义工服务活动超过300项，服务群众累计3万多人次，相继开展新春送衣、学雷锋志愿活动月、扶贫济困活动、五四传递正能量、暑期义教、残健同行、中秋月饼情、大手牵小手亲子活动、志愿服务进企业和进村（居）、“南粤幸福周”等多项活动。

【青年文化节活动】 为纪念建团91周年，开展国情教育和形势政策教育，包括主题团日、队日设计竞赛活动，各团队、学校组织“飞扬的红领巾”和“红领巾相约中国梦”等主题团日、队日活动，通过歌咏、演讲、手抄报比赛等方式，教育青少年养成文明行为习惯。开展青年文化节系列活动，举办第四届“文昌杯”五四青年篮球赛，区直机关团组织和各街道团委共16支代表队进行比赛32场；“五四”期间，礼乐街道团委举办“2013礼乐好声音青年歌唱大赛”、外海街道团委举行首届“三人篮球赛”、江南街道团委组织开展五月家庭同乐日活动、滘北街道团委开展骑车游绿道活动。

【扶困助学活动】 根据扶贫开发“规划到户，责任到人”的工作部署，结合共青团工作职责，呼应韶关市乐昌市秀水镇青少年的需求，坚持“授之与鱼不如授之与渔”的帮扶思路，2010－2012年共筹集爱心助学款28.85万元，结对资助秀水镇高中和大学阶段的在读贫困学生577人次。2013年，团区委被评为“江门市扶贫开发‘规划到户，责任到人’工作优秀集体”。为帮扶困难家庭学生实现“读书梦”，开展扶贫济困主题团队日系列活动。9月25日，团区委、区慈善会2013年爱心助学金颁发会在银泉小学召开。全年助学活动得到区慈善会的支持，共筹集爱心助学款24.75万元，结对资助187名中小学生和108名大学生完成学业，筹集资金和助学人数均创历年之最。

【团组织建设】 1月18日，共青团江海区第七届委员会第四次全体会议召开，选举马岸宇为团区委副书记。做好高新区、江海区合署办公后区直机关部门的青年工作，依时完成合署办公后的13个党政部门和群团组织机关相应成立团组织、完善团的组织架构和人员配备工作。

【成人宣誓日系列教育活动】 10－11月，相继在外海中学、礼乐中学举行“中国梦•青年志”成人宣誓系列活动。通过开展党史、团史、队史学习和教育，提高学生对队、团、党的认识和归属感。以重大活动、重大事件和重大节庆为契机开展主题教育活动，在青少年中大力弘扬社会主义核心价值体系，教育和引导青年学生树立崇高理想和正确的世界观、人生观、价值观，增强青年学生步入成年的光荣感和责任感。

【青年职工技能培训】 响应团省委“展翅计

划”，为推进青年就业、创业，全年提供不同类别的见习岗位220个。开展针对不同阶层、不同界别青年的信息技能培训，联合人力资源、社会保障、信息科技、党校等部门，通过“农村信息直通车工程”针对农村和企业青年组织开展相关培训。在荣信电路板公司、安诺特公司、福宁电子等企业中面向生产一线工人举办心理培训、岗位技能提升培训讲座和义工分享交流会等，开展“健康情绪”“成就你的美满婚姻”等主题心理讲座；定期组织青年义工参加主题义工培训班。

【团干部培训】 推进基层团建工作，组织团员青年参加青年夜校和视频会议学习，共组织青年夜校网络学习42期，600多人次团员青年参与学习。与区义工联联合在外海中学举办江海区义工后台管理信息管理员培训班。组织各街道团委书记参加“转型发展2013年江门市镇（街）团委书记培训班”；对全区中小学少先队辅导员进行为期4天的少先队辅导员培训班；组织第十一中学大队辅导员到广州市参加2013年广东少先队辅导员继续教育基地首期课程研修班。

【非公有制企业团建工作】 按照上级团委的要求开展非公有制企业团建，通过媒介了解青少年的想法和诉求，听取青少年的意见和建议。与区义工联先后开通加“V”认证的微博和官方微信，团区委全体干部均开通个人微博并建立“江海共青团”微信群。江海共青团微博粉丝1050人，微博发送量570条，通过微博互动沟通，“扶困助学”“社区志愿文化节”“青年联谊交友活动”等活动信息得到广泛传播，收到良好的社会效应。丰富新生代产业工人的文化生活，发挥团支部在非公企业管理中的作用，组织各企业联合开展“圆梦计划宣传活动”“志愿服务进工业园区”“金秋交友”等系列活动。深入各建团企业走访调研，采取联建、依托建等灵活的方式建立团组织，共建设非公企业团支部21家、“两新”组织4家。

江海区妇女联合会

【巾帼建功】 开展创建“巾帼文明岗”活动，推进城乡妇女岗位建功、岗位成才，创建省级岗3个，市级岗2个，区级岗1个。全区创建各级巾帼文明岗96个，29个单位和个人获省、市、区妇联系统先进集体和个人荣誉称号。

【实施妇女儿童发展规划】 下发《关于做好2013年度妇女儿童发展规划统计监测工作的通知》，组织召开区实施妇女儿童发展规划工作会议，总结2001到2011年江海区妇女儿童发展规划实施的成绩和经验，研究部署2011—2020年妇女儿童发展规划情况。区政府与区发改与统计局、区人社局、区教育局、区卫生局4个妇儿工委重点成员单位签订妇儿新规划目标责任书。

【第六次妇女代表大会】 12月26日，召开江海区妇女第六次代表大会。大会代表134名、特邀代表18名。会议选举产生江海区妇女联合会第六届执行委员会，冯少萍等29人当选为委员。在第一次全体会议上，冯少萍当选为江海区妇联主席、李雅琴当选为江海区妇联副主席。陈颖玲、林彩娇、伍洁霞、黄慧玲、杜开红、陈贤、吴日红等7人当选为区妇联第六届执委常委。

【增收致富支持行动】 联合区财政局和银行等金融机构，健全工作机制，建立“妇联+银行+妇女”的小额担保贷款工作新模式，继续做好妇女小额担保贷款工作。举办“广东省扶持妇女创业小额担保财政贴息贷款项目”培训班，全区妇女干部及群众200多人参加培训。有17名农村妇女成功申请167万元贴息贷款用于创业和发展生产，其中礼乐街道有2名创业妇女申请为贷款大户，共获贴息贷款50万元。礼乐街道武东村委会陈杏桂的生猪养殖场创建成为江海区巾帼农业示范基地，该基地占地50亩，产值950万元。全区共创建省、市、区级巾帼创业示范基地15个，妇女专业合作组织2个。

【基层妇女组织建设】 共创建“妇女之家”示范点省级5个（外海街道金溪社区、礼乐街道威西村、礼乐街道新民村、滘头街道仁美社区、江门市安诺特炊具有限公司），市级3个（礼乐街道新民村、江南街道新中社区、滘头街道仁美社区）。“妇女之家”建设注重因地制宜，追求“一村（社区）一品”，形成全区创精品“妇女之家”、特色“妇女之家”的格局。10月23日，区妇联“一部一中心”（江海区妇联枢纽型社会组织总部、江海区妇联社会组织发展中心）挂牌成立，进驻江海区社会服务发展中心，实现对全区妇女儿童领域社会组织的管理和服务，为全区妇女儿童领域社会组织提供初期孵化、政策咨询、能力建设、人员及业务培训等服务，引导更多女性社会组织向社会公益方向发展。

【维护妇女儿童合法权益】 把妇女维权站（点）全部纳入各级综治信访维稳中心，实现妇联调解与司法调解的有机结合；把“平安家庭”创建纳入全区社会治安综合治理考核体系；开通“12338”妇女维权热线，拓宽维权工作渠道；设立主席接访日，把心理辅导引入维权工作，开展法律援助和维权志愿服务；区人大常委会任命5名妇女干部担任人民陪审员，妇联专人担任“诉前联调员”，提高基层妇联维权能力。全区妇联系统共办理涉及未成年人刑事法律援助案件63宗，涉及妇女民事案件2宗，接受妇女非诉讼案件资讯161宗，处置来信来电来访28宗。成立江门高新区、江海区预防和制止家庭暴力领导小组，举办 “家庭零暴力，幸福千万家” 创建平安家庭知识巡讲，以广场咨询、入户调研等方式进行广泛宣传。滘头街道正南社区被列为市反家暴工作试点。

【家庭文化建设】 以“共建文明和谐家庭，共创民生幸福城市”为主题，以提高家庭成员道德建设水准和文化素质为目标，以“五好文明家庭”创建为载体，推进家庭文化建设。2012至2013年共计评选“五好文明家庭” （平安家庭）1700户。贯彻落实《江门市江海区开展“平安家庭”创建活动实施方案》，开展“家庭拒绝邪教”“防邪知识进家庭”等活动，组织全区5个街道及60个村（社区）妇女干部到社区学院参加由区防范办举办的反邪教知识培训班。采取分类组队（共组队10队100人）、加强培训等措施，推动“文明江门万人行“活动，各基层妇联、各妇（工）委加入健走竞赛，发动32名妇女干部报名参加2013江门（国际）健走马拉松大赛。参与评选市十大书香家庭，引导广大家庭成员树立“好读书、读好书、读书好”的风尚。赵福超家庭获市“优秀书香家庭”荣誉称号。发动推荐24户家庭参与市“最美阳台（庭院）”评选活动，引导有条件的家庭多种花、多栽树，营造温馨、绿色、环保的生活。发动30多名符合条件的单身男女报名参加 “爱在金秋，缘系侨乡”千人相亲会。外海街道星韵舞蹈队由30名当地中年妇女组成的广场舞队伍参加2013中国（江门）侨乡华人嘉年华系列文化活动之一“快乐女人扭一扭”广场舞比赛荣获二等奖。

【家庭教育工作】 全区共有各类家长学校124个，其中依托中小学校建设的家长学校25个、幼儿园家长学校39个，村、社区家长学校60个。成立家庭教育讲师团，拥有讲师团成员35名。 “家长学校”阵地建设“六个一”工作常规，即每学期召开至少1次家长学校活动，每学期召开至少1次家庭教育大讲堂，每月1次开放亲子活动，每半月更换1次家教专栏，每周设1个家长接待日，每年进行1次家教经验交流活动，为未成年人提供系统培训和家庭教育工作的开展提供保障。共安排家庭教育大讲堂和道德讲堂50多场次。

【帮扶困难妇女儿童】 与市关工委、市老年学学会和区慈善会联合举办2013年慈善爱心外海茶庵寺助学金发放仪式。释大愿法师及社会热心人士向孤儿发放助学金每人3000元。联合区慈善会、区社工委在外海银泉小学举办江门高新区、江海区“幸福手拉手”国庆慈善爱心助困活动。该活动就区妇联联合区慈善会发起的 “新生命·新希望”救助重症妇女儿童、“幸福妈妈乐安居”援建母亲安居房和“幸福手牵手”帮扶困难妇女发展的3个项目进行援助金发放，共发放援助金19.9万元，援助30名农村困难妇女发展生产、48名重症妇女儿童就医及1户单亲特困母亲建安居房，79名困难妇女儿童受惠。组织参与在市福利院举办“九九重阳节，浓浓敬老情”老人节慰问义演活动。全区20多名巾帼义工为老人们送上蛋糕、苹果、饮料等节日礼物。市、区妇联负责人走访慰问外海街道“百岁老人”林长好。

【三八节联谊交流活动】 举办“幸福绿道齐参与”活动、“美丽相约、情谊相牵”——蓬江、江海女干部庆“三八”联欢晚会、“三八”维权周等活动。组织各界妇女代表参加市庆“三八”表彰大会暨巾帼群英汇活动；与港澳等地妇女组织加强交流合作，拜访香港女企业家、知名人士； “六一”期间组织女企业家代表慰问困境儿童等。

江海区工商业联合会

【重要会议】 1月16日，召开第三届执委会第二次全体会议，增补赵长成、李湛强为副主席，增补罗结民、徐宏、储利民为执委。12月19日，召开第三届执委会第三次全体会议，增补王燕娥、卢永亮、饶德生为副主席，增补沈淑红、赵文伟为执委；召开江海区工商联（总商会）成立10周年座谈会，总结工商联（总商会）10年来取得的成就，向陈健康等34位会员企业家颁发突出贡献奖。

【联谊交流活动】 按照工作计划实现“国外一次、港澳一次、省际一次”的交流联谊。3月，组团36人到香港与香港工商总会北区分会、新界东北区工商联会、油尖旺工商联会交流联谊，拓展两地经贸合作；5月，组团24人赴河南省开封县、永城市等地考察和学习交流，分别与开封县、永城市的总商会结为友好商会；8月，组团16人赴俄罗斯经贸考察交流，并举办江门市江海区经贸（俄罗斯）洽谈会。

【基层商会和行业商会】 1月18日，江南商会召开第二届会员大会，选举产生第二届理监事会成员，区工商联(总商会)副主席、江门市江海区鸿达兴塑料有限公司董事长、江门市江海区御品·金鸿楼鱼翅海鲜酒楼董事长朱建成当选为江南商会第二届会长。3月29日，礼乐商会举行第三次会员大会，推选出第三届商会领导机构，并举行新任理监事会成员授匾仪式。区工商联（总商会）副主席、江门市江海区利生汽车贸易有限公司董事长谭德华再次当选为礼乐商会第三届理事会会长。4月16日，江海区餐饮协会协助江海区“两建”办牵头在南海渔村组织举行江海区“食用油放心工程”启动仪式，发出《餐饮行业自律倡议书》，引导会员企业牢固树立食品安全责任意识，组织餐饮企业以及工厂、学校、机关食堂负责人签订自律承诺书，建立食用油进货查验记录制度。5月28日，江南商会组织会员到江门市福利院探望慰问孤儿。6月，礼乐商会独家赞助礼乐街道举办的“六一儿童节游园”活动。8月5日，滘头商会组织会员到江门市浙江商会联谊交流。8月，外海商会以会员出资入股的模式投资80多万元，在原东南小学旧址创办民营学校。

【企业调研】 组织各街道商会、行业协会、会员企业开展调研，发放调查问卷300多份，召开企业家座谈会7场，共220多人次参加，专访行业代表企业家11名，听取企业家和商会、协会的意见和建议，并把有关情况先后刊发3期《企业心声》，获得区委、区政府的《心声回复》；向区委、区政府提交《关于江海区当前企业生存与发展困难情况的调研报告》，为领导决策提供参考。

【帮助企业解决融资难题】 9月11日，江海区总商会与中国建设银行江门市分行在建行江门市分行举行“助保贷”业务合作签约仪式。区工商联（总商会）副主席霍宝源、建设银行江海支行行长曾锐波分别代表江海区总商会、建设银行江门市分行签订“助保贷”业务合作协议书，为全区企业搭建起银企合作良好平台，以促进降低企业融资成本，缓解融资难题。为了让会员企业更好地了解、掌握、运用有关政策文件，编辑出版《梦萦江海——近年江门市、区扶持企业发展地方性措施汇编》和《梦萦江海——江海区工商联（总商会）2011—2013年资料汇编》。

【特约社管专员】 把特约社管专员聘任工作延伸至各街道商会、协会，共聘任特约社管专员44名，壮大全区特约社管专员队伍。特约社管专员利用商会及会员的亲情、乡情优势，参与解决各类矛盾纠纷20多宗。

江海区残疾人联合会

【康复救助】 全区487名残疾人提供康复训练、康复治疗、辅助器具适配、居家无障碍改造等康复服务，其中视力残疾康复服务15名；听力言语残疾康复服务6名；肢体残疾康复服务66名；精神防治康复服务330名；辅助器具适配服务27名；装配矫形器1名；假肢安装2名。邀请新会区新希望眼科医院医生到江海区开展眼病义诊与白内障筛查活动在区内4个筛查点共为456名群众进行各类眼疾义诊（低视力、胬肉、角膜病、眼底病等）及白内障筛查。查出有白内障手术指征的患者92人，并为他们实施免费白内障摘除手术。

【残疾人就业培训】 发动残疾人参加各类培训共18人次，其中创业技能培训3人、雇主培训10人，组织5人次参加江门市残疾人计算机技能竞赛。助残日期间，区残联和区人社局联合举办残疾人专场招聘会，联系亿都电子、高新华众等40多家各类企业到现场招聘，吸引200余名残疾人前来应聘，当场有38名残疾人与用人单位达成就业意向。与区人社局沟通协调，为有就业意愿和就业能力的残疾人提供“一对一”的就业帮扶，为他们量身选择合适的企业。做好实名制统计管理，按照相关规定进行登记认定、信息录入，确定需要就业培训帮扶人员名单。探索利用社工组织全面开展残疾人的就业服务。以购买服务形式，开展上门就业登记服务和心理辅导，引导残疾人选择适合自己的工作岗位，鼓励他们实现就业。

【残疾人文化体育活动】 定期出版《江海残联画报》和《江海残联信息》，并对江海区残联网页进行调整充实，通过两个平台建设宣传残联业务知识，促进区残联与区直各部门、各街道、各村居委会的沟通联系。助残日期间，以文艺会演排练过程为题材，以及“梦想·不放手”为主题，拍摄公益广告《关爱残疾人·共筑大舞台》，并在全区宣传平台播放，该广告被选送到江门市“无限极杯”公益广告征集大赛，获得三等奖。通过“南粤幸福周”活动，组织开展一系列适合自身实际情况的文体活动，包括组织自闭症儿童参加“感受校园书香，亲子共乐同游”活动，组织聋哑人到白水带风景区开展“南粤幸福登山活动”，组织康园中心残疾人乘坐观光巴士游江门等。

江海区文学艺术界联合会

【机构设置】 2013年12月，江门高新区党政办、江海区委办联合印发《中共江门高新技术产业开发区工作委员会宣传部（中共江门市江海区委宣传部）机构编制方案中提出，江海区文学艺术界联合会挂靠江海区委宣传部，核定群团机关事业编制9名（含置换党校2名编制，由区委宣传部统筹使用），其中主席1名由副部长兼任，专职副主席1名（副科级）。

区文联主席罗广鹏，副主席曾小洁、许和发（非驻会）。属下有8个协会：音乐家协会，会长何峰；美术家协会，主席区启森；作家协会，主席邓荣宗；书法家协会，主席陈宗良；摄影家协会，会长付师华；舞蹈家协会，会长邱菁萍；民间文艺家协会，会长马均贺；戏剧与曲艺家协会，会长曾小洁。

【重要会议】 1月底，2013年活动计划工作会议。

3月中旬，各协会换届工作会议。

6月20日，百姓健康舞表演活动工作会议。

8月16日，书法家协会成立大会。

10月8日，侨乡华人嘉年华活动工作会议。

10月10日，江海区第二届文化艺术节开幕式各事项分工工作以及文艺创作的会议。

10月17日，江海区第二届文化艺术节开幕式分工工作会议。

12月28日，江海区作家协会成立大会。

【重要活动】 1月24日，在东湖影剧院举办江海区2013新春音乐会，招待两会代表和社会各界代表。

2月4日，组织演出队伍随区委宣传部到市

福利院进行慰问演出活动，与100多名老人和孩子喜迎新春。

2月10—14日，组织春节系列广场演出活动。每天下午组织广场文艺演出1场，每天晚上组织电影放映1场，共10场演出活动。

3月2日，组织节目参加礼乐街道镇龙村老年人新春团拜。

6月26日，组织4个节目参加区“6·26”禁毒晚会演出。

6—10月，开展百姓健康舞师资培训和演员方阵训练，累计培训900人次。10月24、25日，组织江海区农村、社区两大方阵共240人参加“圆梦爱莲，舞动全城”百姓健康舞展演活动。

7月27日，组织节目在江门高新区宝源工业园举行“我们的梦”文艺进企业专题联欢晚会活动。

9月29日，组织区音协八音和组合参加江门市南粤幸福活动周暨迎国庆64周年音乐会。

10月2—4日，组织国庆专题系列演出活动3场，包括歌舞晚会、曲艺晚会、龙狮武术晚会等。

10月26日—31日，组织2013年中国（江门）侨乡华人嘉年华暨江海区第二届文化艺术节系列活动。包括艺术节开幕式演出、广场舞会、龙狮武术晚会、曲艺长廊展演5场、“高新·江海新风貌”摄影展等系列活动。区摄影协会在江海区江南文化广场举办“高新·江海新风貌摄影作品展览”。

江海区科学技术协会

【机构设置】 江海区科学技术协会下设综合股和科普股2个内设机构，主要职能是团结和组织全区科技工作者开展干部、职工、居民以及青少年的科学技术普及教育、科技咨询活动，提高全民科学素质；反映科技工作者的意见和诉求，维护科技工作者的合法权益，为科技工作者和科学技术团体服务；对自然科学界学会（协会、研究会）、企业科协、农村专业技术协会进行业务指导；组织科技工作者参与本区地方事务的政治协商、科学决策、民主监督工作；贯彻党的科技方针、政策，举荐科技人才，表彰奖励优秀科技工作者等。

2013年，江海区科学技术协会挂靠江海区经济科技局，核定群团机关事业编制4名，主席1名（正科级，由副局长兼任），副主席2名，其中1名不驻会、不占编，另1名副主席（副科级）由科学技术发展科科长兼任。年底在册人数4人。主席吴殿晖，副主席黄剑锋。

【重要会议】 1月18日，召开江海区科协第二届委员会第九次全体会议暨科技企业代表座谈会。区科协二届委员、各街道分管科技的领导和联络员、科技工作者代表共40多人参加会议。

5月8日，召开江海区科协第二届委员会第九次全体会议，会议免去董广芬、冯春堂、邓乐胜、苏斌、钟玉麟、颜皓、吴利生、林觉夫、罗春平、方哲军等10人的区科协第二届委员会委员职务；增补吴殿晖、黄金志、刘光、张悦贞、林启添、翁亚强、李大女、戴慧娜、张振鹏、张国权等10人为区科协二届委员会委员。补选吴殿晖为江海区科协第二届委员会主席、常委。

7月11日，召开全区基层科协工作者座谈会，各街道分管科协的领导和联络员共11人参加。会议下发《关于做好基层科协换届工作的意见》，并对全区街道科协的换届工作进行部署。

【重要活动】 3月18日，联合区委党校举办科普报告会，邀请原中国科学院新技术开发局副总工程师，现任中国科学院老科学家科普演讲团成员陈贺能教授，为江海区机关党员干部作“清洁能源——低碳城市建设”科普报告。全区机关部门党员干部150人参加。

3月18—19日，开展2013年江门市“大手拉小手—科普希望报告行”活动。邀请了中国科学院老科学家科普演讲团为外海中学、礼乐中学、江门市十一中、银泉小学、新民小学的师生们举办科普专题报告会5场，分别以“飞向蓝天”“科学技术能使人类的生活更美好”“航天遥感与现代战争”等为主题深入浅出地介绍科学知识，并与到会的中小学师生进行互动。

5月31日，第三届珠中江科协论坛在五邑大学吕志和礼堂召开，论坛主题为“土木建筑的发展与创新”，组织辖区建筑业协会及建筑工程学会参加。

9月13日，由江门市科学技术协会、江海区科学技术协会组织市药学会、市中医药学会、市医学会、市预防医学会、市心理卫生协会、市防痨协会、市园林学会、市新希望眼科医院、市地震局、五邑图书馆、市气象学会、滘头街道科协、江南街道科协等单位在江海区中环广场举办全国科普日暨科普进社区集市活动。活动主题为“节约能源资源、保护生态环境、保障安全健康、促进创新创造”，旨在贯彻实施《全民科学素质行动计划纲要》，激发广大群众学科学、用科学的热情，为提高公众科学素养，推动社会发展作出贡献。

9月17—18日，全国科普日期间，配合江门市科协和广东省科学馆，协助开展江门市2013年“全国科普日”暨科普大篷车进校园活动。科普大篷车开进外海街道中心小学和礼乐街道新民小学，分别为学校4000多名师生们提供集科学性、知识性、趣味性、参与性于一体的“科普套餐”。

9月24日，联合滘头街道科协在仁美社区开展老年人健康知识讲座，邀请江门市五邑中医院心血管科医生于涛为社区老人授课。

9月25日，联合江门市预防医学会、礼乐街道科协在礼乐街道文昌沙社区举办2013年“科普进社区——健康讲堂”活动，邀请江门市疾病预防控制中心梁东兴医师作《公共场所环境中影响人群健康的危害因素进行控制》讲座，60名社区居民参加健康讲堂活动。

10月11日，联合外海街道科协在江海区社区学院三楼开展社区教育大讲堂（第二期）专题讲座，邀请江门市第三人民医院心理科首席家庭治疗师、广州市中医药大学兼职教授许律琴教授为主讲嘉宾。参加讲座的有江海区科学技术领导和银泉社区居民。

10月24日，联合江南街道科协在江南街江翠社区开展科普进社区第三期健康讲堂，邀请市心理卫生协会陈捷峰医师主讲“和谐家庭——孩子健康成长的摇篮”，江翠社区的科普志愿者和50多位社区居民参加活动。

年内，区科协利用现代化传播手段，联合区委宣传部和区文体旅游局创建“江海微学堂”。“微学堂”的科普频道通过微信公众平台，开展科普知识宣传推广，为居民群众提供零距离的科普服务。

政法·武装

JIANG HAI YEARBOOK

社会管理综合治理

【机构设置】 6月，根据《中共江门市委办公室、江门市人民政府办公室关于印发〈中共江门高新技术产业开发区工作委员会、江门高新技术产开发区管理委员会主要职责内设机构和人员编制规定〉的通知》，设立中共江门高新技术产业开发区工作委员会政法委员会，中共江门市江海区委政法委员会与其合署办公。高新区党工委政法委（江海区委政法委、江海区司法局）核定编制39名，其中区法制局编制5名，参公人员3名。书记1名（由两区党政副职领导兼任，兼任江海区委政法委书记、区社工委主任，不占本部门编制）；副书记3名（正科级，其中常务副书记1名），均兼任江海区委政法委副书记，其中1名副书记兼任江海区综治办主任、区维稳办主任、区防范办主任；1名副书记兼任江海区社工委专职副主任（正科级）。

【维护社会稳定】 全区的信访维稳工作继续按照“12345”的工作原则，依法维稳，以化积案为突破口，以做好敏感期维稳工作为重点，以推进重大事项社会稳定风险评估工作和风险告知制度为创新，推动维稳工作从被动向主动、从静态向动态、从刚性向韧性、从运动式向制度性转变。树立法治理念，扭转“信访不信法”的错误认识和行为模式，使维稳工作纳入法治的轨道。举办以《努力提高领导干部以法治的思维和方式处理问题的意识和能力》为主题的法律学习班，区领导班子成员、区直机关和各街道副科级以上干部以及各村（居）干部等300人参加。召开政法委员扩大会议，学习公安部《关于公安机关处置信访活动中违法犯罪行为适用法律的指导意见》。联合区住建局等部门下发《建筑工程劳资纠纷风险告知书》，在全区建筑行业20多个建筑工地推广试行风险告知制度。从缴纳工资保证金、签订完善规范的建筑工程施工合同、确认工人人数和人员名单、发放工人工资等4个环节提出强化监管措施，并建议施工单位实行工人打卡上岗、信用卡发放工资等现代管理方式。推行以来，该行业领域维稳事件减少。落实工作措施，确保春节、“两会”、国庆等重大节假日和敏感时期维稳工作，做好7月涉及中核鹤山项目的维稳工作，及时启动群体性事件应急预案，层级落实责任，严防涉核问题和其他社会矛盾叠加；做好“八一”期间全区涉战人员的维稳工作，落实党政领导与转业复退军人户联系等制度，全区314名涉战退役人员的社保、医保补助和节日慰问金落实到位。组织基层维稳工作人员参加市“平安江门创建”、区“调解员培训”等系列学习，总结全区调解工作的经验，收录调解工作的要点和工作程序，常见的群体性事件、突发事件的处理方法、案例、法律条文和文书等，编印《调解工作参考资料》提供工作人员参考。开展对“全能神”“心灵法门”“菩提功出境培训”活动的专项整治工作，破获邪教案件2宗；加强对5名重点控制对象和13名刑释解教邪教“法轮功”人员的管控帮教，无脱管和新的违法犯罪行为；抓好“一墙一窗”（警示教育墙、警示教育宣传橱窗）宣传阵地建设和“进学校、进企业、进家庭”等反邪教警示教育活动；推进“无邪教社区”创建工作，达标率97%。实现全年“三零”（零进京上省滋事、零插播、零聚集）、“三无”（无公开聚集滋事事件、无重大恶性宣传煽动案件、无规模团伙活动案件）和“五个不发生”（不发生邪教人员进京滋事、不发生邪教人员公开聚集滋事、不发生邪教人员大面积散发反宣品、不发生邪教人员插播、不发生邪教人员制造极端暴力事件）的目标。区委、区政府加强对国家安全工作的组织领导，原国家安全人民防线领导小组更名为国家安全工作领导小组，设立国安办，并于4月25日召开江海区首届国安工作会议，建立联系、报告、会议、培训学习制度和保密制度，落实工作责任，全年共发展社联员1人，信息员6人，联络员22人，上报情报信息4份，工作简报2期，协助上级部门开展工作6次。

【社会治安综合治理】 落实综治责任制，以实现“一强二升三降”（群众安全感不断增强；破案率、起诉率、审结率、执结率、调解率上升，人民群众对政法工作的满意度上升；重大刑事案件下降，重大群体性事件下降，重大安全事故下降）为总体工作目标，以“平安创建”重点项目为抓手，开展“六联工作机制”（矛盾纠纷联合调处、社会治安联合防控、突出问题联合治理、重点工作联勤联动、基层平安联合创建、流动人口或重点工作对象联合管理服务工作机制）和“四项排查”（矛盾纠纷排查调处、治安问题排查整治、重点人口排查管控、安全隐患排查整改），与各街道、各成员单位签订《2013—2014年综治管理目标责任书》，制定考核制度、“一票否决”制度等，进一步完善党政主要领导、分管领导和综治委成员单位主要领导述职制度，先后组织开展“粤安13”、打击“两抢两盗”（抢劫、抢夺、入室盗窃、盗窃机动车）、“雷霆扫毒”等一系列专项行动，对暴力、侵财等多发性案件坚持严打整治；综治成员单位对食品药品、农资产品、农村土地流转等领域实施“三打”（打击欺行霸市、打击制假售假、打击商业贿赂）。共排查发现和整治重点地区数59个，其中外海街道麻园辖区作为市综治委挂牌整治地区，把该区的废品收购行业作为整治重点内容，采取综合整治措施规范废品收购业的有序运作，预防和减少偷盗违法犯罪案件的发生。

【禁毒工作】 把毒品犯罪问题作为严打整治的重中之重来抓，严厉打击毒品违法犯罪活动，共破获毒品犯罪案件80宗，抓获犯罪嫌疑人80名，缴获海洛因30.3克、冰毒30.6克、氯胺酮9克，麻古363粒；抓获吸毒人员247名，送隔离强制戒毒137人、社区戒毒13人、社区康复114人、参加美沙酮维持治疗59人。加强对易制毒化学品、重点部位和场所的检查管理，没有发生易制毒化学品流失现象。落实“一案一评”（对每一宗案件组织评议）等制度，共清查娱乐场所及其他公共服务场所165间次，出动警力465人次，查处涉毒娱乐场所1间。做好全区7个戒毒康复人员就业安置点的建设和管理，有关工作得到市禁毒办的肯定并在全市推广。开展多形式的禁毒宣传教育。稳步推进全区“无毒社区”创建活动稳步推开，共创“无毒社区”16个、“减毒社区”7个。

【平安创建工作】 2013年是平安创建工作的全面铺开之年，区委政法委为牵头单位，成立以区委书记为组长、区长为第一副组长、副书记、政法委书记为常务副组长、其他有关区领导为副组长、各街道和成员单位一把手为成员的创建平安江海领导小组，下设办公室；各成员单位相继成立领导小组并确定联络员。区委区政府下发《关于全面创建平安江海的实施意见》《创建平安江海行动计划（2012—2022年）》和《高新区、江海区平安创建十大工程专项领导小组方案》。区平安办制定联络员制度、定期会议制度，综治督导制度、情况信息报送、通报制度等，对各成员单位巡回督促检查和指导，对上报的信息数量及采用情况进行每月通报。按照《宣传工作方案》开展多种形式的宣传活动。制作设立大型广告牌22块，设置路灯公益广告200余块，举办“拒绝毒品·平安江海”等法治文艺活动和现场咨询活动30场次，张贴海报3期4000多份、派发宣传小册子8万余份、环保袋等小礼品5000余份，通过报纸、电视、LED屏、手机短信等进行广泛宣传。市平安创建重点项目外海街道平安工业园的创建取得成效，创建经验在全市推广；推进区级创建项目平安交通，江南街道“平安消防”、公安分局深化社区警务等项目取得成效。全区平安创建“一年初见成效”的目标得以实现。

【社会工作规划和重大政策】 为推动转变政府职能，建立健全政府购买服务制度，扩大政府向社会组织购买服务的范围，推动政府向社会组织转移职能，4月1日，区委区政府办公室印发《2012年江海区政府向社会组织购买服务目录（第一批）》；10月18日，区社会事务局印发《关于印发江海区区本级具备承接政府职能转移和购买服务资质的社会组织目录（第一批）》，作为政府各部门选择社会组织承接政府职能转移和购买社会组织服务的资质依据。

【社会建设和管理体制改革创新】 3月1日，区委区政府办公室印发《江门市江海区社会管理创新五项重点工作方案》，以推进全区深化行政审批制度改革、建立健全农村基层治理机制、提升农村“三资”（农村集体经济中的资金、资产、资源）管理水平，建立和完善党代表工作室、培育和发展社会组织等5项重点工作为突破口，推进社会管理体制改革。社会管理创新五项重点工作成效包括：行政审批制度改革出台《江门市江海区人民政府2013年行政审批制度改革事项目录（第一批）》和《江海区区本级具备承接政府职能转移和购买服务资质的社会组织目录（第一批）》；以协同共治和利益共享为导向的农村基层治理机制建设扎实推进，基层党组织的设置全面优化，村务监督委员会实现挂牌运作；提升农村“三资”管理水平工作迈上新台阶，交易总量大幅提升，交易程序进一步规范；建成建筑面积800平方米，功能齐全，设施完善区党员服务中心，搭建党代表联系党员群众的平台；引进专业社工机构江门市博睿社会工作服务中心，区社会服务发展中心建设并投入运营，社会组织孵化、培育、评估和监督全面推进。

【村社区公共服务站建设】 4月8日，区委区府办印发《江门市江海区村（社区）公共服务站建设工作方案》，推进全区村（社区）公共服务站建设。按照“六个统一”（统一牌子标识、统一办公布局、统一组成人员、统一上墙制度、统一工作台账、统一宣传资料）标准，将党委、政府部门延伸到基层的服务管理项目整合到公共服务站，明确村公共服务站服务项目为132项，社区公共服务站服务项目为131项。10月底，全区59个村（社区）公共服务站全面建成，健全和完善基层公共服务网络，公共服务范围全面覆盖，政府投入与社会投入相结合的经费保障机制基本建立；公共服务项目和内容明细化、规范化、程序化。村（社区）公共服务站建设被评为高新区、江海区区直机关工作创优项目，并入选高新区、江海区十大亮点工程。

【基层调解服务】 全区共调解各类矛盾纠纷

共463件，重大矛盾纠纷14件，涉及当事人1300多人，调解成功率100%，调解协议履行率100%。开展矛盾纠纷排查共539次，防止群体性上访10件263人，防止民转刑案件2件5人。通过创新人民调解组织，与相关行业、专业及业务主管部门联系设立人民调解委员会，完善人民调解组织网络体系。全区共设立人民调委会96个，其中街道调委会5个，村（居）调委会59个，企业调委会4个，行业调委会5个，专业调委会6个，劳动争议调委会5个，法庭调解室4个，派出所调解室8个。坚持开展每月一排查，元旦、春节等节假日、“全国两会”期间纠纷多发时期的集中大排查，全面掌握矛盾纠纷情况。现有在册刑释解教人员103人，其中刑释103人，衔接率、安置率均达100%。各街道设立安置帮教工作站，各村（居）委都成立安置帮教小组，全区共有安置帮教组织65个，安置帮教工作成员512人，形成区、街、村（居）“三级”安置帮教工作网络。通过建立“三项”（帮教衔接机制、信息互通机制和应急处置机制）衔接机制，做好重点人员的衔接、信息互通和监管工作，对符合条件的刑释解教人员组织技能培训，帮助其安置就业；对无家可归、无业可就、无亲可投的“三无”的刑释解教人员协助其申请生活救助以及最低生活保障。全区新增社区服刑人员44人，期满解除矫正43人；在册社区服刑人员52人，其中男性43人、女性9人。经教育矫正，无脱管漏管，无重新犯罪。协助法院、公安分局开展社会调查案件16起。建立义工志愿者服务队伍，成立帮教队伍，落实帮教措施。按照新修订的《中华人民共和国刑事诉讼法》规定，把全区在册的剥夺政治权利社区矫正人员13名移交给江海公安分局执行。通过创新社区矫正工作方式，设立心理咨询室、心理咨询热线、QQ驿站，将心理辅导进一步延伸，由街道走进社区，对社区有需要的群众进行心理辅导。

【法制宣传教育】 区普法办组织开展“六五”普法中期检查督导，圆满完成“六五”普法中期检查工作。与区依法治区办联合开展法治文化阵地建设的调研工作，加强法治文化阵地建设工作。联合区普法办、平安办、滘头街道等部门在中环广场举办以“拒绝毒品•平安江海”为主题的“6·26”国际禁毒日大型禁毒宣传文艺晚会。开展村（居）“两委”换届选举系列主题宣传活动。在外海五大祠广场举行“12·4”法制宣传日暨村（居）换届选举法律宣传活动。开展医务人员法律知识培训班。

【公证律师工作】 共办理公证事项7650件，其中民事案件7328件，经济案件322件。全区3个社会律师事务所共担任法律顾问103家，担任刑事辩护55件，代理民事诉讼案件406件，代理经济诉讼299件，代理行政诉讼7件，代理非诉讼法律事务31件。为使公证服务向街道延伸，区公证处与各街道司法所、法律服务所建立联系平台，以“1名公证员，挂勾2个法律服务所”的形式，建立固定服务联系机制，推动“平安江海”的创建。区法援处共办理案件124件，其中民事案件15件，刑事案件109件。提供义务法律咨询700多人次，共为61名未成员年犯罪嫌疑人提供侦察、审查起诉、审判阶段辩护。

【政府法制工作】 共收到行政复议申请2宗，审结行政复议案件2宗，维持1宗，申请人自动撤回申请而终止1宗。区政府作为被申请人的行政复议案件共5件，全部是涉及行政征收房屋的案件。根据《广东省法治政府建设指标考核体系》和《广东省依法行政考评办法》要求，做好制度建设、行政决策、行政执法、政府信息公开、社会矛盾防范和化解等法治政府建设领域基础工作；开展江海区行政执法单位行政处罚自由裁量权量化标准细化工作；配合区政府完善网上办事大厅江海分厅建设，指导相关部门开展行政审批制度改革，推进一网式审批和信息资源整合共享，简化行政程序，规范审批行为，提高政府运转效率。履行政府法律顾问的职责，对区政府和区直部门提出的法律问题及时进行释疑解难并出具法律意见书22份。完成20份政府立规工作。落实《广东省行政执法责任制条例》《广东省“行政执法证”管理办法》的要求，坚持和强化执法人员培训，以提高执法水平。

法 院

【刑事审判】 全年共受理刑事案件184件320人，审结173件292人，受理案件数下降19.65%，结案率94.02%。打击严重危害社会治安的暴力犯罪、毒品犯罪和多发性侵财犯罪，共审结该类案件118件，判处166人。打击食品药品安全领域犯罪，共审结该类案件2件6人。尊重被告人的诉讼主体地位，依法为40名被告人指定辩护人，为辩护人依法履职提供便利，保障辩护人阅卷、举证、质证、辩护等权利。落实新《中华人民共和国刑事诉讼法》关于证人出庭作证的规定，在全市率先探索利用远程视频由在异地不能出庭作证的当事人进行远程举证，双方当事人进行发问和质证，以查清案件事实。建立“寓教于审，惩教结合”的未成年人审判机制，在推行未成年人犯罪前科档案封存制度的基础上，联合相关部门制定《特邀代理人参与涉案未成年人刑事诉讼的规定》和《关于分案办理未成年人刑事案件的规定》，对未成年人犯罪案件进行分案审理，使用“少刑”案号，共审结未成年人犯罪案件24件40人，其中判处缓刑19人，单处罚金7人。对于情节较轻、社会危害较小的犯罪，依法从宽处罚，适用缓刑、管制和单处罚金等非监禁刑108人。

【民商事审判】 贯彻实施新的《中华人民共和国民事诉讼法》，全年共受理各类民商事案件2347件，审结2151件。创新方法解决婚姻家庭、抚养、继承、相邻纠纷、劳动争议、侵权赔偿等民事纠纷708件。共受理交通事故损害赔偿案件368件，审结355件，结收案比96.46%。审结商事案件1266件，其中审结买卖、房地产等合同纠纷案件163件，审结借款、保险、信用卡等金融纠纷案件873件。探索知识产权案件审判工作，市中级法院在6月部署统一受理知识产权民事、行政和刑事案件试点工作以后，采取“请进来”“走出去”的措施，开展知识产权案件审判工作，共受理知识产权案件85件，调撤44件，调撤率51.7%。加强涉外、涉港澳台案件审理工作，审结该类案件5件。

【行政审判】 配合市中级法院进行的行政案件相对集中管辖的试点工作，全年审理行政案件3件，行政非诉案件127件。

【审判监督】 完善审判管理模式，把审判管理与纪检监察有机结合，形成院长宏观管理、庭长微观管理、审判人员自主管理和审判管理办公室综合管理的“四位一体”管理体系。每月统计通报办案指标情况。根据各办案部门案件的收结存情况，制定结收案比达95%需结案件参考数，明确各办案部门、各法官的结案任务，确保全年结收案比达到95%以上。落实考核奖惩机制，以超审限案件跟踪预警督办、二审改发案件分析、裁判文书评查为重点，坚持月度工作考核与审判差错责任追究，提高法官审判质效，促进案件质量的提高，全年一审息诉服判率89.2%。开展“庭审评查”和“文书评查”活动，以评促改，以查促学，有效治理庭审行为不规范、裁判文书有瑕疵等问题，提高法官审判业务能力。规范司法委托工作，统一由司法委托办公室办理有关司法鉴定、评估、委托拍卖等事项85件。

【执行工作】 共执结各类案件1266件，执结标的金额8484.99万元，实际执行率75.23%。实行分段集约执行，细化执行流程和具体职责，设置查控内勤组、执行实施组、综合事务组，各小组各司其职，分工合作。坚持优先执行、专项清理拖欠工人工资、损害赔偿等涉及特困群众案件。全年执结工人工资669.7万元，为721名工人发放工资。通过执行联动，开通“绿色执行通道”，化解某公司拖欠工人经济补偿金的群体性劳资纠纷，为82名工人追回经济补偿金200多万元。参与市中院开展的集中执行活动，组织当事人参与现场执法，当场执行案件13件。加大反规避执行力度，力促被执行人主动履行义务，共决定司法拘留35人，对16人采取边控措施，对7人处以罚款，公开被执行人失信记录16条。

【队伍建设】 根据干部特点、能力、岗位工作年限以及部门需要等，对干部进行轮岗调整，使各部门人员结构更加合理。共对6名中层干部和9名股级以下干部交流轮岗，晋升主任科员2名、庭长2名，为符合条件的5名干警通过提拔程序解决正股级及副股级待遇问题。注重引进人才，为解决法官人员不足的现状，面向全国公开遴选法官5名，进一步充实法官队伍。共开展12次审务督察，督察纠正存在问题5个，发出审务督察建议书2份。实行案件回访跟踪制度，向当事人发放廉政监督卡，化被动监督为主动监督。开展“廉洁公正政法基层单位”创建活动，在礼乐法庭和外海法庭设置廉政文化内容的背景墙及警示宣传牌。配合市中级法院实施“全市法院干警轮训工程”，共培训干警101人次。按照业务岗位组织干警到省法官学院分批对口培训47人次，提高培训的针对性和实用性。开展“优秀裁判文书”评选活动，通过优秀裁判文书评选，营造钻研审判执行业务、开展审判执行研究的浓厚氛围，努力培养一批学习型、专家型法官。

【诉讼调解】 探索司法为民便民措施，在全市率先推行“一站式”诉讼服务。在全市成立首个诉讼服务中心，该中心设有立案调解、信访接待等6大功能服务区域，能够为群众提供材料收转、预约法官等15项服务职能，能让辖区群众享受“少跑一次、少等一分钟、少费一点心、少误一次工”的诉讼服务。与区综治维稳中心、社区服务中心对接，整合社区法官、司法联络员、诉讼服务人员等资源，通过QQ、视频通话等方式，实现网上实时交流合作、资源共享的最大化。

【知识产权审判】 在获得知识产权案件管辖权以后，注重服务“自主创新”战略，营造保护和激励创业创新的司法环境。通过“知识产权司法保护”开放日活动，宣传知识产权相关法律法规，邀请人大代表、政协委员、企业代表旁听庭审，了解知识产权司法保护有关情况；通过走进企业进行法律咨询、举办知识产权专题讲座等方式，宣传有关知识产权法律法规，有针对性地解答知识产权保护难题。成立专门审理知识产权案件合议庭，选定3名具有丰富审判经验的审判员负责审理各类知识产权民事案件，实现专业化审判。通过调判结合，帮助当事人建立合作共赢的商业化模式，共受理知识产权案件85件，调撤44件，调撤率51.7%。探索实施“三审合一”模式，把涉及知识产权的民事、刑事、行政案件统一办理，提高案件审理效率，共判决涉知识产权刑事案件1件2人。

【司法公开】 贯彻中央关于推进司法公开的决策部署，落实公开举措。通过信访窗口、法院门户网站及时对案件审理流程、诉讼指南等内容进行公开，方便群众查阅和监督。制定《生效裁判文书上网公开实施办法（试行）》，裁判文书上网率100%。制定《新闻发布工作实施细则》，设立新闻发言人，规范新闻发布工作。利用手机短信平台，结合互联网站、报刊等媒介，增进人民群众对法院工作的了解。参与“五邑法苑”官方微博的管理，全年参与微博值班14次，发布微博信息270条。对4件社会关注度较高案件，通过微博直播庭审方式及时让公众知晓案件进展情况，提高审判工作透明度。举办“简易程序集中审”开放日活动，2次邀请社会各界80多人走进法院，观摩庭审、参观法庭建设。

【特色便民服务】 开通网上预立案，当事人通过网上立案的电子邮箱提交立案材料扫描件或电子文档即可申请立案。推行全天候立案、上门立案。开通24小时立案热线，实现全年365天无休息立案；对于有特殊困难的当事人，立案人员根据实际派专人上门立案。设立义工服务窗口。由志愿者为欠缺诉讼能力的当事人提供无偿服务，并特邀心理咨询师在调处纠纷过程中为当事人提供适当的心理辅导。

检 察

【概况】 江海区人民检察院下设政工科、反贪污贿赂局、侦查科、职务犯罪预防科、检察技术科、办公室、侦查监督科、公诉科、反渎职侵权局、控告申诉检察科、民事行政检察科、案件管理中心等12个内设机构，1个直属机构是司法警察大队，2个派出机构是派驻外海检察室、派驻礼乐检察室，单独设置纪律检查组，分别承办侦查、审查逮捕、审查起诉、接受举报控告申诉等业务。共有专项编制52名，在册人数46人，其中在编干部45人，在编职工1人，退休10人。另有临时合同工19人。

【刑事检察】 共受理批准逮捕案件197件313人，经审查批准逮捕167件258人，不批准逮捕30件55人；共受理移送审查起诉案件224件360人，经审查提起公诉177件288人，移送其他院7件9人，不诉3件5人。依法严厉打击严重危害社会治安的黑恶势力犯罪、爆炸犯罪及有组织有预谋的团体性犯罪，聚众斗殴、寻衅滋事犯罪，故意杀人、绑架、强奸等恶性暴力犯罪。全年共办理上述案件 155件254人。

【专项行动】 结合最高人民检察院及广东省人民检察院部署的“查办和预防发生在群众身边、损害群众利益职务犯罪专项工作”“查办与预防危害生态环境职务犯罪专项工作”“危害民生刑事犯罪专项立案监督活动”及“犯罪交付执行与留所服刑专项检查活动”4个专项行动，依法打击土地承建、食品药品、涉农惠农、卫生教育、环境资源、劳动保障及社会管理领域危害民生的犯罪及背后隐藏的职务犯罪，区检察院监督行政机关移送公安机关涉劳动保障刑事案件3件3人，批准逮捕涉环境资源刑事案件2件5人，提起公诉食品药品领域刑事案件3件8人；查办区住建系统工作人员职务犯罪案件9件14人。

【特邀代理人】 落实新刑事诉讼法关于涉案未成年人法定代理人参与刑事诉讼的有关规定，与区法院、区公安分局、区关心下一代工作委员会联合签订《“特邀代理人”参与涉案未成年人刑事诉讼的规定》，明确公检法三机关在讯问或审判涉案未成年人，以及询问未成年证人、被害人时，若其法定代理人不能到场或不宜到场参与刑事诉讼，应当由区关心下一代工作委员会指派一名“特邀代理人”到场参与刑事诉讼，解决涉案未成年人法定代理人不能到场或不宜到场而使得涉案未成年人合法权利无法得到充分保护的难题，维护未成年人的合法权利，有效提升司法公信力。该制度得到广东省人民检察院的高度评价并在全省推广，全年在检察环节“特邀代理人”共参与讯问或询问29人次。

【羁押必要性审查】 结合新刑事诉讼法的规定，对逮捕后有证据证实没有继续羁押必要的犯罪嫌疑人，及时向公安机关发出《羁押必要性审查意见书》，并监督公安机关执行，保障犯罪嫌疑人的合法权益。全年共发出《羁押必要性审查意见书》14份，建议对逮捕的19名犯罪嫌疑人变更强制措施，除了1件因未成年犯罪嫌疑人家属不愿缴纳保证金以外，其他均被公安机关采纳，对18人办理取保候审强制措施。

【反贪污贿赂和反渎职侵权】 围绕区委中心工作的重点、群众反映强烈的热点和影响社会稳定的难点，突出查办民生领域职务犯罪。利用现有线索加强扩线工作，深挖窝案串案，查处区住建系统贪腐窝案9件14人，其中贪污贿赂案件7件9人、渎职侵权案件2件5人，追缴赃款及为国家挽回经济损失365万多元。有关做法获得上级检察院的肯定，并在全市反贪部门查办系统案件经验交流会上进行推广。

【职务犯罪预防】 开展涉及民生民利领域的职务犯罪预防工作，配合农村“三资”管理，开展专项预防，为辖区内各农村的集体“三资”管理和集体资产交易平台建设提供法律咨询和法律宣传共574次，促使农村“三资”管理进一步公开化和规范化。换届选举前走访59个村（居）委会，约见村（居）民代表 1600余人次，联系“阳光检务”联络员80余人次，全面了解群众关注的热点问题和影响、破坏选举的不和谐因素，妥善化解“涉选”矛盾纠纷3起。开展“涉选”法制宣传活动，在外海文化广场举行2013年农村干部职务犯罪预防教育及农村“两委”换届选举法制宣传专题活动启动仪式，联合区委组织部等单位在各街道办举办大型法制及选举制度宣传教育系列活动10场。通过图片展览、派发宣传资料、提供法律咨询、播放并赠送宣传短片等方式，着力引导村干部、群众依法行使权利。推行侦防一体化工作机制，结合查办的具体案例分析发案的原因、规律及预防对策，发出《检察建议书》6份，促进相关部门建立健全权力制约和监督机制。到区直部门、街道相关单位开展警示教育宣传100余次。深化行贿犯罪档案查询制度，推进诚信法律体系建设，全年共接受行贿档案查询157次，涉及被查询对象510人。

【刑事诉讼监督】 推进区“两法衔接”（行政执法、刑事司法衔接）信息共享平台的建立，不断强化刑事诉讼监督工作，加大对有案不立、有罪不究、以罚代刑、量刑畸轻畸重等问题的监督力度。加强侦查监督，拓宽监督方式方法，把引导侦查取证工作作为重点，在确保案件质量的同时着力加强程序合法性监督。全年共对45件重大疑难案件提前介入侦查，退回补充侦查59件107人，发出纠正违法通知书15份，纠正漏诉漏罪3人，纠正漏捕12人，监督公安机关立案7件10人，撤案2件2人，增强侦查监督的实效。加强刑事审判监督，对提起公诉的242人均同时以量刑建议书的形式向法院提出量刑建议，以强化对法官自由裁量权的监督。法院经审理后判决204人，其中采纳区检察院提出的量刑建议191人，采纳率94%。加强对刑事判决的审查力度，从事实、证据、适用法律、程序等方面加强审查，成功抗诉1件1人，并获江门市中级人民法院改判。

【民事行政检察】 在强化对民事、行政诉讼法律监督的同时，延伸监督触角，采取多种措施扩大案源，把民事调解案件纳入监督范围，成功办理首宗对民事调解书的抗诉案件。提前介入仲裁程序，遏止虚假仲裁案件2宗。全年共办理市院交办民行案件3件，经审查后抗诉1件，发出再审检察建议1件，不支持监督1件；自行受理民事申诉案件15件，其中向法院发出检察建议8件，督促有关部门改进2件，终止审查5件；办理支持起诉系列案54件。区检察院2012年提出再审检察建议及抗诉的10件案均获法院改判。

【控告申诉检察】 落实检察长接待日制度和接访首办责任制，细化案件调查核实工作，做好息诉罢访工作及举报宣传工作，共受理控告案件11件，受理申诉案件23件，受理举报案件26件。

【司法警察】 江海区人民检察院司法警察大队严格落实《人民检察院司法警察条例》，以保障办案安全为重点工作，履行职责为办案服务；进一步规范和加强警用装备建设，购置一批新的警械具，推动科技强警。共执行警务126宗196件，出警197人次，维护检察工作秩序，提高检察办案效率，保障各项检务工作安全。

【检察技术】 开展检验鉴定、信息化建设、全程同步录音录像工作及网络平台和电脑设备的日常维护工作，开展全国统一业务应用软件系统的配置、调试及维护工作，共完成文检鉴定15 件，自侦案件同步录音录像195 人次，录制时间550多小时，维修电脑60 次，为各业务部门提供技术服务900 多次，电话调试26 次，信息化应用培训2次，拍照录像8次，发布电子屏信息40次。

【案件管理】 江海区人民检察院案件管理中心自2013年开展工作以来，通过对移送审查批捕、审查起诉案件的统一受理、登记、送达及对涉案赃证物的统一管理，逐步实现案件受理、流程监控、案件质量评查、统计分析、信息查询及律师阅卷集中规范化管理。开展执法办案风险评估预警工作，共对8件案开展风险评估。全年共受理各类案件585件，其中公安机关移送案件561件，自侦部门移送案件9件，其他院移送15件；共移送案件415件，其中移送法院196件，移送公安机关210件，移送其他检察院9件；监管赃证物入库273批次，出库273批次；接待律师阅卷53次，受理案件查询73次。

【队伍建设】 组织全院干警开展“忠诚、为民、公正、廉洁”政法干警核心价值观主题实践活动，开展以“为民、务实、清廉”为主要内容的党的群众路线教育实践活动，先后组织干警参加贯彻落实全国、全省、全市党代会精神专题研讨班等培训70次389人次。根据省检察院的统一安排，参与广东省检察机关青年检察官岗位实务培训活动，做好结对帮扶单位学员的实训工作。组织干警加强各种岗位练兵活动，共有4人次获得市级以上荣誉称号。发挥检察文化的引领、渗透、融合、凝聚作用，通过举行“庆七一暨中国梦·检察情”演讲比赛及第一届机关运动会等活动，提高干警的文化素养和精神境界，被评为江门市首批法治文化建设示范点。

【人民监督员】 坚持人民监督员制度，把11人符合条件的案件提交人民监督员讨论评议，经讨论后，全部同意江海区人民检察院办案部门拟不起诉意见，增强检察院办案透明度，促进检察机关执法水平和办案质量的提高。

【检察委员会】 按照《人民检察院检察委员会议事和工作规则》等规定，建立健全检委会工作机制，发挥检委会的议案职能，促进刑事案件办理工作的开展，全年共对9宗普通刑事案件进行审议表决。

【阳光检务】 进一步深化“阳光检务”工作，先后2次邀请市、区人大代表、政协委员及相关群众代表100余人参加检察工作座谈会、观摩公诉案件庭审活动，举办“检察开放日”活动2次，自觉接受人大和社会各界监督。

【派驻镇街检察室】 派驻检察室继续坚持“半周坐堂、半周走访”的工作方式，走访辖区街道、行政职能部门、企业、村委会（社区）了解社情民意，积极参与基层矛盾纠纷的调解和群体性、突发性事件的处理，以引导群众理性合法表达诉求。共开展社会治安综合治理工作206次，受理群众来信来访60件，协助化解矛盾纠纷8件，成功化解4件，为群众排忧解难44件，协助处理群体性事件7件。结合全区农村（社区）“两委”换届选举工作，加大法制宣传活动力度，深入有关单位开展职务犯罪预防活动79次，开展法制宣传182次，发放宣传资料9447份，受教育人数22557人。加强行政执法监督，强化与区环保、劳动等部门的沟通和联系，开展行政执法监督和督促工作，规范社会管理环境和秩序。共监督环保部门对超排、偷排厂企排查23家、作出限期整治决定5家、行政处罚4家，监督劳动部门查处涉劳动保障案件3件。

公　安

【社会治安】 全区公安机关以创建“平安江海”工作为主线，围绕“一强二升三降”的总体工作目标，推进百局千所、社区警务、刑侦改革、大情报和打击多发性侵财犯罪等重点工作，共接报刑事治安有效警情4604宗，其中刑事警情2465宗、治安警情2139宗，下降1.5%；共立刑事案件3554宗，破1177宗，破案率33.1%。

【打击刑事犯罪】 先后组织开展粤安13、雷霆扫毒、打击侵财犯罪、夏秋社会治安整治等一系列专项行动，共立刑事案件3554宗，破1177宗，破案率33.1%。命案发4宗全破；成功侦破“4·2”专案、“7·1”文昌沙故意杀人未遂案等一批大要案件；抢劫、抢夺和故意伤害等影响群众安全感的突出案件发案率分别下降44.9%、52.4%和17.9%；共抓获各类刑事违法犯罪嫌疑人461人，抓获网上在逃人员86名。打击侵财类犯罪在全市排名第三。

【公安指挥中心工作】 做好指挥协调、情报信息、调研、信访、宣传、档案和信息化建设等工作，共收集报送信息203条、处理各类公文6500多份；受理群众来信来访44件次；全区治安视频监控系统通过上级部门的检查验收。

【警务监督】 加强日常工作的检查监督和公安队伍内部管理，组织开展纪律作风教育整顿和取保候审突出问题专项督察工作，落实领导干部个人重大事项报告、述职述廉、民主生活会等党内监督制度。全年没有发生民警违法违纪行为。

【经济犯罪侦查】 打击经济领域违法犯罪行为，推进打击制假售假犯罪专项行动，共受理经济犯罪案件30宗，立案24宗，破案 22宗，抓获犯罪嫌疑人50名，其中刑事拘留40人，逮捕17人，移送起诉16人，挽回直接经济损失200万元。

【巡逻防控】 继续深入开展“大巡防”工作，加强外海大桥等重点治安卡哨建设，组织机关民警深入治安复杂地区巡逻，构建点、线、面相结合的“网格化”巡防机制，严密社会面治安防控，街面违法犯罪活动进一步减少。

【治安管理】 继续推进社区警务战略，新建警务室4个，对原有22个警务室的外观标识和硬件进行改造，先后推出社区民警向群众述职、厂企联勤联保、义务护校队等一批社区警务新模式，社区民警在全市率先全部进入所在村（居）委领导班子。深入开展扫黄禁赌、缉枪治爆、打击食品安全违法犯罪等专项行动，共查处各类涉黄涉赌案件40起；打击处理违法犯罪嫌疑人315人；收缴赌博游戏机253台、扑克牌等赌具一批；收缴枪支2支，仿真枪76支，子弹10发。

【公安法制】 加强执法规范化建设，实行办案单位法制员审批制度，推行执法办案的网上流程管理、网上审批、网上监督和网上考评，加强执法办案场所规范化建设，共考评案件4143宗，发出整改4055份，建成办案区7个和办案中心1个，办案区改造完成率87.5%。开展取保候审专项整治活动，检查整改2011年以来涉及684名被取保候审人员的460宗取保候审案件，规范取保候审强制措施的适用。

【缉毒工作】 全面推行跨警种协同作战机制，组织开展“扫毒害保平安”“雷霆扫毒”等专项行动，有效遏制毒品违法犯罪的蔓延。共破获贩卖毒品犯罪案件82宗，抓获毒品犯罪嫌疑人83人；抓获吸毒人员333名，其中行政拘留179人、强制隔离戒毒132人、社区戒毒11

人、参加美沙酮维持治疗7人。

【警务保障】 推进公安机关“210工程”建设，规范完善财物、车辆管理制度，完成“非税收入管理系统”和“财务管理信息系统”上线、车辆补定编等工作，保障各项公安业务工作的正常开展。成立江海区警察协会，协会下设民警救助基金；继续做好提高社区和驻村民警职级待遇工作。

【人口管理】 贯彻落实新修订的《中华人民共和国居民身份证法》，依法做好居民身份证登记指纹信息工作。共办理群众户口审批974份，受理群众户口项目变更登记申请171份，受理群众申领二代居民身份证5656证、二代居民临时身份证2265证。全区流动人口登记109676人、出租屋5009间，其中年内新增出租屋1398间。

交　警

【概况】 辖区共发生道路交通事故7704宗，其中立案2270宗，死亡26人，受伤23人，直接经济损失41.63万元。与2012年相比，立案数减少11宗，下降25%，死亡人数与2012年持平，受伤人数减少11人，下降32.35%，经济损失减少10.5万元，下降20.1%。死亡人数有效控制在指标之内。共出动警力7.3万余人次，警车4.6万余辆次，查处现场交通违法行为13937宗，暂扣车辆2669辆，教育劝导6.1万余人次。查处非现场交通违法行为（移动电子警察）236932张。

【春运道路交通安保】 1月26日，在外海收费站春运执勤点举行春运启动仪式，从2月14日至3月6日，在外海大桥启动春运执勤服务点，实行“从早上8：00至晚上23:30”的驻点工作制和领导带班制度，对江门往中山方向7座以上运车辆做到逢车必检，逢疑必查，严厉打击超员、超速、疲劳驾驶等违法行为。春运期间，共出动警力5400人次，警车3050辆次，查处交通违法行为共1460宗，暂扣车辆434辆，电子警察拍摄30199宗，其中有效29635宗。

【交通秩序整治专项行动】 定期开展“摩托车行驶秩序”“三超一疲劳”“酒驾飙车”“拖拉机道路交通安全”“校车整治”“营运客货车整治”等专项整治行动，围绕重点、重兵把守、严厉整治，由点带面、由内向外铺开整治工作。联合区公安分局组织“平安摩托”专项整治行动三次，出动警力170余人，纠正各类违法行为240余宗，暂扣摩托车、超标助力车160余辆。通过开展“大兵团”式的整治行动，打击少数驾驶员恶意违法行为，消除安全隐患。开展“奋战60天，预防道路交通事故”专项整治行动。在2个月的整治行动中，共出动警力210人次，检查车辆1800余辆，查获醉酒驾驶机动车的驾驶员8人、酒后驾驶机动车的驾驶员19人，拘留无证驾驶摩托车驾驶人22人，查扣报废摩托车31辆，查扣超标燃油助力车105辆，各种交通违法行为700余宗，暂扣车辆240余辆。在全区营造严查、严处、严管氛围，为辖区群众的出行创造安全、畅通、和谐的道路通行环境。

【重点车辆监督管理】 开展摩托车行驶秩序专项整治。定于每周三的早上9时至晚上22时轮班连续开展集中整治行动。加强危险化学品运输车辆的安全防范。重点加强对危险化学品运输车辆的宣传、检查、审批和建档工作。重大节假日前夕，派员上门走访危化品运输单位，组织召开危化品运输车交通安全管理会议，与相关负责人签订责任书。加大路面执勤执法力度，设置危险化学品运输车禁行区域，查纠危险化学品运输车辆超速超载、无证运输、未随身携带运输通行证明、不按规定的通行时间、路线行驶等交通违法行为，有效消除涉及危化品运输车的交通安全隐患。开展校车交通秩序专项整治，多次联合区教育局、区安监局、市车管所等部门，对辖区50辆校车运营情况进行突击检查，行动中查获“黑校车”1辆，未发现超速超载等情况，纠正少数未按规定佩戴安全带现象，教育校车驾驶员50多人次，未发生涉及校车事故，开展泥头车超载洒漏、加装挡板的专项整治，在东海路和江海一路的交通高峰时段对大型车辆实施限行管制措施，有效缓解交通拥堵现象。开展营运客货车和农用运输车的交通整治。重大节假日前夕，派员上门走访辖区的公共汽车公司和大方旅游公司，加强对客运企业的交通安全宣传教育，春运期间严查7座以上客运车辆，努力预防涉及客运事故的发生。联合区农业局联合开展农用运输车行驶秩序专项整治，共出动人员34人次，警车13辆，查处各类违法行为64宗，暂扣违法车辆11辆，教育2000多人次。

【加强非现场执法】 重点加强移动电子警察抓拍和整治多次交通违法未处理车辆，加大移动电子警察抓拍力度。通过加大照相机的投入使用、加强对交通违法行为发生规律的分析研判，发动民警在重点时段、路段进行定点和移动抓拍，收到良好的效果。把查处交通违法未处理延伸至事故处理窗口，要求在事故车辆放行前，必须经过核查车辆交通违法记录。

【大型交通保障任务】 先后圆满完成多项大型交通保障任务，实现“零差错”，包括慈善公益万人行活动、白水带“观音开库”活动、江门一中高考工作和中考工作、鹤山中核电群体性事件、白水带重阳节、十届三中全会安保等20多个大型交通保障任务。

【重点群体宣传教育】 推进文明交通行动计划的深入开展，联合礼乐街道新民小学在新民小学举行“创文明交通，告别不文明交通行为”交通安全宣誓暨签名活动，组织师生观看《文明交通行动计划》宣传展板。以关爱学生平安出行为出发点，开展校园交通安全现场演示等活动。开展交通安全文明示范学校活动，联合辖区博雅学校共同创建交通安全文明示范学校。开展“机动车礼让行人”“醉驾入刑”的宣传，营造“喝酒不开车、开车不喝酒”的社会氛围。到相关的单位进行交通安全知识讲座45次。制作“关于对酒驾等违法行为处罚有关事项的通告”宣传海报150多份和交通宣传资料1000多份，向所属机关、单位、社区、各村委发放。结合“大排查、大整治、大教育”整治大货车活动，到大货车货运公司进行走访，排查货运企业交通安全隐患，要求货运单位领导要高度重视货运机动车和驾驶人管理工作，增强工作责任感。共走访大型货运企业25家，组织辖区12家大型货运企业开展交通安全知识讲座1次。通报酒驾交通事故案例和开展集中整治酒后驾驶交通违法行为的情况，企业共有3000多名驾驶员受到交通安全教育。开展“文明交通实践活动”，推进江门市“文明交通行动计划”，组织辖区区直机关、街道、村委会义工100多人，在辖区各主干道路口、路段开展交通劝导志愿服务活动。开展“文明交通进企业”主题宣传活动，进一步加强厂企外来务工人员的宣传教育。通过播放DVD、事故图片展览，派发宣传资料等形式向企业员工宣传交通安全法律法规。到大冶摩托车技术有限公司等多家企业2800余名务工人员进行交通安全宣传教育。到街道、村委会举办活动，到现场以摆放交通事故图片、派发宣传资料等方式，向前往参加活动的农村群众宣传交通法律法规和安全知识，现场解答群众提出的有关超标电动车、超标助力车上路行驶等相关法律、法规的问题。共走访辖区50多个自然村进行宣传。

【交通安全隐患排查治理】 开展创建“平安江海”工作以来，组织警力多次深入辖区的各主次干道、大街小巷排查道路交通安全隐患，对发生的每一宗重大交通事故都进行现场复查及事故成因分析，有针对性地制订整改措施，务求消除每个角落的交通事故隐患。4月初，金瓯路与旧江睦路交叉路口发生一宗重大交通事故，主要是路口狭窄、视野较差、车速较快，交警大队组织区城管、周边村委、公路业主单位以及交通设施管理等部门进行现场调研，商定安装交通信号灯、完善相关标志标线的整改措施。2011年以来，江翠路银泉小学门前的急弯路段发生多起交通事故，共造成5人死亡，前期曾采取施划减速带、增设急弯提示警示牌等措施，效果不理想，交警大队邀请市交管局的领导和专家现场调研论证，商定在急弯处安装混凝土中心隔离护栏，增设警示反光标志，整改以后达到预期效果。2012年，计划在江海区的5个复杂路口安装交通信号灯，由于资金原因未能安装固定交通信号灯。通过努力争取政府、企业和上级部门支持，对5个复杂路口的其中3个路口（光博汇路口、区政府路口和麻园路口）安装临时交通信号灯，有效改善通行环境。城乡结合部的道路规划落后、路口设计不规则、交通基础设施差，不符合安装交通信号灯条件的经排查此类复杂路口有22个，需安装黄闪警示灯40盏。区政府调拨10万元用于安装黄闪警示灯，加大交通安全警示。做好光博汇项目、金瓯路扩建以及胜利南路建设等大型工程项目施工路段的交通管理工作，加强对施工、运输秩序的监管。金瓯路围蔽施工路段，由于路口附近围蔽墙体过高阻挡视线，安全隐患突出，事故多发，经调研情况后向施工单位发出整改通知书，要求施工单位将路口附近的围蔽墙高度减少一半，在路口处安装警示标志和黄闪灯，效果显著。就道路施工申请制定《江海区道路施工申请表》，进一步规范施工行为，严防涉及施工事故的发生。对江门电台连续播报礼乐街道文昌花园礼昌街的泥头车超载、散逸，造成周边居民住宅环境灰尘滚滚的扰民情况，进行走访调查，制定整改措施，向施工方发出整改通知书，加强该路段的巡查管控，扰民情况得到解决。至此，全区安装交通信号灯26组，其中9组升级为智能交通控制、10组安装电子警察，7组交通信号灯尚未安装电子警察。市交管局同意把江海路6组尚未实行智能交通控制的信号灯进行升级改造，工程基本完成。

消　防

【构建和谐警民关系】 与江门一中、中港英文学校、荣信电路板有限公司、市福利院等多家单位建立“警民共建”关系，先后出动车辆18台次，为群众送水、冲洗街道；义务献血五千余毫升；开放消防站接待参观群众1000余人；参与“慈善活动万人行”活动等。

【灭火救援】 全区共发生火灾125起，直接经济损失256万元，没有人员伤亡，与2012年相比，火灾起数下降12.5%；连续11年保持全区火灾事故零死亡。完成“9·22”金溪村山火扑救等灭火救援任务；完成“健威家具”大空间大跨度木制家具场所联合灭火演练。共接警出动231起，出动车辆509辆，消防官兵2505人次，抢救被困人员22人，疏散人员101人，抢救财产价值2014.3万元。完成白水带风景区观音开库、中秋国庆、重阳登高等消防安全保卫任务。

【消防安全排查整治】 按照“不漏一家单位、不漏一处隐患”的原则，采取“部门联动、联合执法、错时检查”方式，持续开展以公共聚集场所、劳动密集型企业的生产加工车间和员工集体宿舍等人员密集场所，高层、地下建筑，建设工程施工工地，“三合一”“多合一”场所，易燃易爆危险品生产、经营、储存单位和消防安全重点单位为重点的消防安全专项检查。与区直部门、各街道联合，加强执法力度，全面排查治理消防安全隐患和薄弱环节，落实整改责任和措施，排除重大隐患。全区共检查单位2653家，发现火灾隐患4367处，整改隐患4367处，下发行政处罚决定书6份，罚款6.7万元，临时查封单位4家，责令“三停”单位3家，区政府挂牌督办重大火灾隐患单位3家。

【火灾隐患重点地区整治】 江南街道被市政府列为火灾隐患整治重点地区，多次与江南街道研究、指导整改工作；安排专人对街道、村（社区）巡查员进行业培训，指导街道安监局、村（社区）开展摸底排查工作；组织技术小组上门为企业现场指导整改工作。集中力量打造五个示范点（示范商场、示范街、示范学校、示范企业、示范社区），以点带面，落实整治措施，完成江南街道火灾隐患重点地区整治并摘牌。

【网格化管理】 以街道为基础，以村、社区和街区为基本单元划分为若干网格，进一步统一标准、完善制度、调整方案、加大投入，以5个街道为“中网格”，成立消防工作领导小组，解决基层消防工作无人抓、无人管的问题；以36个行政村、23个社区为“小网格”，细化村民委员会和居民委员会消防管理职责，解决经常性管理不到位的问题；以小区、居民楼院、村组为“微网格”，成立群众性消防组织，解决日常防范措施不落实的问题，将网格化排查任务分解到每一个“微网格”，每个网格落实1个检查组（组长为村、居主任），形成横向到边、纵向到底、责任明确、监管到位的消防管理体制。

【消防宣传培训教育】 以外海、礼乐广播电视站等新闻媒体为依托，开展消防安全宣传工作，扩大消防宣传的覆盖面和影响力，全方位、多角度向群众宣传消防科普知识，提高群众消防安全意识。在外海、礼乐广播电视站滚动播出消防公益广告60余次。以“全民消防、生命至上”为主题，开展消防宣传“五进”活动，广泛普及《消防安全常识二十条》，提高群众的消防安全意识和自防自救能力。共举办消防宣传22次，发放《消防安全常识二十条》等宣传资料8万多份。在外海中心小学、江门第十一中学等场所利用烟雾室分别开展“认识火灾、学会逃生”等主题社会化消防宣传活动，进一步提高学生火场逃生能力。

武　装

【民兵预备役建设】　探索新形势下民兵整组工作方法，落实民兵组织建设规划调整。全区“三支队伍”和基干民兵专业落实、成分落实和年龄落实率均在90%以上。强化民兵专业技能训练，组织全区专武干部和民兵营长进行为期1周的封闭式集训，通过练指挥、练技能、练作风，提高专武干部和民兵骨干指战技能。组织民兵轻舟分队全体队员进行10天强化训练。组织全区125名应急分队队员进行专业技能集训，通过集中授课辅导、队列训练评比、军事理论与射击考核等方式，提高队员的军事素质。组织民兵防空双37高炮分队进行为期10天的专业训练，分队技战术水平得到提高，《南方日报》和《江门日报》对此均作相关报道。广东省军区工作组对江海区民兵应急分队进行突击点验，给予民兵军事训练肯定评价。9月22日，白水带森林公园发生山火，组织民兵森林防火分队在20分钟内到达火场并迅速投入战斗。10月24日，鹤山市大雁山发生山火，按照江门军分区指示，出动民兵森林防火分队和民兵应急连前往支援。12月6日，白水带风景区龙光塔南面山林发生山火，过火面积40亩，再次组织182名民兵应急分队和森林防火分队队员投入灭火行动。

【后勤保障】　按照深化改革、加强管理、围绕中心搞保障的思路，加大后勤装备保障力度。巩固深化资产管理与公务卡支付结算成果，严格落实党委理财、预算编制、经费审批等制度，确保资金安全和使用规范。争取地方政府解决基础设施建设经费，完成区人武部作战值班室、作战室改造和双37高炮炮库建设工程。落实经费管理各项制度，压缩行政性消耗开支，开展节约“一粒米、一度电、一张纸”活动，把有限的经费投入到人武部和民兵预备役部队建设上。

【征兵工作】　根据征兵工作改革调整的新情况，做到提早谋划部署、强化组织领导、科学依法征兵，圆满完成征兵工作任务。深入到村（社区）、街道和学校，摸清征兵工作面临的矛盾和问题，为开展工作打好基础。开展宣传发动，采取悬挂横幅、发放宣传手册、电视台电台播放公益广告、征兵办人员走村入户等方法，制作横幅138条，宣传画108张，电视台电台发布公益广告200条，发放宣传手册1000多份，做到征兵新政策宣传到位、适龄青年家庭上门宣传到位、媒体覆盖社会到位，实现适龄青年报名应征率98.3%的目标。严格执行征兵体检程序，实施封闭式体检，按照规定开展政审工作，实行逐级审查，三级会审，交叉联审，坚持选精择优，采取内查外调，电脑查阅，查阅档案资料，谈话和走访相结合等形式，重点做好应征青年的文化程度、年龄和现实表现的审查工作。

经济管理与监督

JIANG HAI YEARBOOK

发展规划与体制改革

【规划发展】 是年为高新区、江海区合署办公和成功完成大部制改革的第一年。按照区委八届三次全会和区九届人大三次会议部署，深入实践《珠三角规划纲要》，围绕区委提出的“四个必须”工作要求，打开江海之“门”，加快转变经济发展方式，狠抓实体经济发展，加强社会管理，大力改善民生，深化行政管理改革。

【宏观经济分析与预测】 鉴于经济发展的不稳定、不平衡、不确定因素增多，发展环境进一步趋紧，对部分经济指标增幅作适当调整，有利于抓住时机提高经济质量，为实现跨越式发展奠定基础。从国际环境看，金融危机和债务危机在短期内和局部范围加大经济发展的外部风险。世界经济进行艰难的调整，欧美等主要经济体需求减弱，直接影响到对外贸易，经济发展面临长期偏紧的外部环境。从国内形势看，实施稳健的货币政策的总体取向短期内不会改变，虽然近期央行货币政策有适度放宽迹象，但总体幅度有限，加上资源、环境、人力等要素制约逐步收紧，投资和消费大幅增长的可能性较小。考虑上述宏观经济因素影响，全区经济形势可能出现经济增速继续放缓的局面。出口方面，2012年以来全区进出口总额、外商直接投资和合同利用外资等先行指标明显趋弱，显示出外部环境的不利影响逐渐凸显，这种趋势可能延续到2013年。人民币汇率升值压力可能影响出口增长。投资方面，2012年以来重点项目建设进度滞后，房地产市场调控短期内难以松动，投资拉动效应逐步减弱。消费方面，预计扣除其他因素后消费实际增长只有7%左右，消费持续较快增长存在难度。是年，全区经济社会发展的主要预期目标包括地区生产总值增长8%，人均生产总值增长7%，规模以上工业增加值增长11%，地方公共财政预算收入增长8%，社会消费品零售总额增长9%，固定资产投资、外贸进出口总额与2012年持平，研发经费占生产总值比例1.8%，城镇居民人均可支配收入增长12%，农村居民人均纯收入增长13%，城镇登记失业率控制在3.2%以内，单位生产总值能耗下降和主要污染物减排控制在市下达指标范围内。

【重点建设项目安排】 高新区、江海区58项重点项目累计完成投资额57.21亿元，超出投资计划4.11亿元，完成107.74%。其中江海区列入市重点项目10项，累计完成投资额17.35亿元，完成112.5%，全市排名第一；高新区列入市重点项目19项，累计完成投资额23.69亿元，完成113.4%，在全市17个责任单位中排名第三。58项重点项目中，全面完成15项，完成年度目标31项，两者占80%，主要集中在工业、基建和水利领域；未完成年度目标11项，主要集中在房地产领域；暂缓1项，即南山路（江海路—五邑路段），需待道路规划红线确定以后开展工作。

【国民经济和社会发展计划执行情况】 全区经济回稳步伐逐季加快，主要经济指标增幅达到预期目标。全年生产总值129.64亿元，增长9.5%，其中第一产业增加值4.27亿元，增长2.8%；第二产业增加值82.97亿元，增长11.5%；第三产业增加值42.40亿元，增长5.6%。在第三产业中，交通运输、仓储和邮政业增长7.9%，批发和零售业增长4.9%，住宿和餐饮业增长1.4%，金融业增长9.2%，房地产业下降2.5%，营利性服务业增长16.4%，非营利性服务业增长4.5%。人均GDP为50295元，增长8.8%。三次产业结构比例为3.29∶64∶32.71；预计单位生产总值能耗下降3.83%；地方公共财政预算收入6.07亿元，增长13.11%；规模以上工业增加值59.69亿元，增长14%；固定资产投资62.53亿元，增长12.88%；社会消费品零售总额31.71亿元，增长15.7%；进出口总额22.25亿美元，增长4.39%。

统计工作

【年报和定期报表】 针对年报、月报和各项抽样调查等常规统计业务，各专业人员学习专业数据特点，总结专业数据规律，关注行业发展，加强对数据质量的把关，对筛选出来的异常数据进行查询和审核。通过重点审核产值、销售产值、主营收入、利润等指标，兼顾企业各个表种、各个指标的平衡关系与制约依存关系，对网报反映的企业经营情况作深入分析，利用用电监测系统等工具多方评估数据的合理性与规范性，对各个变化方向不一致或变化幅度差别大的统计指标查明原因，对变化幅度超过合理范围的企业跟踪研究。通过到企业实地调研，加强与企业的沟通交流，降低联网直报数据的差错率，提高源头数据质量。

【统计信息自动化建设】 完善和应用统计业务网络视频会议系统，推进电子政务的各项建设，在经济普查中推广手持PDA数据采集设备等一系列举措，有效地推动统计系统的信息化建设，提高工作效率。

【统计法规宣传和执法检查】 结合统计“四大工程”（基本单位名录库、企业一套表制度、数据采集处理软件、联网直报系统）的开展，进行企业统计法律告知工作，把法律事务告知工作形成制度。根据市统计局统一要求，联合区监察、法制、经促、住建、司法、财政、地税和工商等部门组成检查组，开展对工业、房地产业、建筑业、批零餐饮业共14家企业的执法检查，并对区财政局、区地税局开展部门统计的执法检查。配合市对全区14家企业开展企业“一套表”联网直报联合专项督查工作。根据市督导要求，联合区有关部门开展区级督导工作，对全区重点行业、重点企业开展“一套表”督导。开展全区统计执法检查工作，召开各街道工作会议，制定工作计划，按照方案的要求进行统计执法自查和抽查工作。

【统计人员培训】 按照省、市统计局的部署和要求，加强对基层统计人员的业务培训工作，报名参加初级和中级专业技术资格考试、统计从业资格考试分别为28人、9人、121人，报名参加统计继续教育培训共84人。

【基层统计网上直报】 全区年报网上直报率100%，月报的总体直报率超过99%，部分专业的月报上报率100%。

【抽样调查】 关注民众生活，做好城乡住户一体化调查。春节和中秋节日前夕，深入调查户家中开展送温暖活动。按时按质完成上级部门下达的景气调查、禽畜调查、非公有制人才调查、十项民生调查等任务。

【第三次全国经济普查】 按照省和市关于开展第三次全国经济普查市级综合试点的部署和

要求，8月起，完成市级综合试点（滘北街道北湾社区）工作。全区统计系统采取全员参与的方式参与本次普查，区级普查办工作人员30多名，落实普查指导员、普查员300多名。区经普办分3批进行业务培训，培训内容主要包括核查工作条例、单位划分规定、单位核查办法、入户核查流程和询问技巧等知识。按照计划安排，普查指导员和普查员在全区开展“地毯式”的核查工作，包括告知普查对象普查有关情况，指导和督促普查对象准备好财会、业务核算、统计台账等资料，以及组织机构代码证、营业执照、税务登记证（简称三证）；发放一式两份的纸质核查表，要求其按时完成填报。确保核查工作按时按质完成。

【统计四大工程建设】 为“四大工程”建设提供支持和保障，进一步加强区、街两级统计基层基础建设，配合第三次全国经济普查的业务需要，开展单位核查，完善基本单位名录库。根据市统计局下发的《关于做好企业一套表联网直报退出单位核查工作的通知》《关于核查企业情况的紧急通知》和《关于追加核查工作的紧急通知（特急件）》文件要求，开展多次核查工作，组织区、街两级工作人员严格比对审核资料，深入企业实地调研和收集报表。把60家规模企业的资料上报上级统计部门，进一步掌握辖区内单位动态，加强名录库进退制度的管理，既扩充全区的统计数据源，又提升统计数据质量。

2013年江海区主要经济指标

表5

指　　标	单位	2013年	增长（%）
国民经济和社会发展主要指标			
生产总值	万元	1296347	9.5
工业总产值	万元	3279566	11.90
农业总产值	万元	76166	3.20
国民经济主要指标人均占有量			
人均生产总值	元	50295	8.8
人口、土地面积和人口密度			
土地面积	平方公里	109.16	——
年末常住人口	万人	25.85	0.58
就业和失业变化情况			
年末从业人员数	人	144241	-3.10
主要农作物播种面积、亩产和总产量			
粮食总产量	吨	1284	12.70
工业企业单位个数	个	1683	8.16
规模以上工业企业主要产品产量			
摩托车	万辆	47.23	10.80

继上表

指　　标	单位	2013年	增长（%）
洗衣机	万台	104.89	-5.30
空调器	万台	32.18	11.90
固定资产投资及其增长速度	万元	625336	12.88
外商直接投资	万美元	12019	6.92
社会消费品零售总额	万元	317177	15.70
居民消费价格指数			
财政一般预算收入	万元	60725	13.11
财政一般预算支出	万元	84926	20.36
房地产开发投资情况	万元	256386	71.28
卫生机构、床位及人员数			
卫生技术人员数	人	546	4.00
医院床位数	张	278	11.65
各类学校情况			
普通中学在校学生数	人	15155	1.01
小学在校学生数	人	19357	9.85
财政支出中教育支出	万元	18452	12.43

物价管理

【价格管理和收费管理】 联合区审计局、区财政局开展2012年度行政事业性收费年审工作，对全区30个行政事业性单位进行收费年审，对在年审中发现问题的单位提出整改意见，不断规范全区行政事业性收费管理工作。对行政事业性收费、经营服务性收费和社会力量办学等收费，严格按照规定程序发放收费许可证。由于高新区与江海区合并，较多部门收费职能合并或变更，共核（换）发行政事业性“收费许可证”37个。对列入物价部门管理的经营服务性收费、教育收费（含强制性培训收费），核对资料，按照相关程序规定做好价费审批和管理工作。共核发经营服务性许可证29个、教育和社会力量办学许可证14个。不定期对区内医疗机构执行的非营利性医疗机构服务价格的情况进行检查，规范和引导医疗机构对价格政策的执行；对上级部门出台的属政府指导价格的药品价格的下调，及时跟踪检查，维护医药市场价格秩序。继续落实免收符合政策的农村、城市义务教育阶段的借读费、书杂费、课本费和体检费政策。对全区25所中小学校开展教育“收费许可证”年审工作，检查学校是否严格按照“一费制”的收费项目进行收费，并为其中14所中小学校重新核发“收费许可证”（教育），督促学校做好收费公示工作。审核区内民办幼儿园提交的提价成本监审资料，派员到幼儿园进行成本审核，为区内17间民办幼儿园办理提价备案的手续。审核江海区阳光学校和江海区文昌中英文学校等民办学校提交的教育培养成本，结合全区的中小学生均培养成本及居民的承受能力，制定以上2所民办中小学学校的书杂费等收费标准。春、秋季开学以后，联合区教育局、财政局和纠风办等部门进行教育收费检查。

【价格监督检查】 根据国家发改委和省物价局的有关文件精神，每周安排专人到各农贸市场、液化气公司巡查，了解粮、油、肉、蛋等主要副食品和成品油、液化气、农业生产资料等重要商品的价格变动情况，做到及时掌握市场供求和价格变动情况，价格异常波动的马上上报，以规范市场价格秩序，维护市场价格的基本稳定。

【专项价格检查】 加强节假日市场价格检查，维护元旦、春节期间群众生活必需品市场价格的基本稳定，采取全面巡查和重点检查相结合的方式，对本辖区的重要商品和服务市场进行检查，并及时通知各街道的物价助理做好节日期间的市场巡查及价格监测工作，如有价格异动及时上报。做好中秋、国庆期间的市场价格监管工作，组织检查组对陈少白故居、茶庵寺公园、白水带公园等旅游景点和各商场的商品价格进行检查，没有发现擅自提价、变相涨价、出售商品和提供服务不执行明码标价规定等违规的现象。联合市物价局检查分局和区教育局等部门开展春秋两季的教育收费检查，没有发现有乱收费的现象。对区内的零售药店进行检查，主要对防控H7N9药品进行检查，除了1间药店的广州香雪产的抗病毒口服液价格略有提升以外，其他的药品没有变化。通过发挥价格监督的作用，进一步规范全区零售药店的销售行为。

【价格监审】 针对外海翡翠华府、海伦湾等新楼盘提出物业服务收费拟超出区政府指导价的请求，根据其提交的物业服务预测成本资料，以及居民价格承受能力，合理核定这些楼盘的物业收费标准；为江海碧桂园、礼乐乐陶苑、高新小区等5个小区办理物业收费备案；为礼乐中心市场、江海区裕利食品储存冷库等企业向市供电局、自来水公司等申请水、电价格优惠，为企业降低流通费用；为江门汇侨文化旅游投资有限公司在礼乐街道新民村举办的3D画像馆办理收费备案。

【价格监测】 加强价格监测，特别在节假日、各种自然灾害发生期间，对市场价格进行巡查，做好粮食、食用油、猪肉、副食品、化肥、药品、成品油、液化石油气等重要商品市场价格动态的监测，及时掌握市场价格动态，防止发生哄抢物品、哄抬物品价格事件的发生。开展“菜篮子”价格监测，对猪肉、鱼、蛋、禽、蔬菜等商品价格每周一、四两次进行专人实地调查监测。对平价商店商品每天进行监测，并每天把数据上报省、市物价局。

【价格评估鉴证】 根据《广东省涉案物品价格鉴证操作规程》及相关的法律、法规，做好涉案财产价格鉴证。按照省、市有关文件要求，刑事案件出具的价格鉴定结论书要按照国家发改委价格认证中心规定的新格式书写，不再用原来的简易文书格式，做到资料齐全、程序合法，计算准确，结论真实，确保鉴证案件质量。共实施价格鉴定288宗，鉴证金额2378万元。其中为公安机关办理价格鉴定118宗，鉴证金额96万元，其他价格鉴定13起，鉴证金额1920万元。在巩固原有工作领域的基础上，拓宽工作领域，把业务范围延伸到涉案价格鉴证以外。推进道路交通事故车物损失鉴定工作，以车损评估为契机，协调各方面关系，与交警部门及保险公司共同查找工作中存在的问题，适时开展车损业务，为交通事故的赔偿、调解、处理提供参照依据。以争创国家级规范化价格认证中心活动为载体，按照《涉案物品价格鉴定操作规程》开展工作，强化价格认证中心的规范化建设和管理。派出4名工作人员参加全国的价格鉴证师考试，完善各项规章制度，使价格鉴证工作向制度化、程序化、规范化发展。

【涉企收费治理】 年内，国家和省出台取消和免征100多项行政事业性收费项目政策，涉及江海区的有公安部门的治安联防费和户口准迁证费、工商部门的企业年度检验费以及个体和企业注册登记费、税务部门的税务发票工本费等等，及时转发相关文件，督促变更或注销“收费许可证”，组织人员到有关责任单位检查取消或降低的收费执行情况。预计每年可减轻企业和群众负担300多万元。开展经营服务性收费检查，了解经营服务性收费总额和现状，规范清理经营服务性收费行为。

【价格调控】 推进价格惠民“三项建设”（平价商店、蔬菜大棚、冷库），拓展“三项建设”范围，建设3家平价药店，分别是大参林外海分店、国大银泉分店和日兴新中大药店，开设平价药品专营区，对300个常用的药品品种实行“平价”政策优惠，包括感冒用药、儿科用药、心脑血管疾病用药、消化系统用药等15个种类，减轻群众的医药负担。新建平价商店6家，至此全区共建成平价商店24家，形成区内平价商店建设15分钟平价圈和2万人1店的密度，每街道均有平价店网络。严把平价商店入门关，新开的平价店必须售卖猪肉和蔬菜才可以申请为平价店，且售卖的商品价格做到低于市场价格5%～15%；通过对平价商店定期和不定期考核，确定考核等次，按照不同的等次给予不同的资金补助，以提高平价商店规范建设的积极性；对不符合规定的平价商店要求限期整改，否则予以取消，年内撤销国粮礼乐店平价商店资格。全年共向上级部门申请到省、市价格调节基金240万元，对平价商店、平价药店建设进行扶持。

【价格应急预警】 平价商店确保平时售卖价格要做到“平价”在价格异动时期按照物价部门的指导价格销售农副产品，达到稳定物价的目的。4月，蔬菜价格受到连续阴雨天气的影响，部分叶菜类价格上涨过高过快，采取“先控后补”的原则，要求区内所有平价商店在规定时间内，列入家常农副产品目录的29种蔬菜每天以低于当地市场平均价格的20%销售，有效平抑蔬菜价格，全年平价商店销售商品总额3009万元，优惠让利221万元。

发展规划与体制改革

□ 工业

【概况】 全区实现生产总值129.64亿元，增长9.5%。其中第一产业增加值4.27亿元，增长2.8%，对GDP增长的贡献率为0.9%；第二产业增加值 82.97亿元，增长11.53%，对GDP增长的贡献率为80.95%；第三产业增加值42.4亿元，增长5.64%，对GDP增长的贡献率为18.15%。三次产业结构的比例为3.3∶64.0∶32.7。实现工业总产值319.50亿元，增长11.9%。其中规模以上工业总产值300.79亿元，增长12.4%；实现规模以上工业增加值59.69亿元，增长14%，其中轻工业增长12.3%，重工业增长15.5%。分经济类型看，国有及国有控股企业增长0.9%，集体企业下降2.1%，股份制企业增长15.2%，外商及港澳台投资企业增长13.7%，民营企业增长10.5%。分行业看，化学原料及化学产品制造业、电气机械及器材制造业、通信设备、计算机及其他电子设备制造业、铁路船舶航空航天和其他运输设备制造业、非金属矿物制品业等增加值排列前五位的行业分别增长12.4%、16.9%、31.7%、24.1%、13.2%。在四市三区中，江海区规模以上工业经济总量排名第六，占全市工业比重的8.36%，增长速度在全市排名第五，低于全市平均水平0.1个百分点。

【支柱产业发展】 全区总产值排名前5的行业分别是化学原料及化学产品制造业、电气机械及器材制造业、通信设备、计算机及其他电子设备制造业、铁路、船舶、航空航天和其他运输设备制造业和非金属矿物制品业。五大行业实现规模以上工业总产值223.83亿元，占全区规模以上工业总产值的74.41%，比2012年的比重提高0.62个百分点。化学原料及化学制品业为全区工业的第一大行业，工业总产值64.11亿元，增长13.86%，占全区工业总产值的21.31%。主要产品包括醋酸酯、荧光粉、镍镉电池等。电气机械及器材制造业，成为全区工业经济第二大行业，工业总产值达54.44亿元，增长16.63%，占全区工业总产值的18.1%。主要产品包括家用电器、小电机、精密空调等。通信设备、计算机及其他电子设备制造业为全区工业第三大行业，是增长最快的重点行业。其中得实、荣信和建滔等企业发挥带动作用，加快电子元器件、电子信息产品材料等优势领域向微电子产品、数字家庭、平板显示等消费类电子产品的延伸发展，实现工业产值52.19亿元，增长28.79%，占全区工业总产值的17.35%。铁路、船舶、航空航天和其他运输设备制造业为全区工业第四大支柱行业，工业产值30.60亿元，增长14.42%，占全区工业总产值的 10.17%。非金属矿物制品业为全区新兴的行业，在信义玻璃的牵引带动下，工业总产值22.49亿元，增长17.8%，占全区工业总产值的7.48%。绿色（半导体）光源产业实现产值9.06亿元，为全区重点发展的战略性新兴产业之一。

【重点企业发展】 共有规模以上工业企业186家，实现产值300.79亿元，增长12.4%。其中亿元企业60家，实现产值236.24亿元，亿元企业产值占规模以上企业总产值的78.54%，比2012年提升16.47个百分点。全区的化学原料、电气机械、通信设备、运输设备和非金属矿物制品等优势产业，加强与世界500强公司的合作，有艾默生网络能源（江门）有限公司、江门亚什兰化工有限公司、西铁城精电科技（江门）有限公司、江门市福宁电子科技有限公司和三菱重工金羚空调器有限公司等世界500强公司投资的子公司。

【名牌培育】 根据全区产品质量的整体水平和产业结构的特点，围绕特色和优势产业的发展，引导、培育和扶持企业争创中国名牌、省名牌工作。在区域性重点产业质量提升和名牌培育工作方面取得成效，新增省名牌产品1个，通过复审省名牌产品1个。至此，全区有效期内省名牌产品（工业类）8个。

【工业技改投入】 全区纳入技改导向计划的项目共28项。项目计划总投资8.62亿元，年度计划总投资4.68亿元，预计达产后新增销售收入18.9亿元、利润2.77亿元、税收1.72亿元。

【节能降耗】 落实国家、省和市有关节能降耗工作的部署，通过完善政策措施，分解目标任务，推进节能技术改造，强化监督检查，全区节能降耗，单位GDP能耗下降4.88%，超额完成市下达单位GDP能耗下降3.33%的节能目标。

【帮扶中小企业发展】 加大企业调研力度，听取企业的意见和建议，了解企业经营的困难，寻求解决方法。鼓励企业建立自主品牌和宣传区域品牌，帮助企业建立品牌发展战略，推进企业建立设计及研发机构，加强研发和技术创新，开发低价高质的新产品，提高自身产品的竞争力。贯彻执行各项扶持中小企业的政策措施，确保中小微企业财税金融等优惠政策的落实。协助企业做好扶持资金项目申报，及时做好资金兑现，强化财政激励作用。

【推进重点工业项目建设】 重点项目建设增强工作合力，加快推进先进制造业项目，包括省、市共建汽车零部件基地的德国汽车线束项目、量子高科微生态健康产业基地项目试产，建滔电子、崇达线路板项目首期投产，德力光电进行设备安装。

□ 商贸

【商业网点建设】 中环广场成为江海区新的商业圈核心，形成以中环广场为核心、以东海路、麻园路、滘头路、胜利南路商业街为支架的江海组团新商业中心。中环广场二期在规划中，加快中环广场周边配套行业，加强江门站场和轻轨周边地块的规划与配套建设，打造集物流、商务、金融、娱乐、酒店为一体的新型综合型商业圈。发挥行政中心、交通枢纽优势，高标准、高起点推进府西小区开发，加快碧桂园项目建设，推进鹿茵酒店建设，策划东海路、江海路、五邑路、金瓯路沿线开发，力争“十二五”期内核心区的开发取得重大成效。谋划胜利南路两旁的服务业开发，加快周边地块的综合开发。推进海逸酒店、演艺中心、明泰房地产、天鹅湾、翠湖湾、香港建设和泰山房地产等一批三产项目建设，承接有江海特色的城市服务功能。发展总部经济，吸引商贸物流企业把总部设立在江海区，实现企业优势与区域资源优势的最佳组合，促进商贸物流业发展。

【推进商贸重点项目】 通过实施产业升级工程，发展战略性新兴产业和特色优势产业，推进“商贸推动”战略的实施，一批三产项目相继落户区内，包括位于连海北路的中国（江门）国际绿色光源博览交易中心，首期开发建设用地面积306亩，建筑面积70万平方米，计划总投资40多亿元，项目竣工以后预计年交易量超过300亿元；江南水产品批发市场易地重建扩大经营规模，新市场面积30亩，总投资600万元，建有冷库、交易市场和水产品加工场等，年内交易量7万吨，为原交易量的4倍，年交易额超2亿元，为原交易额的2.3倍；中环广场二期项目占地47亩，总投资额7.624亿元，拟打造成江海区商务中心，该项目竣工将对全区商贸业、酒店业、物流业产生积极的影响；高新区7、8、9号地综合性公用码头项目规划面积1750亩，总投资10多亿元，建成以后使码头吞吐量达到3000多吨泊位。

【经贸洽谈会和展销会】 帮助企业拓展市

场，推动企业参加各种经贸合作与交流活动，为企业扩大市场提升产能效益注入动力，进一步加快企业转型升级。光博汇、地尔汉宇电器公司、得实电子等3家企业参加在贵阳举办的第九届9+2泛珠三角区域合作展会；礼乐合兴肉类制品厂、芳草天然茶品厂、江门市鹏中皇食品有限公司3家企业参加在广州举办的食在广州——促进消费的广东省名优特食品展销会；江户泉食品有限公司、江门宝华实业有限公司2家食品企业参加在广州举办的第十届中国国际中小企业博览会和高峰论坛会；在湖南、广西两省进行经贸交流活动项目的江门市金羚电器有限公司与广西玉林传喜商贸有限公司（签约成交额5600万元）、湖南长沙锐羚电器有限公司（签约成交额3400万元）；大冶、宝田摩托车企业参加2013年江门市摩托车工业博览会。

【商品拍卖与典当】 全区有商品拍卖行和典当行各2家，拍卖和典当业拓宽中小企业融资渠道，促进个体私营经济发展。

【扶持外贸进出口企业】 发动企业参加江门市外经贸局牵头举办的信息发布会，让企业了解最新进出口商品检验检疫、通关、外管等最新政策法规和有关资讯；通过组织企业座谈会、外经贸政策讲解会和对企业走访调研的形式，讲解江海区各项扶持政策，确保企业了解申报的项目、条件和流程；协助企业申报中小企业国际市场开拓资金、进口贴息资金、“两新”产品专项资金、江门市外贸发展资金等10多项扶持资金，年内共审核和报送各项扶持资金205份；兑现企业的各项扶持资金15个批次、金额483.39万元，受惠的企业共198家次。发动有条件的企业创建自主品牌，协助企业申报各项品牌和认证，如江门市金鹰皮具制品有限公司正在申报办理意大利商标注册等。通过扶持资金形式，帮扶企业开拓市场，引导企业转型升级，如2013年省级加工贸易转型升级专项资金、设立第三方电子商务开拓国内市场扶持专项资金、江门市2013年促进加工贸易稳定发展奖励方案等。组织企业参加讲座和培训班、设立电子商务平台，为企业创造良好的平台去扩大市场，包括组织企业参加国外商标注册知识培训班，组织企业参加转型升级香港博览活动，组织做好广东省首批加工贸易企业上线加博会电子商务平台工作，组织企业参加天猫爱峰潮开拓内销市场活动，组织发动相关企业负责人参加江门市举办的香港利丰集团供应链管理知识讲座和邀请企业参加首届广交会出口产品设计奖评选活动。

【开拓国际市场】 加强与广东省、市贸促会和香港贸发局的沟通联系，开拓港澳以及海外市场，组织各类型产品展示会40多个，包括组织区内企业参加每年的广交会和一些传统地区如港澳、欧美等地的各类型产品展示会、产品博览会、产品交流会，如2013年香港春季、秋季灯饰展及电子展、第71届意大利米兰国际摩托车展览会、2013年澳门环保展等；组织企业参加非洲、南美、中东、东盟、东南亚等新兴市场举办的国际性展会，如巴西圣保罗家庭用品礼品展，在巩固传统贸易市场的基础上，开拓一批新兴贸易市场，扩大江海区产品的对外影响。

【利用外资】 完成合同外资金额21576万美元，完成工作目标21230万美元的101.63%，全市排名第二；实际吸收外商直接投资12019万美元，完成目标任务11910万美元的100.92%，全市排名第五。

【三资企业管理与服务】 把管理与服务工作有机结合起来，以服务的方式去实现管理职能，让服务与管理工作贯穿于外资设立、生产经营、再投资全过程，促进项目加快推进。做好外资企业联合年检工作，通过年检与日常工作，加大对已批项目进资的督促、检查等工作的力度，及时采取有效措施，促使企业早进资、早投产。依靠改进服务，推动原有企业在取得较好的效益后增加投资。不定期到外资企业跟踪服务，帮助和协调解决外商投资企业在审批和运营中遇到的困难和问题，加强对重点联系企业的政策指导和业务沟通。

【引进项目】 全区洽谈招商及增资项目40多个，直接新引入或参与洽谈引入项目24个，投资总额7.27亿元。其中引进2亿元以上大项目2个，包括量子高科益生元生态基地项目，总投资额3.2亿元；江门市国晶光电有限公司，总投资额3亿元。引进5000万至2亿元项目1个，江门金宏照明有限公司，总投资额8000万元。两区合署办公以后，重开高新区工业用地准入评审工作，完成君盛实业、板桥电子、民生厨具等6个项目用地的准入评审，涉及工业用地260亩，总投资额6.03亿元。梳理储备聚科照明、山木显示和华南中西药批发市场等15个重点跟踪洽谈项目，预计投资总额55.61亿元。

【洽谈会】 9月8—11日，江海区准备30个优质项目参与在厦门举行的第十七届中国国际投资贸易洽谈会。11月20—21日，区长周惠红率领高新江海代表团参加在上海举行的2013年广东江门（上海）投资洽谈会，提供江门高新区公共码头等10个优质项目，签署投资协议24.8亿元。

□ 信息化

【信息化基础设施建设】 全区互联网普及率75%，家庭宽带普及率69%，行政许可网上办理率90%，电信、移动均在辖区内成熟小区内推进光纤到户工程，光纤宽带率8%，移动3G全面覆盖江海区，主要公共场所均有4G网络。

【行政审批电子监察系统】 全面应用行政审批电子监察系统，对进入网上办事大厅的所有行政审批和非行政审批的事项进行全面监察、绩效评估、预警纠错，对各种投诉进行处理，对相关信息进行统计分析，为领导决策提供及时、准确的信息。

【电子政务】 完成江海区网上办事大厅所有5个功能模块建设，22个部门407个审批事项纳入网上办事大厅，其中401个事项可实现网上办理，办理率98.5%，二级（街道）办理率78%，三级（村、居）办理率45%。系统实现与市级网上办事大厅的无缝对接，完成网上办事服务质量星级评定系统。5个街道全部完成网上办事大厅镇街专栏的建设，150个办事事项纳入办事大厅，其中可网上办理的135个，办理率90%。全区59个村、居委会的自助服务站完成设置。开展部门、街道、村居委会相关人员的系统使用知识培训。完成政府督办系统建设应用，江海区政务督办系统建立起一套督查有力、管理透明、落实及时、处理完备的行政督查模式和运行体系，成为政务OA系统中重要的应用分支。

【农村信息化】 推进区农村基层信息资源共享工程建设，依托各级图书馆、图书室等载体，对优秀文化资源进行数字化加工和整合，建成覆盖全区所有村（居）的基层工作网络，为村（居）民提供60万册以上的电子图书和1000小时的舞台艺术、知识讲座、影视节目等视频资源。推行投影进农村活动，实现视像资源农村数字化放映。为全区所有村居配备1台专用电脑和宽带接入。

【企业信息化】 为推动辖区企业电子商务发展，加快企业电子商务人才培养，提高企业对电子商务的认识和应用能力，对部分企业、商户进行电子商务知识培训。培训以“助力企业转型，共创电商市场”为主题，通过对当前电子商务的现状和趋势分析，解读传统企业进军电商的成功之路。组织企业参加省广货网上行系列活动，配合广东大冶摩托有限公司申报省级电子商务专项扶持资金。

【全面升级政务网站】 江海区政务网站自2004年建成以来，沿用的数据库其中虽然升级，但是功能方面未能满足现在政务网站的需求。年内重新建设政务主网站及区直各部门、街道网站，丰富网站的内容，加快网站信息的更新速度，公开政务信息，增加服务功能，促进政民互动，加强与群众交流与沟通。

【完善政务OA系统】 2009年新OA系统应用以来，根据区各部门提出的修改意见进行整合、完善，对政务OA进行全面升级。

□ 科技

【科技计划项目及重点项目】 全年高新区各类科技项目立项超30个，获得专项资金5000多万元，其中国家中小企业技术创新基金项目3个；省金太阳示范项目1个；市产业技术研究与开发项目4个、市工程技术中心7个，企业创新平台2个，市中小企创新资金项目6个，市科技奖9个，市重大科技专项立项2个，市医疗卫生领域科技计划项目立项一个；区级科技计划项目立项有23个项目，区级科技奖立项12个。

【科技基金管理】 每年按要求对获得各级科技资金扶持的企业的科技项目上报使用情况，以备抽查和对项目资金的使用效益情况进行评估。对获得区级科技计划立项项目、国家高新技术企业认定、科学技术奖的企业共发放扶持资金310万元，每年底对资金使用情况进行绩效评价，通过加强科技资金的使用效益，发挥财政资金对科技创新的促进作用。

【科技成果鉴定和管理】 全区共有15项科技研究项目通过市以上科技成果鉴定。共有省级科技奖申报2项；推荐16个成果参与市级科技奖的评比，15个成果参与区级科技奖评审；获区以上科学技术奖励项目21个。其中低聚半乳糖生产工艺的优化研究，高光效、低光衰抗高温红粉的制备技术，电动汽车专用镍氢动力电池正极材料研发与产业化及报废电池的回收利用等9个项目获得市以上的科学技术奖励。

【专利管理】 开展科技活动月一系列内容丰富的活动，包括举办专利电子申请专题讲座，专利申请文书的撰写方法专题讲座，企业实施知识产权战略专题讲座，介绍如何建立知识产权战略及其实施要领，为企业发展知识产权战略提供技术方案；参与“4·26”世界知识产权日大型户外宣传活动，组织10多家企业参加由市科技局在东湖广场举行的大型户外宣传活动；全区申请专利1098件，其中发明417件、实用新型358件、外观323件。继续扶持企业开发核心技术和关键技术，培育一批拥有自主知识产权和较强市场竞争力的龙头企业。共组织申报省知识产权优势企业2家、申报省知识产权示范企业1家、申报专利技术实施计划项目1家。

□ 农业

【基础设施建设】 推进2012年度礼乐街道高标准基本农田建设项目，在礼乐街道镇龙、威西村建设1200亩高标准基本农田。

【农业技术培训】 全年举办各类农业科技培训班11期，培训农技人员200人次，种养大户820人次，提高农技人员的专业水平和农户的种植养殖水平。

【农产品安全监管】 加强对蔬菜基地的巡查和农产品抽检力度，加强对农户开展宣传教育，杜绝使用高毒和禁用农业投入品，年内省、市、区和市场抽检蔬菜样品共1950个，其中抽检市场样本1750个，抽检生产基地样本200个，合格率99.8%。

【扶贫工作】 是年，江海区开展新一轮扶贫开发“双到”工作。根据市委市政府的部署，江海区派驻11名队员，对口帮扶开平市赤水镇瓦片坑村、和安村、羊路村、冲口村、沙洲村5条村和台山市都斛镇龙和村。

【林业绿化绿建工作】 根据市委、市政府让“森林进城市”和“森林围城”的绿化建设工作要求，第一批被授予森林家园称号的有银泉社区、礼乐中学、南泉花园、华茵堡小区。开展“万村绿”大行动。在各村主要道路两侧、公共活动场所和农户庭院内外、农田林网和新开道路绿化，新增森林面积200亩。实施南冲水闸闸内左侧绿化工程（第一期）项目建设，绿化面积39亩，种植树种有木棉、凤凰木、美丽异木棉、秋枫、串钱柳等，工程投入19.371万元。

【江海区名村示范村】 2012年7月，为落实省政府《关于打造名镇名村示范村带动农村宜居建设的意见》和《江门市创建名镇名村示范村工作的实施意见》精神，按照区委、区政府建设宜居城乡工作的总体部署，推进全区名村示范村建设工作，按照社会主义新农村建设“生产发展、生活宽裕、乡风文明、村容整洁、管理民主”的要求，印发全区名村示范村建设实施意见，以开展宜居城乡建设创建活动为手段，以完善农村基础设施为基础，以实施农村环境和景观综合整治为突破口，在编制建设规划、整治和美化农村环境、加强基础设施、培育特色优势等方面下功夫。选择基础好、特色明显的外海街道七西村、前进村，礼乐街道武东村、威西村、乌纱村，同步创建名村示范村，共投入306.01万元，以农村环境整治、乡村景观改造提升、农村管理优化创新等项目建设为重点，开展一系列优化建设工程，所有的项目年底完工，经市委农办验收合格，对外海街道七西村、前进村，礼乐街道武东村、威西村、乌纱村命名为“江海区示范村”，礼乐街道武东村达到区名村示范村标准的村命名为“江海区名村”。

安全监督管理

【基层机构建设】 高新区、江海区合署办公以后，设置江门高新区市场安全监管局、江海区市场安全监管局，负责贯彻执行国家和省关于消费环节餐饮和食品安全监管、安全生产综合监管、文体旅游市场监管、农业市场监管、生猪屠宰管理方针政策和法律法规；负责区内食品安全综合协调工作；依法对区内消费环节餐饮和食品、安全生产、文体旅游、农业市场、生猪屠宰等方面行政监督管理和相关行政执法工作。加强街道安监局（安全生产巡查队）执法监察装备建设，投入38792元购置相关执法和办公装备，有效提升基层安全监管能力。

【危险化学品安全监管】 加强危化类企业的日常监管，根据行政审批制度改革的要求，建立和完善全区危化品生产、经营相关许可制度。做好危化企业安全隐患的排查与整治，落实安全隐患的整改和销号工作。加强对辖区危险化学品生产、经营企业的重大危险源进行专项、重点的检查。督促和审核谦信化工12吨每小时丙烯酸丁酯乳液单体改扩建项目试生产（使用）方案备案工作和礼乐街道加油站有限公司改、扩建项目安全条件、安全设施设计审查备案工作以及吉安顺化工有限公司充装车间和氨水储罐区改、扩建项目安全设施试生产（使用）备案工作。组织初审危险化学品生产企业“安全生产许可证”申请、延期、变更材料5次；完成23家危险化学品经营企业许可证延期换证工作；完成54家危险化学品企业的安全督查、隐患网上录入以及整改销号；完成6家（处）重大危险源的辨识和备案工作；对符合在备案的17家易制毒化学品经营企业，及时颁发了“非药品类易制毒化学品经营备案证明”证书。

【重点监控企业监管】 根据《江门市安全生产重点监控企业（部位）监督管理办法（试行）》的要求，与区内4家重点监控企业签订《重点监控企业（部位）责任书》，并进行挂牌公示，悬挂“重点监控企业（部位）”标志牌，定期每季度对重点监控企业（部位）进行督查。

【安全生产监管和执法监察】 全区发生工矿商贸死亡事故1起，死亡1人，辖区安全生产事故死亡人数控制在市下达的指标范围内（市下达死亡控制指标为2人）。加强工矿商贸领域安全监管，全年累计出动检查人员7822人次，检查企业2786家次，整治存在重大消防安全隐患的企业2家，责令停产、停业、停止建设行为的企业9家，取缔无证照生产经营单位27家，排查出一般事故隐患3279项，全部整改销号完毕。强化安全生产执法监察，开展“三项行动”（“打非治违”行动、执法专项行动、执法联合行动），组织协调全区开展安全生产检查督查专项行动。完成事前行政处罚案件15宗，经济罚款9.8万元；委托街道执法8宗，经济处罚4.8万元；处理举报投诉9宗。

【企业安全生产标准化建设】 通过指标任务分解、落实领导包片以及经费奖励等方式，推进企业标准化建设，全区规模以上企业165家，年内完成规模以上企业46家，规模以上企业标准化建设完成率达100%；完成规模以下企业132家，完成率61.4%。

【安全生产应急管理】 修改完善安全生产预案的编制、评审和备案程序，做好安全生产应急救援预案修订和备案工作，提高预案的针对性、可操作性。完善应急值班制度，投入使用安全生产应急值班信息报送系统，组织和参与江海碧桂园一期高层住宅建筑工地建筑施工消防事故应急演练，落实辖区企业应急预案的备案制度。全年备案登记的企业158家，其中危化企业123家、其他企业35家（包括规模以上企业33家、规模以下企业2家）。

【文化市场综合执法】 协调和衔接市文广新局做好文化市场综合执法职能下放，按照事权财权下放方案，市文广新局3月前划转4名行政执法专项编制到区市场安监局，过渡期间由该局派出3名执法人员协助江海区执法。

【农业市场监督】 根据《兽药经营质量管理规范》（兽药GSP），开展兽药清查行动，对全区通过兽药GSP验收的11家经营企业进行假劣兽药清查，查处江海区人旺兽药有限公司经营假兽药货值804元，行政罚没1220元。结合“农资打假夏季百日行动”，出动执法人员120人次，检查门店60多家，查处案件6宗，没收农资产品70公斤，行政罚款1.557万元。

【生猪屠宰管理】 区内有生猪定点屠宰场1个，为江门市江新肉类联合加工有限公司。8月，屠宰业务搬迁试业，做好日常巡查以及专项整治管理工作。全年共出动执法人员92人次，车辆45辆次，检查屠宰场41个次，现场整改8次，查处注水猪肉1宗，发出整改通知3份。

【食品安全监督】 强化信息通报制度，以专项整治为主，全面整治辖区食品生产、流通企业情况，共出动执法人员2699人次，检查单位2500家次，发现食品安全隐患313处，接获投诉举报线索3条，查处食品领域违法犯罪行为案件12宗；针对“问题鱼翅”、学校食堂、厂企食堂、“问题大米”、肉及肉制品、无证餐饮服务单位等开展专项整治行动6次。

工商行政管理

【内资企业登记管理】 全区共有内资企业420户，其中国有企业37户、集体企业138户、公司243户、其他2户，注册资本（金）255570.56万元。内资企业数量减少8户，减幅1.87%。全年登记内资企业24户，注册资本（金）5966.66万元，分别增长14.29%、减少10.95%，共注销、吊销内资企业30户。

【商标管理】 建立常态查处机制，强化市场监管，开展保护商标、保护知识产权的专项检查行动，利用企业信用分类管理、精细化监管等系统和手段，加大对重点行业和领域的市场巡查和监控力度。全年共立案查处各类商标违法案件18宗。

【推动企业实施商标带动战略】 加强与重点培育企业的沟通与联系，了解企业的生产经营情况和企业发展中需要工商部门协调解决的问题，主动向企业商户提供法律咨询服务，理清企业商标创建思路，助其建立商标兴企的发展战略。开展进企业送法活动35次，新发展注册商标40件；新增驰名商标1件、省著名商标2件。

【经济合同管理】 开展“守合同重信用”企业创建活动，提高“守合同重信用”活动的综合效应，有效规范企业经营行为。通过上门走访企业、法律法规宣传等措施，指导和促进企业守法经营、诚信经营。共有82家企业获得“广东省守合同重信用”企业的光荣称号，新发展企业19家。

【广告管理】 以整顿广告市场秩序、净化广告市场环境为目的，以直接关系人民群众切身利益的家电、医疗、药品、食品等商品和服务广告为监管重点，开展专项检查行动，切实强化广告市场监管。全年共登记户外广告143条次，查处户外违法广告案件2宗。

【查处制售假冒伪劣商品违法行为】 开展专项整治行动13次，累计出动执法人员2454人次，检查经营场所3475户次，查处涉假案件17宗，涉案货值7.56万元，销毁假冒伪劣商品货值2.23万元。加大流通领域商品的抽检力度，共抽检各类商品133批次，合格率94.76%。通过对经销不合格商品的经营户进行处理，收到“抽检一种商品，教育一批企业，规范一个行业”的效果。

【流通环节食品安全监督管理】 开展食品专项行动18次、食品宣传咨询活动6场次，出动执法人员2847人次，检查食品经营户3438户次，共查处各类食品违法案件20宗，移送公安机关案件1宗，没收的物品有侵权“红牛”饮料、标签上含虚假内容的大米等一批。做好食品流通许可证核查及发放工作，对申办食品流通许可的经营主体实行100%实地审查，做到书面申请与实际情况相符，对不符合经营条件的经营户，要求其立即整改，把好食品主体准入关。共受理发放申办、变更、延期申请的食品流通许可证731个。

【农资市场整治】 深入开展“红盾护农”行动，加强对春季农资市场、农资集中销售网点、城乡结合部的监管，严肃查处销售掺杂使假、以次充好、有效含量不足等假冒伪劣农资违法行为，全年立案查处农资案件1宗。推进农资企业信用体系建设，营造诚信市场经营氛围，培育发展农资放心店6家。

【消费维权】 以“12315”实现并网为契机，健全“指挥调度、快速处置、分析发布、后续处理”机制，提高消费维权的工作效率。在辖区商场、超市、市场、企业、景区等建立消费维权服务站31个，建站率100%，为消费者提供快速维权渠道。全年共发布消费警示信息20条，受理消费申诉举报275件，为消费者挽回经济损失9.83万元，期限内办结率和满意率均达100%。

【个体劳动者协会】 江海区个体劳动者协会有基层协会3个，会员小组72个；个体劳动者协会内设党支部3个，党员40人，包括年内新发展党员4人。个体劳动者协会会员为扶贫、救灾、支教、助学等社会公益事业捐款，总额1.7万元，吸纳下岗职工12103人。

【私营企业协会】 江海区私营企业协会有基层协会3个，会员企业为扶贫、救灾、支教、助学等社会公益事业捐款2.8万元，吸纳下岗职工29588人。

2013年江海区获得中国驰名商标、广东省著名商标称号名录

表6

商标注册人	商标名称	获得称号	核定使用商品名称
量子高科（中国）生物股份有限公司	量子高科+图形	中国驰名商标	天然增甜剂（低聚糖）
江门市快事达胶粘实业有限公司	快事达+图形	省著名商标	工业用粘合剂（有机硅酮密封胶）
量子高科（中国）生物股份有限公司	欧力多	省著名商标	天然增甜剂（低聚糖）
江门市科恒实业股份有限公司	KH+图形（延续）	省著名商标	荧光粉（灯用稀土荧光粉）
量子高科（中国）生物股份有限公司	量子高科+图形（延续）	省著名商标	天然增甜剂（低聚糖）

江海区个体工商户发展情况表

表7

项　目	2012年	2013年	增减数	增减百分比
户数（户）	10284	10122	-162	-1.58%
从业人数（人）	20524	19728	-796	-3.88%
资金数额（万元）	18711.16	17864.29	-846.87	-4.53%
按行业分				
农、林、牧、渔业	34	33	-1	-2.94%
采矿业	0	0	0	0.00%
制造业	1681	1700	19	1.13%
电力、燃气及水的生产和供应业	0	0	0	0.00%
建筑业	231	235	4	1.73%
交通运输、仓储和邮政业	1084	766	-318	-29.34%
信息传输、计算机服务和软件业	67	41	-26	-38.81%
批发和零售业	5226	5385	159	3.04%
住宿和餐饮业	650	653	3	0.46%
金融业	0	0	0	0.00%
房地产业	28	27	-1	-3.57%
租赁和商务服务业	134	150	16	11.94%
广告业	8	0	-8	-100.00%

继上表

项　目	2012年	2013年	增减数	增减百分比
科学研究、技术服务和地质勘查业	10	42	32	320.00%
水利、环境和公共设施管理业	2	4	2	100.00%
居民服务和其他服务业	1018	992	-26	-2.55%
教育	1	4	3	300.00%
卫生、社会保障和社会福利业	0	1	1	100.00%
文化、体育和娱乐业	101	88	-13	-12.87%
其他	17	1	-16	-94.12%

江海区私营企业发展情况表

表8

项　目	2012年	2013年	增减数	增减百分比
户数（户）	3511	4056	545	15.52%
从业人数（人）	32775	36597	3822	11.66%
资金数额（万元）	447964.07	565267.25	117303.18	26.19%
按行业分				
农、林、牧、渔业	17	20	3	17.65%
采矿业	3	3	0	0.00%
制造业	1763	2029	266	15.09%
电力、燃气及水的生产和供应业	3	3	0	0.00%
建筑业	136	148	12	8.82%
交通运输、仓储和邮政业	67	83	16	23.88%
信息传输、计算机服务和软件业	41	46	5	12.20%
批发和零售业	1030	1126	96	9.32%
住宿和餐饮业	19	30	11	57.89%
金融业	3	5	2	66.67%
房地产业	98	112	14	14.29%
租赁和商务服务业	136	165	29	21.32%
广告业	10	0	-10	-100.00%
科学研究、技术服务和地质勘查业	94	173	79	84.04%
水利、环境和公共设施管理业	9	12	3	33.33%
居民服务和其他服务业	57	65	8	14.04%
教育	0	2	2	100.00%

继上表

项　目	2012年	2013年	增减数	增减百分比
卫生、社会保障和社会福利业	0	0	0	0.00%
文化、体育和娱乐业	12	26	14	116.67%
其他	23	8	-15	-65.22%

财　政

【国有资产管理】　制定《江门市江海区行政事业单位国有资产处置办法》和《江门市江海区行政事业单位国有资产管理暂行办法》，经区政府批准自4月1日起实施。制定《江海区行政事业单位国有资产报废、报损处置工作指引》和《关于在政府机构调整中行事单位资产清查与移交工作指引》，草拟《江海区区直企业“三重一大”决策制度实施办法》。对空置物业进行维修包装，投入资金62.48万元用于门窗、下水道、水电等维修，盘活出租6套长期空置的物业共12859.63平方米；对部分条件成熟的工业厂房和破旧物业拟订改造升级方案，使资产保值增值，完成年度租金收入990.7万元。争取办理礼乐中学教工2号楼108室等物业过户手续；与住建、国土、地税等相关部门沟通，完善原江南、西区、市区三家城信社部分追收资产相关办证资料，完成办理权证手续。

【地方公共财政预算收支执行情况】　完成地方公共财政预算收入60725万元，为区人大通过预算57985万元的104.73%，超收2740万元，比2012年收入完成数53689万元增收7036万元，增长13.11%。地方公共财政预算支出完成84926万元，为区人大通过预算64546万元的131.57%，比2012年支出完成70532万元增加14394万元，增长20.41%。地方公共财政收入60725万元，加上税收返还、体制下划、上级补助29620万元、上年结余289万元，当年地方财政总收入90634万元。公共财政支出84926万元，加上各项上解支出3646万元、地方政府债券还贷支出1000万元，财政总支出89572万元，总收入和总支出相抵后结余1062万元（其中中央代发地方债券结转下年支出747万元），净结余315万元，全部转入2014年公共财政安排使用。

【财政主要工作】　加强收入征管。受外部经济影响，国内原材料价格、劳动力成本上涨对企业产生冲击，加上房地产调控政策、“营改增”政策等政策性因素，对相关税种收入造成影响。采取应对措施，确保收支平衡。包括落实16项促进财税收入稳定增长工作措施；利用涉税信息交换与共享机制，挖掘税源潜力，清理漏征漏管户，堵塞税收漏洞；强化“营改增”及土地楼市等政策影响研究分析，加大对房产税、城镇土地使用税等地方税种的征管力度；规范非税收入征收和入库工作，做到应收尽收，力促财税收入平稳快速发展。加强财政支出管理，贯彻厉行节约各项规定，压减一般性支出，优化财政支出结构，加大“基础服务”“基本保障”方面的投入，确保各项民生支出和重点支出。加大教育投入，拨付教育资金18452万元；拨付社会保障和就业资金8120万元；拨付医疗卫生资金6241万元，确保全区基本公共卫生服务经费标准人均达到35元以上，落实国家规定的城乡居民医疗保险各级财政补助水平提高到280元的标准。增加一线环卫工人待遇每人每月300元；落实各项支农惠农政策，建立涉农补贴政策信息服务机制，拨付农林水事务资金4463万元；拨付文化体育与传媒资金473万元；拨付人口与计划生育事业资金1493万元，确保财政投入人口和计划生育事业经费人均达到45元以上。强化财政监管，通过财政国库集中支付、预算动态监控、财务集中核算远程监控、政府采购远程监控、公务用车在线监督、启用公务卡系统、资产管理信息系统、推行预算绩效管理等监督管理手段，加大对财政资金使用情况、行事单位资产、政府采购实施情况及公务用车维修、加油、投保情况的监督管理力度。以查促管，开展涉及民生的专项资金联动监督检查、财政票据使用和管理专项检查、会计信息质量检查、政府采购专项检查和内部监督检查，会同区监察审计局在全区范围内开展整治“小金库”、违规使用专项资金专项行动。开展财政监督系统工作规范性自查和廉政风险防控工作。

【完善财政管理体制】 高新区、江海区合署办公以后，市对高新区的财政体制进行调整。到广州、肇庆、中山等高新技术开发区进行调研，深入了解当地财政体制的实施及运行情况，借鉴广州、肇庆、中山等地的经验做法，并结合两区的实际，向市财政局提出调整江门市对高新区、江海区的财政体制的意见和建议，理顺两区合署以后的财政管理体制。

【落实重大财政政策】 1月31日，家电、摩托车下乡优惠政策全国统一结束，3月31日停止补贴录入系统。全年兑付家电下乡、摩托车下乡资金共35.32万元，其中“家电下乡”补贴产品80件，资金2.16万元；“摩托车下乡”补贴产品537辆，资金33.16万元。全区农资综合直补补贴930.58亩，补贴标准每亩74元，补贴资金6.89万元；种粮直补补贴面积930.58亩，补贴标准每亩8元，补贴资金0.74万元。

【税费改革】 江门市下达2013年农村税费改革专项补助，分别分配给外海街道20万元，礼乐街道30万元，减少税费改革以后对基层的影响。

【重点项目支出管理】 配合做好胜利南路、LED博览中心等区重点基础建设项目，争取市财政拨入胜利南路工程资金4805万元。协调督促各项目单位做好融资借款偿付工作，是年偿还本金11904万元，其中胜利南路项目偿还借款3904万元、礼东大桥项目偿还借款1000万元、连海北路项目偿还借款350万元。

【政府债务监管】 根据审计部门统一地方政府性债务口径，调整以后全年江海区地方政府性债务余额18139.41万元。其中区本级6697.60万元，占总债务的97.81%；街道150万元，占总债务的2.19%。

【民生保障支出】 共拨付民生资金29510万元，增长14.82%。其中教育、医疗卫生、环境保护、城乡社区事务、交通运输、国土资源气象等支出分别增长12.43%、20.81%、2802.96%、47%、272%和659.02%。

【收支两条线管理】 3月起，在区财政局、区公证处试点推行非税收入POS机收缴。是年10月，全区共有4个部门使用POS机收缴，进一步提高非税收入的征管效率。

【行政事业资产管理】 全区行政事业单位全面实施资产管理信息系统，实现对资产的动态监管，共办理98项行事单位资产的处置审批，完成区属企业86项资产租赁的审核。开展全区145个在册登记的行政事业单位进行资产年审工作，经审定全区行事单位资产总额8.28亿元、净资产总额5.57亿元、固定资产总额4.71亿元。

【预算编制】 根据高新区实行一级财政管理的要求，高新区与江海区预、决算的编报实行单列编制、合并报批。2014年，高新区和江海区公共财政预算收入共安排80647万元。地方公共财政预算收入加上预计省市税收返还款和上年结余，减去各项上解款以后预计可支配财力共为86836万元，拟全部用于安排支出，即公共财政预算支出共86836万元。其中高新区公共财政预算收入安排13546万元，同口径对比增长17%。根据高新区2014年的收入情况，安排高新区13部门行政经费500万元支出后，按照市与高新区的财政管理体制，公共财政支出相应安排13046万元。江海区地方公共财政预算收入安排67101万元，比2013年增收6376万元，增长10.5%。地方公共财政预算收入加上预计省市税收返还款、上年结余减除各项上解款后，预计可支配财力73790万元，拟全部用于安排支出，即公共财政支出相应安排73790万元。

【国库管理】 全面启动公务卡系统，实现财政、银行横向专线联网。通过财政、银行横向联网，实现授权额度和财政直接支付、预算单位授权支付申请实时传到代理银行，代理银行支付清算信息及时反馈至财政支付系统，保障预算单位资金快捷无误支付。

【基金管理】 基金收入3408万元，其中残疾人就业保障金632万元、城市公用事业附加（电费附加）1378万元、福利彩票公益金312万元、地方教育附加974万元、新型墙体材料基金112万元。基金收入加上上级补助2313万元和上年结余1035万元，全区基金总收入6756万元。基金支出5266万元，总收入和总支出相抵后结余1490万元，全部结转下年支出。基金专款主要用于残疾人事业、城市公用事业、社会事务、教育等有关方面的支出。

【财政监督检查】 全年检查68个行政事业单位和5个内设股室，纠正违规金额33.24万元，追回“小金库”违规资金并上缴国库7.36万元。开展完善专项资金监管机制调研、财政监督系统规范性自查。

【政府采购管理】 首次尝试将特许经营权项目纳入政府采购。实行政府采购全过程监管，加强合同履约跟踪，开展政府采购执行情况专项检查，规范采购行为。落实节能、环保采购政策，全年节能产品采购金额482.91万元。实施政府采购项目101个，政府采购规模2535.53万元，通过政府采购，节约财政资金315.88万元，资金节约率11.08%。

【财政投资评审】 累计支付工程资金285笔、35835万元。共审定工程预算23554万元，核减3223万元，核减率12.03%；审定工程结算3257万元，核减70万元，核减率2.1%。主要完成富民东路工程、南湖绿化工程、连海苑小区工程、连海北路工程、横沥河整治工程、改善白水带风景区及周边改善农业生产条件项目工程等。

【会计管理】 全年办理会计从业资格证480个，办理会计人员有关资料调入和调出78人，办理会计从业资格证书遗失补办手续14人、注册登记2人、变更信息3人。共有800人报考会计专业知识考试，549人报考初级电算化个人考试。承接市下放组织会计从业资格考试工作，组织第一批72人参加考试，办理444人参加2013年度全国会计专业技术资格考试的报考工作。

【财政核算中心】 2月，江海区直行政事业单位原纳入江海区会计核算中心集中统管的会计核算工作退回单位，由各单位登陆江海区行政事业单位财务信息系统进行会计核算，实行江海区直行事单位财务信息集中监管。3月，区直各单位分三批完成上线工作。4月，江海区会计核算中心全面完成账务资料的移交工作。江海区会计核算中心工作重心转向会计核算指导和监管，为完善财务监督管理制度，制定《江海区财政局财务管理信息系统管理规范》和《关于加强区直行政事业单位财务管理的意见》等相关管理规范、操作细则。

国　税

【概况】 组织工商税收收入87103万元，增长17.93%，增收13246万元。其中增值税收入64915万元，增长9.15%，增收5441万元；企业所得税收入22033万元，增长55.07%，增收7825万元；剔除免抵调库，实现直接税收收入78503万元，增长21.23%，增收13746万元；实现区级一般预算收入10759万元，增长19.11%，增收1726万元。全年办理出口退（免）税25955万元，其中出口退税16855万元，增长4.76%。

【税收管理】 对15户企业开展企业所得税税源调查工作。开展2012年度企业所得税汇算清缴工作，汇算清缴增加1356万元，增长64%。落实新出口退（免）税管理办法，简化退税申报流程，加快出口退税办理进度，提高退税审核效率。推行全新的来料加工免税操作规程，对区内60多户相关企业进行培训。探索对非居民企业股权转让所得征税的新路子，完成首例非居民企业股权转让所得预提所得税的征收，全年办理该业务3笔，实现企业所得税200万元；利润再投资预提所得税1笔，实现企业所得税90万元。配合工商部门做好个体转型升级工作，帮助个体经济和小微企业提升发展。规范注销税务登记工作流程，落实征、管部门三级管理负责制，强化一般纳税人注销税务登记管理。

【税收执法和内部管理】 开展年度税收执法督察工作，结合征管资料对420条疑点信息进行核查，进一步深化税收执法管理信息系统的应用，加强对执法过错行为的事后跟踪追责处理和申辩调整工作，考核正确率99.99%。提升RED系统应用实效，建立风险监控点的每月分析报送制度，对执法行为实行预警提醒，有效降低和避免执法风险。开展税收执法自查及清理工作，清理有效税收规范性文件12件，全文失效或废止文件55件，部分条款失效或废止文件8件。

【发票管理】 1月1日起，全面取消税务发票工本费，全年共供应发票3479户，减免发票工本费42.36万元。全面开展网络发票管理系统

CPU卡清理工作，共移交CPU卡570张。进一步强化用票单位及个人的发票购领、开具和缴销管理，重新测算发票使用量，规范发票管理。

【纳税服务】 建立一套涵盖税法宣传、办税服务、纳税咨询、权益保护以及考核评价五大领域的纳税服务规章制度。3月，对部分上门办税业务试行“免填单”服务。4月，设置24小时自助办税区，为纳税人提供全天候办税绿色通道。第三季度，推行出口退税跨区预审服务。全年共办理民政福利、资源综合等企业即征即退增值税686万元；为26户纳税人办理增值税减免税备案，免税额7254万元；为14户企业办理企业所得税优惠，共减、免所得税税额1269.7万元。

【税务信息化】 1月，全面推广CA数字证书网上办税业务，是年共有2317户纳税人使用CA证书。完善“江海国税查询系统”功能，开发腊味行业专项模块组，增加税负查询、企业所得税档案管理表、季度所得税环比变动率三个新模块。开展“金税”三期工程推广工作。推广使用税务综合办公信息系统并于12月上线运行。

【营改增政策完善】 对“营改增”（营业税改为增值税）企业进行回访服务，收集纳税人的反馈和建议，帮助企业解决困难；按月、季和年度，分期对行业“营改增”实施总体效应进行综合分析，关注在试点实施过程中可能存在的风险点，防范征管风险；贯彻落实“营改增”试点改革过渡性财政扶持政策，制订申报指南，指导纳税人办理财政扶持资金申请；跟踪“营改增”试点纳税人税负变化情况，加强效应分析，开展专项评估并总结经验。

【推行管户制向管事制转变】 7月，税源管理一股个体组取消“管户制”（管户为主），试行“管事制”（管事为主），打破管理员对纳税户各事统管的局面。实施“管事制”以后，每月新办“双定户”中，达起征点的户数比例由之前的35%提高到50%以上；全年实现个体税收入库2225万元，增长23.89%，其中申报实现税收增长36.67%；共对259户纳税人进行实地巡查及评估审核，查补税款增长1.29倍。

【纳税评估和专项检查】 抽调5名业务骨干组成纳税评估小组，对16户企业进行重点评估，完成检查的7户企业共查补税款11万元，滞纳金2.15万元。组织开展灯饰、腊味行业税收专项检查，查补税款及滞纳金756.38万元。对利生车城的户籍管理信息进行实地核查和巡查，选取该片区内一户税负较低的汽车企业开展评估，该片区的应纳税额增加110万元，增长1.42倍。开展出口供货企业税收检查行动，共计补缴税款207.95万元，调整企业所得额388.09万元。

地 税

【概况】 全国经济社会处于转型发展阶段，地税税源不同程度受到经济波动影响。围绕落实税收优惠政策，提升征管质效和纳服质量，加强绩效管理、内控机制建设，克服经济增长放缓、2012年同期基数抬升及“营改增”等因素的叠加影响，首次实现税收总量超10亿元。全年累计组织税费收入193765万元，增长12.91%，增收22157万元。组织地方税收收入103043万元（不含省固定收入311万元），增长

14.62%，可比增长17.83%（剔除“营改增”因素），完成税收计划的107.84%。其中市区库收入64488万元，增长15.55%，完成税收计划的106.77%。组织区级公共财政预算收入32922万元，增长15.51%。全年共征收社保费75990万元，增长9.01%，征缴率99.22%。组织各类费金90411万元，增长11.01%，增收8965万元。

【依法治税】 做到依法征税，应征尽收，落实各项税收优惠政策，做好结构性减税工作，全年按政策办理各项减免税5359万元，其中办理中小微企业所得税税收优惠473户次。国家重点扶持的高新技术企业低税率优惠减免企业所得税999万元，小型微利企业所得税减免66万元。暂免征收部分小微企业营业税累计759户，免征营业税28.35万元。

【税收信息化】 完善自助办税服务体系，建立24小时自助办税厅，设立3台自助缴纳车船税办税终端，完成自助缴纳车船税功能上线应用，新增打印社保清单、短信定制、自助缴纳社保费等功能。在参选区府工作创优项目评选中，24小时车船税自助办税服务厅项目受到好评，在25个参选单位中位列全区第六名。推广CA电子办税服务厅，制定推广CA电子办税服务厅的工作方案，做好每月推广户数的计划安排，加强推广培训，增设临时申请办理点、开通受理专窗，方便纳税人，共动员594户企业开通电子办税服务厅。该项工作在全市地税部门的排名位列第三位。

审　计

【审计成果】 共完成审计项目23个，审计查出管理不规范金额1.6亿元，提出并被接纳合理化建议18条，提交审计报告21篇。

【财政审计】 对区本级2012年度预算执行和其他财政收支情况进行审计，查出管理不规范资金总额1398.4万元，提出审计建议5条。查出问题包括个别基金年度预算未落实到项目和单位；个别单位剩余用款额度高，未能及时执行年度预算，影响了财政资金的效益；至2012年末还有1297万元行政事业性收费收入留存在财政专户，未及时缴库纳入预算管理；个别专项资金沉积在财政专户，资金效能未能充分发挥等。2012年末，财政预算暂付款余额23882万元，余额较大，清理成效不佳；各专项账户累积应收未收的借出款、暂付款项19106万元，未能按《财政周转金呆账处理规定》和有关规定进行妥善处理。对乡镇财政审计方面，查出预算收支计划编制不够全面，追加预算审核程序欠规范，往来款挂账未能及时清理，财政预算执行出现赤字，完工基建项目没有及时办理竣工决算以及会计核算不规范等现象。

【经济责任审计】 年内，对14名领导干部进行经济责任审计，查出管理不规范金额12851.21万元。经济责任审计工作中，发挥联席会议作用，完善操作层面上的方式方法，审计职能从重监督向监督与服务并重转变；审计内容根据不同的审计对象，相应制订不同的审计方案，增强经济责任审计的针对性；审计评价在关注资金运行的真实性、合法性的基础上，尝试进行效益性的评价；审计技术方法着力支持和推进审计创新，提高审计质量和审计效率。

【专项审计】 开展专项资金审计，先后完成江海区2012年城镇保障性安居工程跟踪审计、LED博览交易中心及连海北路工程项目审计、礼乐虾饺滘电排站工程项目审计、江海区2013年广东扶贫济困日活动捐赠款物募集和使用情况审计等。

【预算执行审计】 查出部分单位存在预算外收入没有或未能及时上缴财政专户，建成交付使用的办公楼未能及时结转固定资产，购置固定资产未能及时入账，盘亏固定资产未能及时清理，内部管理制度不够完善或健全，往来款未能及时清理，会计核算欠规范等现象。对2012年度预算审计除了加强对预算收入、分配、管理和使用情况审计以外，还到相关部门和企业延伸审计资产收益的真实性、新农保资金划拨、发放及时性以及企业技改项目效益性，通过审计揭示财政资金管理中存在的问题，并从体制、机制、制度层面提出切实可行的建议和意见。与区财政局全区范围内联合开展“小金库”专项治理检查工作，重点检查单位56个，发现2个单位存在“小金库”现象，辖区部分小学存有涉嫌形成“小金库”的问题，部分单位财务管理方面存有违规和管理不规范的情况等。加大对政府工程项目事中审计力度，对LED博览交易中心工程、法院办公大楼等建设中的工程项目进行审计，查出未按照立项项目分项核算建设成本、其他建设项目占用LED博览交易中心及连海北路工程项目资金、拆迁工作管理费存在超计划进度使用情况，资金筹集未能到位，施工、监理单位日常管理存在不到位等现象。

城乡建设

基本建设

【重点项目建设】 广中江高速公路征地拆迁项目为市重点建设项目，广中江高速公路（江海段）征地拆迁工作基本完成，签订协议补偿面积402847.33平方米；办理交地手续面积372843.33平方米；拆迁总量70195.12平方米，签订拆迁补偿面积59473平方米。项目年度计划总投资2亿元，累计完成投资2.7亿元。

中沙水闸重建工程为区重点项目、十项民生项目之一，工程概算投资700.66万元，土建工程中标价524.6万元，完成水下工程部分、两侧引堤段浇筑、回填土等。

明泰房地产（江海新城）的规划方案报市规委会审批，进行单体初步设计；明泰二路道路工程取得工程规划许可证；完成补缴5700万元的土地增容费。

鹿茵酒店A区封顶，进行室内砌墙施工；B区完成基坑支护施工；C区完成地下室底板捣制。

胜利南安置小区银城花园7－10号商住楼和3号商铺土建工程及配套设施建设完成，进行住户门窗安装和小区绿化等工程；小区的强电由于配电房规划选址变更以及使用银城花园一期剩余配电变压器安装问题，与江海供电局协调办理手续并签订《供用电方案协议》，进入配电房设计和报批安装程序；渔山小区完成石方开挖工程招投标前期手续。

【村镇建设】 外海街道麻二村、礼乐街道武东村被列入宜居村庄创建试点。外海街道麻三村，礼乐街道雄乡村、镇龙村完成整治规划编制；外海街道麻一村，礼乐街道雄乡村、镇龙村完成整治工作。全区共投入整治资金762.8万元，建设道路7.14公里，改造排水渠19.2公里，改造危房6间。

【建筑工程招投标】 严格执行《关于加强江海区工程建设项目招标投标受理的意见》，进一步规范受理镇村集体资金投资100万元以下的小型建设工程项目。进入江门市建设工程交易中心江海窗口招投标的建设工程共有6项，最高限价合计357万元；中标价合计340万元，中标下浮率4%，节约资金17万元；在江门市建设工程交易中心交易的建设工程共有11项，最高限价合计3907万元，中标价合计3671万元，中标下浮率6%，节约资金236万元。

【建筑工程质量安全】 通过举办建筑施工现场观摩活动、开展安全事故演练、企业约谈等方式，提高建筑施工安全生产、突发事件的处理协调能力，防止质量安全事故。全年区属建筑业企业实现建安产值4.7亿元，发放施工许可证185项，建筑面积212.5万平方米，工程造价28.8亿元；办理工程竣工备案53项，建筑面积75万平方米。

【建筑节能】 严把建筑节能设计审查备案关，落实建筑节能政策和执行标准规范，推动建设绿色建筑，推广应用新型墙材和散装水泥。完成建筑节能备案190宗，民用建筑能耗调查3宗，审核返退散装水泥专项资金10宗，返退墙材专项基金23宗，记录40项工程现场使用新型墙材情况。推进绿色建筑建设和评价标识工作，在“十二五”期间建议对政府投资的保障性住房、学校、医院、体育馆等公益性建筑以及酒店、商场、写字楼等公共建筑率先使用绿色建筑评价标识，并在立项阶段按照绿色建筑的标准进行设计。开展可再生能源工程应用试点工作。

【房地产开发和管理】 贯彻执行国家、省、市房地产市场调控政策，做好新建住户价格控制目标和稳定房价工作。全区新建房地产项目面积119万平方米，增长198%；建设规模以9—28层的小高层、高层为主。商品房完成投资19.8亿元，增长85%；销售面积24.47万平方米，下降3.15%；销售金额15.02亿元，上升6.99%；平均房价每平方米6140元，上升10.47%，环比下降0.13%。

【勘察设计】 编制江海区住房和城乡建设局的《大中型建设工程初步设计审查办事指南》，公开申报大中型建设工程初步设计审查程序，增加透明度。为加强对深基坑支护设计的管理，要求危险性较大的深基坑支护设计组织专家论证以后，设计单位按照专家组意见修改的设计文件要通过审图中心审查方可实施。组织参与江海区人民医院边坡支护设计方案论证、中国（江门）国际绿色光源博览交易中心C、D区深基坑支护设计方案论证、江门市江海区外海改善白水带及周边改善农业生产条件项目K0+700—K1+200路堑边坡稳定性评价等，加强对专家论证意见在设计中的落实情况的监督。

【住房保障】 推进续建公租房工作，解决城镇低收入家庭的住房困难问题，包括外海街道四大股份合作经济联合社投资建设的125套宿舍楼验收备案，广东德力光电有限公司投资建设的167套进入装修阶段。完成全年住户保障工作目标任务，江门市雷斯诺照明有限公司宿舍楼188套进入装修阶段。完成审核公共租赁住户（含廉租住房）保障资格申请173户、廉租住房资格年审74户、廉租住房实物配租9户，发放租金补贴共3.37万元。

【水利基本建设】 中沙水闸重建工程，工程概算投资700.66万元，完成水下工程部分、两侧引堤段浇筑、回填土等。

横沥水闸改（扩）建工程，工程设计总装机容量840千瓦，概算投资2048.72万元，土建工程中标价1315.09万元，主体工程、高压配电工程、自动清污机安装工程、围墙和排水设施等配套工程全部完成。

虾蛟滘电排站重建工程，工程设计装机容量900千瓦，概算投资1829.41万元，土建工程中标价1161.4万元。

江新联围外海堤段穿堤建筑物除险加固工程，工程中标价69.57万元，年内开工建设，建设项目包括对石洲水闸、石洲电排站、横海南水闸、横海南电排站、壳滘水闸、金溪二闸和金溪电排站等水工程建筑物进行灌浆加固及堤防修复，完成全部工程。

小型农田水利工程建设计划涵盖滘头小海河疏河工程等21个项目，包括清淤河道10余公里、新建泵站4座、新建或改建水闸4座，工程估算造价合计252.89万元。

【水资源管理】 贯彻落实中央、省、市最严格水资源管理制度。按照水资源用水总量控制、用水效率控制和水功能区限制纳污“三条红线”目标，严控用水总量过快增长、入河排污总量，把用水总量、用水效率控制在指标范围内。投入专项资金完成水资源实时监控管理系统建设，对11家用水企业安装取用水计量表监控设备，加强对用水企业的监督管理。加强对沿河堤企业排污口的排查监督，严格水功能区限制纳污。组织开展清除河面“水浮莲”、垃圾、河堤杂草专项行动，减少水面污染。

【三防工作】 强化组织汛前、风前检查，做到早部署、早准备、早落实，成功抗击“尤特”“潭美”“天兔”等强台风及暴雨对江海区的影响，在汛期组织巡查堤围、水利工程3800人次。加强防汛物资配备工作，完善防汛物料补充，储备块石7242立方米、碎石5634立方米、砂3559立方米、编织袋68960个、桩木5731根。建立以基层干部、民兵、保安员为主的防汛抢险队伍5支共1343人，民兵轻舟机动抢险应急分队1支。

2013年新开发商品房一览表

表9

企业（楼盘）名称	计划总投资(万元)	本年完成投资(万元)	房屋施工面积（平方米）	住宅销售面积(平方米)	住宅销售金额(万元)	住宅均价（元/平方米）
东华房地产开发有限公司（天鹅湾）	70000	32309	309134	50152	28904	5751
外海房产住宅发展公司（外海商住楼）	—	—	—	68	7	1029
外海城市建设综合开发公司（海逸华庭）	55000	2094	—	964	499	5176
外海城市建设综合开发公司（怡德苑）	630	301	5065	934	395	4229
金海置业有限公司	5000	—	—	—	—	—
礼乐建委房地产实业公司（文昌花园）	14538	—	—	5997	2709	4517
礼乐建委房地产实业公司（文昌花园127-150幢）	24000	8081	91445	—	—	—
礼乐建委房地产实业公司（文昌花园乐雅苑）	17920	9312	54395	—	—	—
滘北建设开发公司	—	—	—	6103	2819	4619
柏嘉房地产开发公司（柏嘉阁）	—	—	—	—	—	—
银泉房地产开发公司（翠湖湾）	36000	8314	99673	21509	11787	5480
翠鸣苑房地产开发公司（翠鸣苑）	—	—	—	280	44	1571
华茵堡开发有限公司（华茵堡）	23000	—	—	—	—	—
华丰房地产（银城花园）	—	—	—	—	—	—
良浩房地产（高新小区）	8820	741	33353	7344	2853	3885

续上表

企业（楼盘）名称	计划总投资(万元)	本年完成投资(万元)	房屋施工面积（平方米）	住宅销售面积(平方米)	住宅销售金额(万元)	住宅均价（元/平方米）
江门市世家置业有限公司（帕佳图观园）	6545	4500	24867	11728	6075	5180
帕佳图房地产开发有限公司（尚品）	32029	150	40035	19508	10773	5522
碧桂园房地产开发有限公司（江海碧桂园）	160000	38567	222948	39614	24675	6229
碧桂园房地产开发有限公司（江海碧桂园）三期	90330	1949	294179	—	—	—
华茵绿洲房地产开发有限公司（瑞华小区）	15000	1227	10555	3147	1545	4809
半岛华庭房地产开发有限公司（半岛华庭）	48006	6692	162828	10774	6169	5726
芷琳房地产公司（江海玉圭园）	11000	—	35677	824	336	4078
豪仕（浪琴湾）	10560	3558	24586	3783	2064	5456
豪江房地产（君汇熙庭）	83533	9655	57044	8332	5406	6488
香港建设（奕聪花园）	114837	22650	115593	20356	14268	7009
宝得华（乐陶苑）	—	—	—	—	—	—
泰山房地产（江海海伦湾）	68350	14590	238632	84446	56236	6659
江门市润基置业有限公司（海瀛雅苑）	6500	155	12427	4273	2059	4819
江门市汎港凯旋房地产开发有限公司（凯旋堡住宅小区）	20000	5639	4467	—	—	—
江门市江海区海逸名苑房地产开发有限公司（翡翠华府）	26153	15000	99154	—	—	—
中国（江门）国际绿色光源博览交易中心	400000	47080	448247	—	—	—
江门市万隆投资发展有限公司（万隆小区）	5850	934	17932	—	—	—
江门市新恒大经贸有限公司（乐雅居）	7500	4900	12323	—	—	—
江门市合盈地产有限公司（格林春天豪庭）	49278	14200	80917	—	—	—

城市管理

【基础设施建设和维护】 全面完成永康北路工程(裕泉街一五邑路段)，永康北路全长320米、宽40米，道路中间设2米绿化分隔带，两边各设11米机动车道和8米人行道。推进金瓯路、富民路建设。完成中沙路、金星路、龙湾里、滘头中心路和江礼路桥梁道路改造工程。道路LED亮化美化工程，主要完成东海路、江海路、金瓯路等主、次干道立柱钠路灯改为LED灯2927盏。维修道路面积1613平方米、新建道路工程1165平方米。完成更换砂井套76套、沙井盖12个，清疏砂井904个，维修、新建砂井41个，维修、安装四方装置27个，维修运身渠114.7米。

【城市建设管理监察】 创新城市管理模式，数字化城管指挥中心建成监控中心平台，并与市城管局指挥中心联网使用，推进“数字城管”建设。在外海街道中华大道幼师门前、麻三商业街、高新西路商业街、江翠路（建行门口）、中环广场、白水带体育公园门前、礼乐街道墟镇中心等地段设置高清视频监控点7个。完成实景化数据普查，实景化数据普查的建成，有利于准确定位，查处城市管理物(部)件。

【环境卫生清扫保洁】 实现城乡生活垃圾无害化处理9万余吨，城区主、次干道机械化清扫率100%。完成新建或改造垃圾中转站8座、公厕6座，新安装果皮箱450个。推行生活垃圾分类试点，选取江南街道为先行先试区域，推进有害垃圾分类收集。

【污水处理厂建设】 江海污水处理厂龙溪泵站征地拆迁工作全面完成。推进江海生活污水处理厂配套截污管工程（二期）和礼乐片区污水管网工程建设。

【创建卫生城市】 巩固全国文明城市创建成果，共派发宣传单张和通知共1.3万份，为全区2050户商铺建立“一户一档”的执法管理档案。组织集中开展大规模、持续性的市区商铺店外占道经营专项整治行动，重点整治7类违章行为：店外占道经营与占道生产加工、占用道路维修、清洗车辆及汽车美容、无证照违章占道餐饮点、各种违章占道堆放物、利用流动车辆占用路边进行商品销售、集贸市场出入口流动摊档乱摆乱卖和超范围占道经营。

【园林绿化】 实施“森林围城，树林进城”绿色行动，投入1800多万元用于绿化绿建，完善主要道路增种大规格乔木的绿化升级任务。共种植各类树木16000多株、灌木10万多平方米，建成区绿化覆盖率43.01%，绿地率41.02%，人均公园绿地面积17.2平方米。升级改造社区公园，完成东华桥立体绿化，完成白水带新绿道山体护坡复绿工作。

【绿道建设】 完善外海西江边绿道建设，包括完成龙光塔至茶庵寺段绿道绿化复绿建设，沿路两旁种植沉香1000棵、爬山虎1万棵，边坡复绿20万平方米。完成礼东生态绿道绿化建设，种植各类乔木、灌木1000棵。完成睦洲水道堤岸绿道绿化建设。

【户外广告管理】 组织对江海一路、二路、东海路、新中大道、江翠路等主干道的户外广告进行联合执法整治，拆除私自设置的各类广告牌120多宗。制订户外广告整治计划，督促400多户未交纳户外广告资源场地占用费和到期未申办续期手续的业主缴费和补办手续，受理新办和续期户外广告申请210宗。

【城管综合执法】 查处卫星图斑违法建设，立案调查18宗，处理结案3宗，其他违法建设图斑进入调查处理阶段。查处违法用气企业，立案处理江海区华星液化石油气有限公司违反《广东省燃气管理条例》充装非自有产权瓶和充过期瓶一案，对当事人处以5万元罚款，查判废过期瓶6只。组织巡查河道30次，查处堤围滩地违章构建物13宗。对不按规定堆放砂石的外海石咀砂石场、滘头砂石场、礼东砂石场、礼乐仙贤砂石场、勤业砂石场和风顺砂石场等6家砂石场进行查处，发出责令整改通知书。

【燃气安全监督管理】 采取检查监管、宣传培训和加强审批相结合的措施，加强燃气安全监管。制订《江海区燃气大检查方案和燃气安全应急预案》，组织检查餐饮、厂企饭堂、车间等用气场所273家，查出违反《燃气管理条例》的安全隐患473项，即时整改隐患397项，整改率78%，并不定期对已检单位进行复查，跟踪隐患整改落实情况；向燃气企业、用气单位派发燃气安全使用小册子及宣传画报1000余份，利用义工服务、上门答疑、电话咨询等方式为群众解答燃气安全使用相关问题；完成华宇石油气公司瓶装气供应站燃气经营许可证审批2项，完成江海区华星气站企业法人及燃气经营许可证换发审批2项。

国土资源管理

【土地开发】 安排新增用地指标的20%—25%消化解决农村自留用地历史遗留问题，年内上报的新增建设用地规模中安排指标22.3%。涉及江门高新区的2000万元资金按计划实施。加大闲置土地处理力度，完成相关项目土地的盘活工作。会同市国土资源局拟订处置方案并报市政府审定。开展土地利用总体规划修改研究工作，拟订重大项目并提出修改方案，沟通上级部门以推进修编工作。

【土地执法监察】 对2012年度土地卫片检查中发现的违法违规用地开展整治工作，按照《查处土地违法行为立案标准》对违法用地全部作立案查处，发出《土地违法案件行政处罚决定书》《责令改正国土资源违法行为通知书》，按时完成执法检查工作。做好规划监督检查，配合住建部开展规划督察工作，每月上报规划报建项目，做好卫星图斑的资料收集、解释工作。

【农村集体土地确权登记】 以做好国土管理和维护农村集体权益为重点，完善集体土地确权登记发证工作。全区完成集体土地所有权登记发证929宗，面积6383公顷；集体建设用地使用权初始登记12365宗；宅基地使用权初始登记29995宗，并建立集体土地所有权数据库，完成所有权地籍档案数字化扫描。有关工作成果通过县级自查、市级验收和省级检查。

【高标准基本农田建设】 根据省、市下达的高标准基本农田建设任务和“缺什么、补什么”的原则，江海区2012年高标准基本农田建设任务为80公顷。经过摸底、选点和测算，并综合考虑资金投入、建设规模、建设标准等因素，会同有关部门联合商定，项目划定在礼乐街道镇龙村、威西村，完成项目的立项和招标工作并动工建设。

【推进三旧改造】 2010－2013年，有效推进的“三旧”改造项目共有17个，其中通过项目认定审批14个、通过实施方案审批9个；14个项目改造面积合计2386亩，总投资95亿元。

规划管理

【综合发展规划】 考虑到江门高新区、江海区合署办公以后原功能布局需要重新整合，多次召集综合发展规划工作会议，加强与中国规划研究院深圳分院的沟通联系，要求其根据两区规划调整意图修改规划方案。年内，完成修改深化的规划方案的探讨研究并征求相关部门意见报市规委会审议。

【规划编制、规划研究】 完成江珠北延线项目选线及有关交叉口互通规划；完成礼乐街道乌纱村、武东村地段控规编制初步设计方案；开展礼乐街道礼西片区的控规编制工作；江睦路、南山路等市政道路的规划红线正在审批。开展重点城建项目规划研究，包括江珠北延线跨五邑路交叉节点和外海出口与南山路城市道路的交通衔接，江海区城市综合发展规划市政专项和江中高速外海互通设计方案研究。

【规划综合业务】 共办理各类规划业务656件，其中建设项目选址4件，设计条件（含道路）41件，修建性详细规划76件，核发建设用地规划许可证22个（规划用地面积27万平方米），规划意见11件，规划变更1件；建筑设计方案97件，核发建设工程规划许可证49个（建筑面积37.4万平方米），放线验线33件，竣工验收29件，工程变更40件，临时建筑3件；核发市政类建设工程规划许可证62个；办理农村民房规划用地项目231宗。查处违章案件11宗；代征市政设施配套费4556万元。江门高新区共审理并核发“工程规划许可证”81个，总建筑面积69.57万平方米，新开工企业17家，新开工面积31万平方米；组织规划验收企业38家，办理规划验收54万平方米。

环境保护

【建设项目环评审批】 执行国家环保法律法规和方针政策，严把环保准入和建设项目环保验收关，做好管理权限内环评审批、环保验收等工作。共办理建设项目环评审批72项；“六种行业”（饮食、酒吧歌舞娱乐、机动车维修、机动车清洗、废品回收、建筑装修材料）联合审批260项，否决选址不当的餐饮项目；严格验收项目污染防治设施和运行处理效果，完成“三同时”（设计、施工、投产使用同时）验收项目30个。

【主要污染物总量减排】 根据市下达的年度减排任务，配合市环保局完成江门生物技术开发中心有限公司废水处理等9个减排项目；完成农业畜禽养殖业的环境统计并做好数据审核工作；开展污染减排现场核查工作。深入开展水环境综合整治工作，按照潭江流域污染整治的工作要求，配合有关部门开展工业水污染防治、生活污水处理厂及集污管网建设、畜禽养殖业污染控制、河涌清淤保洁等工作。

【排污许可证审批和排污费征收】 是年起，全区“六种行业”项目全面使用省环保厅统一制定的“广东省污染物排放许可证”；对需要年审或变更的“六种行业”项目全部进行现场检查，重点检查污染防治设施的运行情况，对不符合要求的责令整改。共核发排污许可证431个，其中年审换证326项、变更35项；全区排污费征收统一使用《广东省市县非税收入管理系统》，由缴款单位到财政部门指定的商业银行缴纳排污费，减少中间环节，使排污收费工作全面接受财政部门的监督。按照《排污费征收使用管理条例》的要求完成排污申报登记、排污费核定与征收等工作，加强排污收费的信息化管理，定期向上级部门报送排污费季度和年度报表，共征收“六种行业”项目236家、排污费20万元。

【环保信访】 针对群众反映的污染问题，按照环保相关法律、法规依法查处，并及时把处理结果回复市热线办和信访人。共受理“12345”政府服务热线转来的群众投诉187宗，其中废气（含油烟）类投诉107宗、噪声类投诉76宗、废水类投诉2宗、其他类投诉2宗，处理率100%。

教文体卫

JIANG HAI YEARBOOK

教　育

【创建优质幼儿园】 推进街道公办中心幼儿园建设和幼儿园“规范促优”工程。确定公办街道中心幼儿园4间，公办性质幼儿园8间，所占比例30%；加大创建规范化幼儿园和等级幼儿园督评力度。年内创建省一级幼儿园1所，市一级幼儿园9所，区一级幼儿园7所。至此，全区有规范化幼儿园26所，比例为65%；有市一级幼儿园16所。德育幼儿园、晶晶幼儿园、七东幼儿园、沙津横幼儿园、文锦幼儿园、武东幼儿园和精英幼儿园7所幼儿园被评为区一级幼儿园。麻三幼儿园、直冲幼儿园、新南幼儿园、滘头幼儿园、盛辉幼儿园、文昌幼儿园以及文锦幼儿园、武东幼儿园和精英幼儿园7所幼儿园通过市一级幼儿园的评估验收，使得全区市一级幼儿园总数达到14所，所占比例达40%。江海区机关幼儿园2013年被评为广东省一级幼儿园。

【民办教育】 坚持“积极鼓励，大力支持，正确引导，加强管理”的方针，对民办学校建立年审和督查制度。针对江海区义务教育阶段学校进城务工人员子女比例过半的实际情况，撰写《进城务工人员子女义务教育问题行动研究》课题方案，该课题目立项为广东省教育科学“十二五”规划2012年度项目，江海区教育科学“十二五”重点课题。全区所有民办学校和部分区外户籍学生相对较多的公办学校参加该课题研究。江海区文昌、博雅、阳光和陈伯坛等4所民办学校在校生5716人，其中小学生4572人，初中学生1144人。

【幼儿教育管理】 学前教育发展良好，学前三年入园率99%，公办幼儿园所占比例30%，规范化幼儿园所占比例60%。通过培训促进幼教队伍素质提高，投入培训经费补助28.8万元，联合江门电视大学举办学前教育大专学历进修班，全区共有72名幼儿教师报名参加，计划2015年完成全部课程。与江门市妇女儿童中心联合举办江海区保育员考证培训班，全区共有149名幼儿教师报名参加考证，有60人通过第一批考证。依托江海区学前教育委员会的平台组织开展各类讲座、培训、观摩、比赛等活动共培训2043人次。

【普及九年义务教育】 完成“普九”和学前教育各项指标，包括小学学龄儿童入学率100%，年辍学率控制为零，小学毕业生升学率100%；初中学龄儿童入学率100%，年辍学率0.2%，初中毕业生升学率99.13%；适龄残疾儿童入学率100%。全区义务教育阶段公办学校标准化学校100%。2013年秋季学期公办小学共招收一年级新生2451人，其中区外户籍新生1055人，所占比例43%；公办初中共招收一年级新生2103人，其中区外户籍新生1077人，所占比例52%。

【普及高中阶段教育】 完成“普高”各项指标，包括高质量普及高中阶段教育，高中阶段毛入学率102.53%，普通高中毕业生升学率91.20%，高中阶段优质学位100%。2013年高考，全区共有915名考生高考入围，入围率84.88%，排列江门市第4名；151名普通类考生考上本科线，8名考生考上重点本科线，全区普通高考本科入围率19.33%。全区普通高中优质学位100%，普通高中招生指标直接分配到初中学校的比例42%。根据省教育厅要求，招生阶段严格执行高中择校生“三限”（限人数、限分数、限钱数）规定。秋季学期，全区两所高中外海中学和礼乐中学共招高一新生1340人，其中择校生195人。

【中小学校基本情况】 全区共有区属公办学校22所，民办学校3所，其中小学16所，初中4所，高中2所，九年一贯制学校3所。中小学在校学生26674人，中小学教师教职工1279人。其中小学教师大专率90.7%；初中教师本科率85.4%；高中教师学历达标率98.2%，具有高、中级职称的906人，占教师总数的77.3%。现有市级名校长1人，区级名校长4人，名教师12人，学科带头人10人。区域内优质教育资源丰富，国家级示范性高中江门一中、国家重点中专江门幼儿师范学校、广东省十佳民办学校江门中港英文学校均落户在江海区。并有省一级学校4所、市一级学校8所、区一级学校12所，规范化学校比例96%,优质学位比例98.5%。

【教学研究活动】 着力建构高效课堂，推进新课程实施专家指导，完善教学质量监测与评价制度，强化学校质量目标责任制，促进学校教学管理，出台《2013年江海区高考奖励方案（试行）》和《江海区中小学教学质量目标暨实施方案（试行）》，形成良性竞争局面。做好义务教育阶段期末测试试题的命题工作，组织参加各类师生竞赛。获国家级二等奖1人，获省一等奖1人，获市一等奖8人；参加2013年全国初中学生化学竞赛和实验能力竞赛，获市一等奖7人；参加2013年广东省中学生物学高中联赛，获省一等奖3人，获省二等奖4人；参加2013年广东省中学生物学初中联赛，获省一等奖2人，获省二等奖5人；参加2013年全国初中数学联赛，获国家级二等奖1人，获国家级三等奖2人，获省一等奖2人；参加2013年全国中学生英语能力竞赛，其中获全国一等奖1人，获二等奖7人，获三等奖19人。

【教育信息化建设】 加强数字化校园建设，建设江海区教育网站1个和全区学校（幼儿园）的门户网站40个，建立江海区教育资源中心及校本资源库40个，教育资源容量超过1000G，教育资源数量10万件。全区教育信息化建设实现学校有门户网站、学校实现电子政务和电子校务，学校建有计算机室、学校有校园网和校本教学资源库、实现“校校通”和“班班通”、教室配备多媒体教学平台、教师有办公电脑、学校与省市基教网互联8个100%。现有3所广东省现代教育技术实验学校，达12%。有3所江门市教育信息化示范校，信息技术应用水平不断提高。

【深化人事制度改革】 深化人事制度改革，做好教师职称评聘工作。申报职称有高级47人；中级93人；初级17人。根据省、市统一部署，面向社会教师资格认定工作，共受理认定55人，其中初中13人、小学18人、幼儿园24人。参加能力测试46人。

【教师队伍建设】 中小学教师招聘大专和本科学历实行竞争性选拔考试，考试分专业技能测试、笔试和面试。年内全区公开招聘研究生学历高中教师20人；中小学教师25人。为引进具有研究生学历（学位）并有志于基础教育事业的专门人才，研究生学历采取试教形式招聘选拔优秀人才，进一步优化全区教师年龄结构和学科配套。

【教师继续教育】 建立省名师工作室江海分站，加强与华南师范基础培训与研究院的合作，借助省级名师力量推动全区名教师（名校长）培养工程。建立3个省级名师工作室江海分站，聘请省级名校长1名，省级名教师11名为工作站主持人。各学科培养7至8名骨干教师，共88名培养对象。完成江门市中学骨干教师北师大华东师大培训32人；教育部乐高技术教育创新人才培养计划项目培训5人；高中教师职务培训420人；国培计划示范性集中培训项目4人；示范性远程培训项目44人；京、苏、粤中青年优秀校长高级研究班1人；专业技术人员继续教育公需课1051人；英特尔未来教育培训项目763人。

【免费义务教育】 城乡同享免费义务教育，初步形成从学前教育到普通高中的财政资助体系。全年免费义务教育范围扩大到全部中小学生，共有50229人次受惠，其中春季和秋季学期分别有23875人和26354人受惠，免收书杂费入学。免费义务教育公用经费补助标准继续提高，包括小学750元、初中1150元，区财政给予免费义务教育补助2196.8万元。学年学前教育资助核实21人受惠，各级财政投入11400元。

【校舍建设与改造】 共投入建设资金1600多万元，建设教学楼1栋和改造运动场2个，其中礼乐第二初中教学楼区级投入250万元，滘头小学新校区改造区级投入350万元，外海中学宿舍楼建设区级投入200万元，礼乐中学图书馆建设区级投入100万元，筹建江海一幼资金160万元，礼贤小学和新联小学运动场地改造投入300万元。投入30万元，完成21所公办中小学校学生直饮水工程；投入50万元，改造4所中小学厨房。

【社区学院】 为贯彻落实国家、广东省中长期教育改革和发展规划纲要，推动全区社区教育的内涵发展，加快终身教育体系建设的步伐，区政府出台创建广东省社区教育实验区实施方案，并于8月1日成立江海区社区学院。社区学院以“构建终身教育体系，创建学习型社会”为发展目标，以提高全民综合素质和文化水平为基本任务，本着“立足社区、服务社区”的原则，以“快乐学习、健康生活”为办学宗旨，形成各类成人教育、青少年教育和职业培训等各类教育资源为一体的社区教育资源中心。社区学院的成立，旨在发挥政府主导作用，依托和利用现有教育资源，调动全社会力量，探索构建具有江海区特色的终身教育体系，发展社区教育，通过多种形式的教育和各种教育培训，建设人人乐学、处处可学、时时能学的学习型社会。社区学院集成人教育、青少年教育、文体休闲教育等多种功能于一体。根据江海区人文历史和经济发展特点组织培训

江海区等级学校概况

表10

街道	学校名称	目前等级	成功创建等级学校时间		
			区一级	市一级	省一级
外海	外海中心小学	省一级	—	—	2003
外海	外海中学	省一级	—	—	2006
外海	银泉小学	市一级	—	2007	—
外海	麻一小学	市一级	—	2007	—

继上表

街 道	学校名称	目前等级	成功创建等级学校时间		
			区一级	市一级	省一级
外海	中路小学	区一级	—	2008	—
外海	麻园中学	市一级	—	2007	—
礼乐	礼乐中心小学	省一级	—	—	2006
礼乐	礼乐中学	省一级	—	—	2007
礼乐	新民小学	市一级	—	2004	—
礼乐	礼东小学	区一级	2003	—	—
礼乐	武东小学	区一级	2009	—	—
礼乐	新联小学	区一级	2009	—	—
礼乐	礼贤小学	区一级	2009	—	—
礼乐	礼乐二中	区一级	2005	—	—
礼乐	礼乐三中	区一级	2005	—	—
滘头	滘头小学	区一级	2005	—	—
滘北	滘北小学	区一级	2002	—	—
区直	华兴小学	市一级	—	2006	—
区直	江南小学	市一级	—	2006	—
区直	市十一中	市一级	—	2002	—
民办	文昌中英文学校	区一级	2005	—	—
民办	博雅学校	区一级	2010	—	—
民办	阳光学校	区一级	2010	—	—
市管民办	中港英文学校	市一级	—	2003	—

文 化

□ 文化事业

【文物及非物质文化遗产保护】 江海区是辛亥革命先驱陈少白的故乡，区内有被联合国教科文组织誉为人与自然最佳结合林的主灌河生态防护林、白水带风景区以及佛教名寺茶菴寺等旅游景点。礼乐龙舟、外海太虚拳、外海面手工制作技艺、外海龙溪诗词、礼乐民谚、佛庄狮艺共6项区级非物质文化遗产名录项目，其中礼乐龙舟、外海面手工制作技艺和外海太虚拳入选江门市第一批和第二批非物质文化遗产名录，礼乐龙舟入选省级第二批非物质文化遗产名录。文物保护单位有陈少白故居（省级文保单位）、陈少白墓、茶庵（六祖寺）、白水带水月宫、外海五大祠、三座石拱桥、马敏卿墓及其马氏祖祠、江门造纸厂旧址共8个，均为市级文保单位。

年内，邀请省市文物专家对外海茶庵寺、白水带水月宫和礼乐跨龙桥等市级文物保护单位进行评估、检测、修葺和验收；根据省文物局要求，以8处文物保护单位为重点，组织开展文物系统安全检查专项行动3次，发现安全隐患2处并发出整改通知要求排查整治。围绕外海太虚拳这一市级文化遗产名录项目，在区内各文体广场、中小学校等地开展各具特色的展演活动，提高人民群众对保护文化遗产工作的认知。开展礼乐传统八色龙舟闹端阳活动，以弘扬“礼乐龙舟”作为省级非物质文化遗产历史悠久的传承项目。通过广播电视站、网站和各村（社区）宣传栏、宣传横额等宣传阵地，对全区文化遗产资源开发和各具特色的内容进行广泛、深入的宣传活动。开展全区第一次全国可移动文物普查资料登记工作，共复核有关单位97个。

【文化信息资源共享工程建设】 开展全区各街道、村居（社区）图书室（屋）、电子阅览室调查摸底工作，为实施全区文化信息资源共享、数字图书室推广和公共电子阅览室建设工程作准备。年内，共建成社区图书室（农家书屋）59家，采购台式电脑60台分期分批发放基层。按照全区文化资源共享工程实施方案要求，至2015年，为全区所有社区文化室、社区（农家）书屋配备电脑设备5台以上，附设有文化信息资源共享工程基层服务网点，具备供居民开展图书阅读、电子阅览等多功能的综合文体活动中心。

【群众性文化活动】 举办2013年高新区、江海区“我们的梦”文艺进企业演出活动2场，结合“中国梦”主题，以文艺演出、互动游戏、有奖问答等形式，把党的十八大精神、创文宣传、科普等知识内容贯穿到文艺表演中；争取共建单位中国移动公司的支持，与电影周放映活动为序幕，打造出江海区文艺下乡演出活动“品牌”。实施江海区农村电影放映工程，共安排放映电影429场次，包括农村电影408场、服务外来工送电影进工厂12场，观众累计61220人次。

【文化馆站室建设】 根据省文化厅关于开展第一次全国乡镇综合文化站评估定级工作的要求，对全区公共文化设施进行全面调查摸底，包括文化馆、各街道文化站以及行政村（社区）文化室的基本情况。在文化站、文化室全覆盖的基础上，开展软硬件设施逐年增加的战略，为争创50%达标工程，除了保持外海特级文化站以外，还推进文化站（室）建设工作，包括礼乐、滘北街道文化站再上一个台阶，要求所有文化站达到省一级的管理水平。

【江海区微学堂】 为推动学习型组织建设，提供多样化的理论学习交流方式与平台，推动学习方式的转变，以拥有超3亿用户的微信平台作为载体，区委宣传部、区文体旅游局、区科学技术协会共同创办开设“江海微学堂”微信公众账号，7月开通运行。“江海微学堂”微信公众账号的固定栏目包括有“学习天地”“科普频道”“文艺荟萃”“轻松一刻”，每周发布2期理论知识、时事热点、科技资讯、文化宣传等内容，以图文并茂信息传送方式提供学习互动平台。通过“江海微学堂”的公众账号，定期发布最新资讯，以文字、图片、视频等方式与用户进行全方位的学习交流和互动，创新开拓干部群众的学习载体。“江海微学堂”微信公众号开通以后，新增用户1000人，方便快捷的学习方式为大众所接受。配合“微学堂”开播，拍摄制作文艺荟萃栏目所需的原创艺术广场舞教学视频、原创歌曲视频、微电影、摄影图片等，丰富“微学堂”的传播内容。

【扶持文化企业发展文化产业】 开展文化企业调研，摸清全区规模以上文化类型企业的状况，支持有发展潜力的企业申请省、市文化产业扶持资金，并为江海区金达玻璃工艺有限公司争取市级文化产业扶持资金30万元，为江海区汇侨文化旅游发展有限公司向市争取动漫产业发展专项资金。为培育文化产业出谋划策，派专人指导、协助新东方文化产业广场的具体策划工作；玻璃企业的文化产品开发；3D画展的引进等。组织推荐江海区2家企业参加第九届中国(深圳)国际文化产业博览交易会，筛选有突出创意设计和文化产业领域中有代表性的文化企业，以“文化+创意、文化+科技、文化+旅游、文化+金融、文化+贸易”为主导，把金达玻璃、裕华墙纸2家具有特色文化创意产业的优质产品资源注入文博会，通过国际文化产业博览交易会的平台，打造江海区文化产业走上世界的国际知名品牌行列。

【3D画展】 9月28日，3D奇幻艺术馆开业，展馆位于礼乐街道新民一路18号2楼，艺术馆展出面积3000余平方米，是目前全国规模最大，珠三角地区首家3D展示馆，馆内共有国内绘画大师创作的80多幅油画作品，是国内多位绘画大师历经数月的油画创作；划分为5个主题分区，分别是魔幻海洋馆、科幻剧场馆、創意趣味馆、江门景点馆、人与自然馆。3D奇幻艺术的历史起源于20世纪70年代风靡欧美的奇幻艺术，打破立体绘制与二维视觉界限，让观者视觉与平衡感产生“错觉”，是一种融合透视学、设计学、几何学和心理学的艺术形式。奇幻艺术把普通的平面介质变成3次元立体介质的视觉效果，把传统绘画概念转变成全新的艺术形式，融入现代科技元素与现代生活元素，达到身临其境的体验。儿童、青年、老年等可轻松参与。通过摆出各种姿势与画面结合拍摄，与艺术作品融为一体，顾客是导演，又是画中的主人公。在奇幻艺术展览馆完全可以使用相机或摄像工具进行拍摄，以发挥顾客的想象力，表演各种有趣的姿态。

【自创舞蹈】 2012－2013年，邱菁萍创作的舞蹈《厨房欢歌》《相亲相爱》代表江门市参加广东省委宣传部、省文联主办的2012广东省首届百姓艺术健康舞展演，获得最佳编创奖。年内，以上两部作品入选广东省文联文化惠民项目《广东省百姓艺术健康舞教材第一辑》，更名为《好日子》《相亲相爱》并在全省范围内推广，成为各地健康舞大赛的曲目。

□ 旅游

【旅游宣传】 重点加强文明旅游宣传工作。在市旅游局的指导下，开展文明旅游宣传活动，推动文明旅游行动，加大对辖区旅行社、旅游景区的创建力度，加强景区内文明旅游引导工作。制作“文明旅游提醒语”宣传画册、折页和公益广告等，在旅行社和旅游包车等地方营造文明旅游氛围，开展文明旅游志愿服务。联系、配合新闻媒体做好文明旅游采访报道工作。

【旅游发展战略】 制定“一公司、两酒店、三景点”的工作策略，包括一个公司，由辖区有实力的集团公司筹建汇侨文化旅游投资发展公司，主要开发和整合江海区本地的旅游资源，做大旅游市场；两个酒店，推动汇侨旅游发展公司下属两间四星级酒店，重点开发游客市场，提供旅游增值服务；三个景点，在江海整合和打造三个旅游景点，即水乡特色的礼乐生态农业旅游区、历史民俗景点和现代前卫文化艺术景点，延伸江海旅游产业链，把江海区发展成为旅游目的地。

【旅游资源整合】 成立文化旅游公司，扶持企业成立汇侨旅游投资有限公司，对全区文化旅游资源进行开发及做好项目策划及投资等配套服务工作，推进江海区工业旅游、农业旅游、休闲旅游的发展。该公司相继设立汇侨旅行社作为公司发展的配套产业链，开办3D梦幻（科普）画展，吸引3万多国内外旅客前来观赏，成为江海区旅游业的突破口。确立陈少白主题旅游项目，与市博物馆研究，聘请省专家组作总体规划，通过专家论证把陈少白故居打造成品牌旅游景点；联合外海商会、旅游专业公司谋划陈少白主题旅游开发工作，并成立陈少白研究会，以陈少白名人效应为核心，少白故居和外海特色美食等资源为拉杆，形成多个旅游项目策划方案。打造文化旅游特色精品。与辖区文化产业公司合力开发区内资源优势并打造成精品，以五大祠、陈少白故居、茶庵寺、白水带等文物古迹为主线，把各种民间艺术工艺、非物质文化遗产项目、人文历史等融入其中，使之成为具有江海区地方民俗特色的文化旅游精品。

【区内旅游景点】 茶庵古寺。茶庵寺又名六祖寺，坐落外海街道五马归槽山麓，始建于明代万历年间。唐代高僧一行禅师，曾结庵小住，名曰“茶庵”。茶庵建成后，经过大小修缮不下十余次。寺内历来供着六祖惠能大师、观音、伽蓝等塑像。寺前筑有“洗衲池”“关刀池”“拜佛亭”“化字炉”以及一石门牌坊。牌坊前面刻有“小朱明洞”四字，后面刻有“佛境”二字，均出自清代名人手笔。茶庵寺后山，有辛亥革命四杰之一的陈少白先生之墓。20世纪80年代初期，市政府把茶庵寺风景区命名为“茶庵公园”，列入江门市风景区之一。1981年以来，市、区政府拨款修葺和扩建茶庵寺，古迹修葺一新，且新建一批亭台楼阁，开设茶厅餐馆，开辟1个可供划船玩乐的人工湖。寺内古木苍翠，环境清幽，曲径亭台，四通八达，如入蓬莱仙境。

白水龙光。白水带风景区有一溪、三泉、五山环抱，总面积700余亩。一溪即麻溪，三泉即红桃泉、龙口泉、涤净泉。五山即大华山、锄头山、松仔山、红桃山、葫芦山。风景区内有丘陵山峰40余座，有溪旁山麓、姻缘石及密密麻麻的鸭脚木、相思树、山松树等百年以上的老树。1985年，市政府拨款新建混凝土公路，竖立前后门楼牌坊，增建亭台石桥，建有餐厅和抱翠画廊。除了原有的水月宫、三圣庙、龙母庙、江天一览凉亭、青云桥、姻缘树、采莲船等遗址古迹外，还增建香港回归亭、澳门回归廊、龙光塔、餐厅等景点和旅游设施。

江南雅韵。江南文化广场位于东海路与江海路交叉口东侧。广场规划用地面积3.3万平方米，绿化面积1.5万平方米，包括表演舞台、健身广场、活动场地、休闲步道等，配套路灯、园林景观、停车场、公厕、化妆间等设施。2005年11月28日，工程开工，2006年春节前完成并投入使用。广场成为居民文体活动、休闲健身和歌舞曲艺荟萃场所。

羽林春秋。礼乐街道礼东主灌河沿岸遍种落羽杉，具有“田成方、林成网、路相通、渠相连”田园风光的现代生态旅游景观。全长4公里的主灌河把礼乐全境分为东西两边，主灌河两岸形成河直、路直、基直、林带直的田园林网化新貌，吸引市民前来观光。1995年，礼东主灌河被联合国教科文组织誉为“人与大自然的最佳结合”。主灌河生态林带由3万多株杉树和少量蒲葵组成，株距不足0.5米，株高平均超过10米，组成一道天然绿色屏障，抗击台风、龙卷风和暴潮的侵袭，保障当地农业生产。主灌河沿线种植蔬菜、水果，被评为“省级农业生态示范区”。主灌河旁边有10多家田园美食餐饮行业，成行成市。

绿海丹心。绿海丹心即江海绿化广场，位于东海路与金瓯路的交会处，规划总面积262.65亩，规划将设置中心广场、图书馆、会议中心、产品展示中心等配套设施。广场内绿树成荫，环境优美，成为市民休闲、散步的地方。

釜山明珠。釜山明珠即釜山公园，位于蓬江河南岸，倚邻白水带风景区，从江门大桥至白水带公园入口处，规划面积10.34公顷，是集生态、景观和休闲于一体的滨江公园。釜山公园建筑格调为开放式的休闲性公园，由釜山景观瀑布、景观平台、中心广场、航模基地、滨江大道及“七大星月”等组成。内设园林小景、滨江走廊、亲水平台、喷泉步道、景观廊、休息廊、花架等，配备音响和路灯灯饰。

少白故居。少白故居位于外海街道南华里，为中国民主革命先驱陈少白自行设计。故居分两处，一桥（白桥）相隔。桥的一边是白园，另一边是1座三合院式的居所。始建于1929年，1931年落成。陈少白逝世以后，其家人多旅居外地，楼宇日久失修。1991年，外海街道对白园和园内的莎萝坪、粥锅亭、瞻云台、三合院和亚字楼等进行修复，并在故居内设立陈少白事迹陈列馆，陈列名人字画及历史文物。

五祠泽香。外海陈氏五大祠始建于清朝咸丰年间，位于外海街道赤岭山下，是外海陈氏宗亲的祖祠，有朝列莘隐陈公祠（始祖）、泉石祠（4世）、桃溪祠（5世）、定息祠（6世）、筠轩祠（3世），统称五大祠。五大祠堂紧密相连，横列成排，面积4100平方米。2000年9月25日，被市政府列入第三批市级文物保护单位。2002年4月27日，由江海区政府移交给外海街道管理。计划把将五大祠修葺改造，使朝列大夫祠作为陈氏的纪念馆，桃溪祠作为外海发展史展馆，定息祠作为民俗风情馆，筠轩祠作为外海文化展览馆，泉石祠作为爱国主义教育展馆。

□ 档案·地方志

【档案馆业务建设】 全年接收档案2008卷（件、张），其中接收文书档案149卷、681件，婚姻档案229卷、808件，纪检档案141卷，光盘85张。拓展档案征集渠道，对区直部门出版的杂志和报纸书刊以及民间族谱进行征集，共征集档案13件。江门高新区和江海区合署办公以后，区档案局（馆）主体由机关大院1号楼四楼搬迁至3号楼的二楼和三楼，局（馆）总面积1664.4平方米，增加220平方米，其中库房747.2平方米，对外服务用房131平方米，业务技术用房205平方米，办公用房92.8平方米，附属用房53平方米，其他435.4平方米。落实专人对档案出入库登记，库房温湿度进行管理，对新增入库及档案在入库前进行全面消毒，共消毒档案7524卷，定期更换杀虫药物和消防设备。添置服务器1台，五层档案柜90套。

【基层单位档案管理】 发动各机关单位申报省级档案综合管理单位，外海中学、礼乐中学

2个单位晋升为省特级机关档案综合管理单位。加强对事业单位档案工作的管理与指导，深入中小学校进行档案管理实地调研。对重点工程项目档案管理情况进行督促和指导，包括到礼乐街道、原区农林水务局等单位了解项目进度，指导归档工作。

【档案执法宣传与专业教育】 加强对各部门档案管理的监督指导，对区委政法委、区委组织部、区法院、区政协、江南派出所、滘北派出所6个单位开展档案目标管理复查，对全区25个机关单位2012年度档案整理情况进行全面检查。加强对全区档案工作人员业务培训，举办江海区教育系统档案业务培训班，共25所学校40名教职工参加培训。开展档案系统专项保密检查工作，与区保密局、区经科局、区公安分局组成联合检查组，对全区37个机关单位档案系统的安全及保密工作进行检查。

【现行文件】 全年接收22个单位252份现行文件，上传上网252件；接待档案利用人数315人次，查阅利用档案数量482件。及时更新“江海区档案方志信息网”信息，上传开放档案的卷内目录，网站点击数累计1700080次，增加1.74%。

【档案信息化】 累计完成馆藏档案案卷级目录数字化80714条，文件级目录数字化334157条，全年实现档案数字化15万页，总量250多万页。做好档案服务器数据备份工作，加强档案信息网的网络安全，与网络公司签订合同重新升级“江海区档案信息网”网站的数据库。

【地方志编纂】 组织辖区内45个地方志承修单位参加江门市地方志资料年报业务培训暨动员会，印发《江门市江海区地方志资料年报制度实施方案》，正式启动江海区地方志资料年报工作。做好地方志资源的整合共享工作，《江门市江海区志》电子文档全文上传江海区地情网。启动外海、礼乐街道志书编修工作，召开街道志编修工作交流会，审核外海、礼乐街道志的修志方案和篇目。做好外海太虚拳立项及其申请工作，开展多次外海太虚拳调研活动，10月18日，外海太虚拳项目通过省地志办的立项论证，被确定为全省地方志资源开发利用研究对象。

【年鉴工作】 完成江海区首部综合年鉴《江海年鉴（2009—2010）》的送审稿。5月，稿件通过市地志办审查，9月送方志出版社取书号及三审。江海区第二部综合年鉴《江海年鉴（2011—2012）》于6月完成资料稿的整理，10月完成初稿，进行初稿修改和编印工作。

体 育

【体育基础设施建设】 开展创建文体小广场工作，加强外海街道七西村、滘北街道富横社区文体小广场规划、改造建设。共建成5000平方米（有2个篮球场、羽毛球场、乒乓球、健身路径、文体舞台等设施标准）的全民健身广场8个，建成1000平方米（有篮球场、乒乓球或羽毛球场、健身路径、文体舞台等设施）的文体小广场42个，体育人均面积1.4万平方米。全区文体广场总数50个，基本达到全区全覆盖。

【全民健身运动】 开展特色传统项目活动，包括龙舟、篮球、龙狮武术、羽毛球、农民运动会、体育舞蹈等贴近群众、贴近企业的活动，共举办和参与30多项；通过“体育节”“全民健身活动日”的系列活动，推动全区全民健身活动的开展。9月6日，举办由区政协、区委宣传部、区总工会、区文体旅游局、区工商联主办，交通银行股份有限公司江门分行协办的江海区“交通银行杯”JBA篮球争霸赛，29支代表队、360名运动员参与为期3个月的比赛。该项目成为江海区一个知名品牌。春节期间，组织区特色威风锣鼓队、机关干部300人参加江门市慈善公益万人行活动。在江海区第二届文化艺术节上，发挥区龙狮武术协会作用，举办江海区龙狮武术展演晚会。

【体育竞技与交流】 礼乐街道威东村、外海街道银泉社区分别代表江海区参与江门市第二届“中国体育彩票杯”千村（居）城乡篮球赛和江门市体育嘉年华活动三人篮球赛竞赛活动，并取得季军和第5名。发动区内群众参加江门市国际健步行马拉松比赛。组队参加江门市青少年锦标赛，取得金牌3面、银牌9面、铜牌11面。

【文艺创作】 组织业余文艺作者创作一批曲艺作品。其中由曾小洁创作的作品，包括小品《丝发情缘》《职责》，相声《最牛补习中心》，表演唱《老年乐》，粤曲《春暖花开满侨乡》。部分作品在市、区的文艺舞台表演并上送市参加文艺作品评选。由邱菁萍创作的百姓艺术健康舞《好日子》《相亲相爱》入选广东省文联文化惠民项目《广东省百姓艺术健康舞教材第一辑》，并在全省推广，成为江海区文艺作品入选省级教材的“零的突破”。一批文艺作品成功申报江门市文艺精品扶持项目，如邱菁萍的《原创艺术广场舞教材》一套、何峰的《早安·江门》等三首歌曲、邓荣宗的小品《较量》。邱菁萍创作的少儿舞蹈《开饭了》获得市文广新局和“三闲堂”文化基金会联合举办的“少年强”文艺评选作品奖。

卫　生

【推进公立医院改革】 组织开展江海区公立医院内涵建设，按照“小综合，大专科”的思路，加强专科建设，每间公立医院着重建设2—3个重点专科；每季度开展1次医疗质量检查，以实现医疗质量制度化管理，开展目标完成情况督查，推动各项工作的落实；转变服务方式，开展家庭病床服务；加大人才引进和培养力度，启动建立中高层人才引进新机制；开展打击非法行医和非法医疗广告活动。

【平价医药设施建设】 在全区基层医疗机构设立平价诊室，推行平价药包。以区中西医结合医院作为平价医院试点，为群众提供方便、价廉、安全、有效的基本医疗服务。

【农村卫生服务一体化】 按照卫生服务一体化管理全覆盖目标，制定《江海区农村卫生站一体化建设实施方案》《江海区乡村医生队伍建设实施方案》和《农村卫生站基本药物制度实施办法》，规范卫生站机构设置和建设、人员准入和管理、业务开展等工作。

【公共卫生应急机制】 完善《江海区突发公共卫生事件应急预案》及各专项预案，加强应急设施和监测报告网络建设，重点应对登革热、H7N9禽流感、手足口病、麻疹等急性和季节性传染病。加大应急物资储备，启动发热门诊，开通医疗急救绿色通道。落实消毒、隔离、疫情报告等制度，严格控制院内感染。开展防控应急演练，加强学校和托幼机构公共卫生管理。加强传染病网络直报管理，提高报告质量。全区分别报告乙类、丙类法定传染病577例和1186例，下降10.54%和44.32%，没有甲类传染病发生。

【社区卫生服务】 推进社区卫生服务机构流程化、制度化、信息化建设，江南、滘头、滘北社区卫生服务中心分别建立医师工作站，加强与3家市属三级甲等医院的对口受援。开展医疗服务进万家等惠民卫生工程。全区城市居民和农村居民健康档案建档率分别达80.92%和86.46%；城市和农村居民规范化电子建档率分别达75.13%和67.36%。儿童计划免疫建证率100%，预防接种率97.85%；0—6岁儿童健康管理率95.5%。全区参加免费孕前优生健康检查检查860对，实施免费婚前孕前检查率96.48%。增补叶酸预防神经管缺陷项目服食叶酸1505人。婴儿死亡率3.0‰，预防艾滋病母婴传播检测率100%，孕产妇保健健康管理率99.4%，没有孕产妇死亡。全区高血压患者健康管理率和规范化管理率分别为50.06%和99.95%，血压控制率62.88%；糖尿病患者健康管理率和规范化管理率分别为92.45%和99.94%，血糖控制率70.61%。共管理重性精神疾病患者1303人，检出率5.11%，实施规范管理1097人，规范管理率84.19%。外海、礼乐2所区级医院卫生监督工作站对辖区公共场所、食品卫生作业人员健康体检4504人次，发出健康证4434个。

【医卫人才培养】 按照《江海区2011—2013年基层卫生人才提升工程实施方案》和《2013年江海区继续医学教育工作计划》，选派到市级单位以上进修12人，参加在职对口专业学历教育40余人。开展全区性继续医学教育讲座11期，受教育学员1247人次，组织参加市女职工医疗护理岗位技能竞赛。

【爱国卫生运动】 完成创建市卫生镇（街）1个（滘头街道），创建省、市卫生村5个，其中省卫生村2个（外海街道麻三村、礼乐街道乌纱村、），市卫生村3个（外海街道银泉社区、礼乐街道武东村，滘头街道仁美社区）；新建或改建户厕400户，完成率100%。结合开展城乡环境卫生整治行动和4月份爱国卫生活动月，开展9次全区性环境卫生整治和灭鼠灭蚊大行动。结合“爱国卫生月”“无烟日”“爱眼日”“高血压宣传日”等专题活动，推进省健康村试点和省“亿万农民健康促进行动”示范镇（街）的申报工作。开展“健康服务进万家工程”，与教育部门建立中小学“开学第一课”健康教育长效机制；定期在社区开展健康教育，每月开展2次健康讲座。开展健康教育、社区健康知识讲座、健康咨询和爱心义诊等健康宣教活动86场次，普及群众53000多人次，设置健康教育专栏43个，发放健康教育宣传资料81250份。

【红十字会工作】 完成江海区红十字会第二届理事会换届工作。开展“一元爱心日”活动和红十字“人道、博爱、奉献”宣传咨询活动，筹得善款77.62万元，为18名先天性心脏病儿童进行手术；造血干细胞捐献者登记入库3名；开展无偿献血进学校、进农村、进社区活动5次，全年献血量546460毫升，完成献血任务的97.51%，基本满足辖区的医疗临床用血需要。全区救护师资18人参加初级救护员培训班

6期；解决先心术后儿童入读启智学校问题1例；申报先天性心脏病患儿救助5例，开展救治手术3例；慰问临时救助7例，发放救助金12300元；“博爱送万家”活动发出慰问品和慰问金3万多元，受益贫困老人68名。

【食品安全管理】 协调食品安全工作，落实食品安全信息员管理制度、食品安全工作定期巡查制度、食品安全信息通报制度以及食品安全举报奖励制度。举办食品安全宣传活动1期，集体食堂的专题食品安全培训班4期，食品安全宣传讲座及科技下乡培训班1期；结合重大节日和“创平”等工作，分别开展全区性食品安全专项检查6次。6月18日起，食品安全综合协调职能按照区委区政府的统一部署移交到区市场安监局。

【打击非法行医】 开展执法监管，推进依法行政和依法行医，改善医患关系，不定期在全区范围内全面部署打击无证非法行医行动，采取市区联合、多部门联合等多形式综合执法，对无证非法行医户进行“拉网式”摸排调查，并对城乡集结合部、流动人口聚集地、街道与街道之间的插花地带等重点地段进行清理。共开展全区性打非治违行动4次，出动执法人员64人次，取缔无证诊所8间，收缴牙科治疗椅7张、牙科压缩机2台及其他药械一批。

【人口指标完成情况】 全区户籍总人口161827人，累计出生1610人，其中政策外出生155人，符合政策生育率90.37%，政策外多孩率0.99%；出生率、自增率分别为9.94‰和3.80‰；出生婴儿性别比102.26。各项指标控制在上级下达指标任务内，继续稳定低生育水平。

【控制政策外生育】 以控制政策外多孩出生和打击弄虚作假为重点，按照省的统一部署开展数据清查清理和打假专项行动，加强孕前型服务管理，在全区开展计生任务清库，提高避孕节育措施、查环查孕、社会抚养费征收等经常性工作的落实率和及时率。全年户籍人口符合政策生育率90.37%，流动人口政策生育率89.77%；落实计划生育手术1935例（其中上环1205例、结扎398例、采取补救措施331例），长效施落实率95.93%，长效措施及时率33.91%；查环查孕率88.03%。

【流动人口管理】 推进“以屋管人”模式，各村（居）委会制定出租屋管理办法，列入村（居）民自治内容，依法约定出租屋主负有协助计生管理的义务，并辅之奖励、处罚制度。各村（居）委会与出租屋主签订管理协议4568份，对不配合工作的屋主发出限期整改通知503份。全年流动人口流入半年以上的累计出生743人，政策外出生76人，政策生育率89.77%；政策外多孩出生16人，政策外多孩率2.15%。开展流动人口清查清理专项行动，共清查出租屋8405间、商铺792间、工地34个、封闭住宅小区51个、厂区宿舍478间、工地窝棚328个，新建立流动人口信息卡4816张，查验流动人口计划生育证明17360人次，落实计划生育手术507例。加强动态监测和区域协作，完善全员人口信息数据库，数据完整率和逻辑准确率分别达到99.89%和99.72%；流动人口业务信息通报率和反馈率100%。

社会事务

JIANG HAI YEARBOOK

民　政

【军转退役人员安置】 全年接收2012年冬季退役士兵30人，发放城镇退役士兵自主就业一次性经济补助金59.7万元，农村退役士兵一次性生产生活补助金12万元；发放义务兵家属优待金54.6万元。安置率100%。开展退役士兵免费职业技能培训，全区共38人参加培训，支出培训经费26.6万元。

【救灾救济】 完善自然灾害救助应急预案，做好冬春救助工作，共救助困难群众1609户、4145人，支出救灾资金19.48万元。按照省、市减灾委员会的部署创建“全国综合减灾示范社区”，为礼乐街道文昌沙社区和滘头街道仁美社区开展创建工作，投入每个社区专项资金6万元。投入专项资金17万元，建设江海区在新会区崖南的礼乐围垦庇护站和物资救灾仓库。各街道组织开展减灾防灾知识教育活动，通过减灾防灾宣传画报展览，宣传减灾防灾知识，提高群众的防灾意识和应灾能力。

【双拥工作】 春节、“八一”节和中秋节期间，开展走访慰问驻军单位和组织召开军政军民座谈会活动，全年开展各类走访慰问活动25场次，为驻军发放各类慰问品（金）87.4万元。

【抚恤优待】 按照自然增长机制，提高重点优抚对象抚恤补助标准，10月1日起，参战涉核退役人员生活补助标准由原来405元提高至440元。全区共有“三属”、残疾军人、在乡复员军人、带病回乡退伍军人、参战退役人员和60周岁以上农村籍退役士兵等优抚对象816人，全年发放定期抚恤补助金271.8万元。补贴参战涉核退役人员等重点优抚对象基本养老保险、基本医疗保险补贴943人次，发放补贴资金90多万元；发放优抚对象临时困难补助83人次，支出补助资金17.6万元；补助困难优抚对象子女上大学50人，发放助学金17.5万元。

【五保供养】 落实五保供养标准自然增长机制，6月1日起，集中供养标准由每人每年7560元提高至8520元，分散供养标准由每人每年7320元提高至8280元，达到不低于当地上年度农村居民人均纯收入60%的要求。全区保障农村五保对象55人，其中集中供养10人，分散供养45人，共发放45.78万元。

【医疗救助】 在全区实行城乡特困居民医疗救助“一站式”结算服务，外海、礼乐2家区级医院实现救助对象医疗终结时，享受医保政策性减免、医疗机构优惠减免以及医疗救助等待遇进行一次性结算服务，扩大救助对象的范围，提高救助比例，全年救助特困居民100多人次，支出医疗救助金5万多元。

【城乡居民最低生活保障】 7月1日起，城镇低保标准由每人每月350元提高至380元，农村低保标准由每人每月250元提高至300元，月人均补助水平分别为259元和156元，超过省、市要求水平。全年保障城乡低保对象1217户2819人，其中城镇低保对象407户810人，农村低保对象803户2009人，发放低保资金588.83万元。发放困难群体临时救助300多人次，发放临时救助金86.3万元；救治流浪精神病人55人次，支出救助资金26.93万元；救助生活无着落流浪乞讨人员79人次，支出救助资金1.6万元。

【地名管理】 全年办理地名申请25项，审核修改高新区、江海区地名规划，审核修改江门市地图江海部分，承接江门高新区区划地名权限下放工作，牵头做好蓬江、江海两区界线年检，做好高新区、江海区推进“平安细胞”建设工作，制定江海区边界纠纷调处应急预案。

江海区地名命名情况

表11

标准名称	汉语拼音	位　置	批复文号	批复时间	备　注
江逸路	Jiangyi Lu	外海街道海逸华庭小区外围东南边	江民复〔2013〕1号	1月4日	市批复
横沥南路	Hengli Nanlu	外海街道海逸华庭小区外围靠近横沥河边	江民复〔2013〕2号	1月4日	市批复
逸虹路	Yihong Lu	外海街道海逸华庭小区外围连接横沥南路与江逸路之间	江民复〔2013〕20号	3月13日	市批复
光博路	Guangbo Lu	外海街道连海北路规划路	江民复〔2013〕70号	8月7日	市批复
东海路	Donghai Lu	北起礼乐街道新中大道，南至滘头街道赵家围桥	江民复〔2013〕108号	11月29日	市批复
东环三路	Donghuan 3 Lu	北起礼乐街道礼东一路，南至合箩冲桥			
新乐二路	Xinyue 2 Lu	西起礼乐街道新乐桥桥中，东至东红桥（胜利南路延长线）	江民复〔2013〕115号	12月23日	市批复
新乐三路	Xinyue 3 Lu	西起礼乐街道东红桥（胜利南路延长线），东至东海路与礼东桥交接处			
惠泽园	Huize Yuan	江南街道河南下沙138号地块(滘头街道下沙原蒜仓地块)	江海民地〔2013〕1号	1月19日	区批复
帕佳图观园	Pajiatu GuanYuan	外海街道黄家塱地段	江海民地〔2013〕2号	2月6日	区批复
万隆茗汇轩	WanLongMingHui Xuan	礼乐街道新民第四冲围地块	江海民地〔2013〕4号	5月16日	区批复
芷兰湾一街	Zhilanwan Yi Jie	江海碧桂园二期小区内西起原一街B38号，东至B40幢	江海民地〔2013〕5号	7月4日	区批复
芷兰湾六街	Zhilanwan Liu Jie	江海碧桂园二期小区内北起B39幢东侧，向南顺延至B41幢，向西顺延至B45幢			区批复

继上表

标准名称	汉语拼音	位 置	批复文号	批复时间	备 注
芷兰湾八街	Zhilanwan Ba Jie	江海碧桂园二期小区内北起芷兰湾一街，南至芷兰湾六街			区批复
金溪路	Jinxi Lu	北起江海三路，南至冠盈电器厂有限公司	江海民地〔2013〕6号	7月23日	区批复
乐雅苑	Leya Yuan	礼乐街道新民第四冲围地块	江海民地〔2013〕7号	7月23日	区批复
金溪路	Jinxi Lu	北起江海三路，南至冠盈电器厂有限公司	江海民地〔2013〕6号	11月25日	区批复
乐雅一街	Leya Yi Jie	乐雅居小区内东起礼乐街道百果园A幢围墙边，西至张围河河堤路	江海社事地〔2013〕1号	11月22日	区批复
乐雅二街	Leya Er Jie	东起礼乐街道百果园B幢围墙边，西至张围河河堤路			区批复
乐雅三街	Leya San Jie	南起礼乐街道乐雅二街，北至张围河河堤路			区批复
乐雅五街	Leya Wu Jie	北起礼乐街道乐雅三街，南至张围河河堤路			区批复
江畔路	Jiangpan Lu	北起外海街道中华大道，南至规划一路（暂定）	江海府办函〔2013〕443号	12月24日	区批复

注：根据市、区地名命名审批权限，道路长度300米以上为市地名办审批，300米以下为区地名办审批。

【老龄工作】 是年，为新修订《中华人民共和国老年人权益保障法》实施年；10月13日为首个全国性法定“老年节”，以“贯彻老年法，造福老年人”为题开展多种形式的敬老活动，包括发放90周岁以上老人重阳节慰问费，上门慰问老人；组队参加江门市第七届老年人运动会并获门球比赛二等奖、乒乓球、柔力球、象棋三等奖；通过宣传老年法实施老年维权活动。全年发放高龄老人政府津贴163万元，办理老人优待证、长者卡3456人。

【社会福利机构和企业】 全区福利企业共有2家，全年销售收入31239万元，创税3931万元，职工总人数518人，安置残疾人245名，残疾职工月均收入1767元。

【福利彩票公益金筹集及使用】 全年累计销售福利彩票4127万元，销售额增长516万元，增长14%。区级共筹集福利彩票公益金312万元；福利彩票公益金支出259.7万元，其中市级彩票公益金支出53万元；区级福利彩票公益金支出206.7万元。主要用作社会养老体系建设、农村社区建设、培育发展社会组织、开展婚姻家庭心理咨询服务、慈善超市购买物资等工作。

【村社区建设】 完成全区23个社区，36条村公共服务站的建设工作；开展数字家庭建设，开展网格化管理的前期调查工作。做好村（社区）“两委”班子换届准备工作，确定5个社区居委会实行直选。做好创建广东省村务公开、民主管理示范单位工作，全区36条村、23个社区完成广东省村（居）务公开示范单位创建工作，提前2年完成创建工作任务。

【殡葬管理】 贯彻落实国务院殡葬管理条例，按照属地管理的原则要求，区政府与各镇、街道签订殡改管理工作目标责任书，每年清明前后重点对各街道的丘陵地段进行巡查，发现复坟行为，及时制止并清理。全年火化遗体1002具，火化率100%。

【慈善活动】 成功举办年度慈善公益万人行、“扶贫济困日”等多种形式的慈善募捐活动，共募集善款791万元，其中慈善公益万人行捐款487.8万元，扶贫济困捐款172.8万元。

【社会组织登记管理】 全区新增社会组织31家，登记的社会组织121家，其中社团59家、民办非企业单位62家，平均每万人拥有7.6家社会组织。全年社会组织年检参检率97%。

【婚姻登记】 开展宣传《中华人民共和国婚姻登记条例》，增强公民婚姻自主、责任自负意识，规范婚姻登记，实行人员、场地、收费三分开，简化手续登记并现场发证。全年共有1386对夫妻结婚登记，其中涉外、港澳台、华侨38对；345对夫妻办理离婚手续，其中涉外、港澳台、华侨9对。

【收养登记】 社会福利等机构为符合收养条件的夫妇办理孤儿、弃婴收养登记，共办理收养孤儿、弃婴4宗。

劳动保障

【劳动者权益保障】 完善劳动保障监察“两网化”电子信息化建设，通过专项检查和日常巡查，完善工资监控机制，对全区所有企业、工厂（含无牌无证）、建筑工地进行信息采集，排查登记，把经营困难、欠薪、关（倒）闭、有资产转移迹象或欠薪逃匿等4类企业列为重点监控对象，要求此4类企业定期向企业所在街道人力资源和社会保障服务所报送工资支付资料，通过日常巡查和资料审查等方式，发现无证照经营、集体欠薪或欠薪逃匿现象迅速上报区劳动监察大队，并视实际情况及时向公安机关或工商部门通报。年内，移送2宗涉嫌拒不支付劳动报酬罪案件，分别为6月27日江门市江海区闪盈光电有限公司法定代表人欠薪逃匿案和8月19日江门市江海区德峰灯饰有限公司法定代表人欠薪逃匿案。一些企业如饮食业、小作坊等，人员流动大，为降低用人成本，存在非法使用童工的行为。通过日常巡查、专项突击检查和来电来访群众投诉举报等方式，并结合社保扩面下企业的契机，集中力量开展打击使用童工的违法行为，查处非法使用童工案2宗，并依法作出相应的行政处罚，共涉及童工人数5人，涉及罚款金额4.5万元。

【劳动监察和仲裁】 全年共受理信访投诉举报案件1047宗，涉及人数3430人，金额3799.4万元；处理轻微劳资纠纷和受理政策咨询1711宗。其中处理“12345”投诉91宗，信访转办19宗，处理群体性突发案件（5人以上）45起，涉及人数2333人，追回拖欠工资3520.7万元。劳动保障监察行政立案110宗，对45家用人单位发出《限期改正指令书》，2宗涉嫌拒不支付劳动报酬罪的案件移送公安机关处理。劳动争议案件立案685宗，涉及人数705人，涉案金额1853万元，结合2012年度积案25宗，共结案683宗，没有人事争议方面案件。全区总体案件数561宗，涉案金额1891万元，涉及人数770人。全年案件受理数呈现直线上升的趋势，结案率为96.19%，相比2012年度结案率92.86%上升3.5%；调解率为37.7%。受理案件除个别重大疑难案件以外，均在受理以后60天内审结，其中大部分能在45天内办结，少数案件在30天内审结。共开展企业日常巡查645次、专项检查6次，分别是清理整顿人力资源市场秩序专项行动、用人单位遵守《广东省劳动保障监察条例》情况专项检查，开展用人单位遵守劳动用工和社会保险法律法规情况专项检查、社会保险依法参保专项检查和打击违法使用童工专项检查和农民工工资支付情况专项检查。引导企业新签劳动合同950余份，督促43家用人单位为80余名劳动者参保。

【就业培训和职业技术培训】 全年开展职业技能培训12268人。通过考核筛选，认定广东南方职业学院为全区首家创业培训定点机构，并配备师资、场地等教学设施。联合区总工会、市劳动就业训练中心在江门市安诺特炊具制造有限公司举办首个“三个一百”技能提升培训班。

【农村劳动力转移就业培训】 全年开展农村劳动力技能培训1142人，农村劳动力转移就业1183人。培养本土产业工人队伍，以区腊味行业为试点，根据产业发展需求组织培训，联合礼乐街道在礼乐腊味行业协会举办江海区腊味加工工培训班，邀请市质量技术监督局以及礼乐街道相关人员授课，培训内容包括安食品卫生安全知识、肉制品加工基本技能等，共有70多家腊味行业企业员工参加。

【扩大和促进就业工程】 全区城镇新增就业5476人，城镇失业人员再就业4463人，就业困难人员实现就业361人。城镇登记失业率为2.35%，低于3.2%的控制率。为完善各项促进就业政策，出台20份关于扩大和就业工作政策指导性文件。春节后举办大型企业用工现场招聘会，在江南文化广场举办江海区2012年“南粤春暖”企业用工大型招聘会，每周三周五举办劳务集市。

【职业技能鉴定】 在江门新英职业学校进行职业技能鉴定739人，共有656人合格，鉴定合格率88.77%，包括计算机操作员、商品营业员、钳工等工种。建立完善规章制度，规范工作流程管理，从报名组织到考试实施各个环节做好考务管理工作，包括报名申请、资格审查、费用缴纳、考场安排到考评员派遣、成绩公布和证书核发。

【人才引进】 2009年，建立江海区高等学校毕业生见习基地；2013年，新增就业见习基地2家，分别为江门亿都电子科技有限公司、江门市德邦物流有限公司，新增见习岗位8个。共有22家企业进入区高校毕业生见习基地，提供就业见习岗位73个。见习基地的设立，有利于高校毕业生确立就业方向。为促进见习基地的良性发展，实行高校毕业生见习补贴政策。7家企业23名高校毕业生申领见习补贴，申请补贴

56604元。

【专业技术人才管理】 开展全区专业技术人员普查工作，共150家企事业单位，2829人参加普查。全区教师类专业技术人员占总人数的62%，卫生专业技术人员占16%，工程技术人员占13%，其他类别占9%。2008年组建的工程、教师初级专业技术职务评审委员会至2012年底任期届满，为规范评委动态管理，确保职称评审工作的正常运转，建立初级专业技术职务评委库，从2013年起，初级评委会委员须在评委库中随机抽取，未入库人员不能提任参与评委工作。

【专业技术资格申报评审】 对全区130人进行初次考核认定。全年申报高级职称63人、中级职称111人、初级职称35人，其中工程、建筑初级评审申报18人，教师初级评审申报17人。根据《广东省高、中级专业技术资格评审委员会评审委员库管理暂行办法》《江门市初级专业技术资格评审委员会组织管理办法》，开展江海区工程初级专业评审和教师初级专业评审工作，经区工程技术初级资格评审委员会评审，共18位技术人员具备工程初级专业技术职务任职资格；经江门市江海区教师初级资格评审委员会评审，共11位教师具备教师初级资格。评审结果名单在江海人才网进行公示。

【专业技术人员继续教育】 按照《广东省专业技术人员继续教育条例》和市人力资源和社会保障局《关于做好2013年江门市专业技术人员继续教育工作的通知》，做好继续教育公需科目培训工作，委托五邑大学、江门职业技术学院及江门广播电视大学三所高校开展“新时期广东生态文明建设”和“信心花建设与信息安全”公需科目，2322名专业技术人员参加培训，其中五邑大学1375名、江门职业技术学院941名、江门广播电视大学6名。2010年以来，全市统一使用“广东省专业技术人员继续教育管理系统”，专业技术人员接受继续教育情况载入“广东省专业技术人员继续教育管理系统”，系统注册、申报、审核和认定工作由人社部门通过系统进行。全年共审核继续教育科目数据资料4110条。

【人事档案管理和人事代理服务】 把接收的高校毕业生档案及时进行登记、整理、分类、归档案，并把人员的相关信息导入全区人事档案查询系统，确保毕业生可以随时查询、办理档案接转。把毕业生信息数据录入广东省人力资源和社会保障（实名制）信息系统，以使人事代理工作作为人才中心的传统人才服务项目与全省信息系统实行链接，全区人才中心存档案5500份。其中全年新增代理数720人，转出档案70份；为代理人员办理转正定级147人、审核工龄11人；档案查阅100人次。

社会保险

【社会保险扩面征收】 完成2013年城乡居民社会养老保险以及2014年城乡居民基本医疗保险续保缴费工作。实施“缴十延五”优惠政策，全区参加“缴十延五”缴费人数1129人。全区基本养老保险（含企业养老）、医疗保险、失业保险、工伤保险、生育保险参保人数分别完成目标任务的108.11%（其中企业养老107.94%）、103.55%、112.11%、106.47%（其中农民工参工伤保险完成100.78%）、109.22%。根据《印发〈江门市人力资源和社会保障局关于江门市工伤保险费率浮动管理办法〉》，7月

1日起，实行工伤保险费率浮动，一类行业基准费率0.5%，二类行业基准费率1%，三类行业基准费率1.5%。

【养老保险】 全区参加城镇职工基本养老保险13.71万人，基金征收47071万元，支付31505万元。其中参加企业职工养老保险11.87万人，缴费人数9.48万人，基金征收46706万元，支付31408万元。在领养老金16326人，月人均养老金1573.55元。根据省人社厅印发的《关于2013年度调整企业退休人员基本养老金的通知》，全区参加养老金调整16034人，调整后全区月人均养老金1587.70元，增加165.71元；高级职称的企业退休科技人员153人，其中正高职称 2人，月人均增加191.28元，调整后平均养老金3116.88 元；副高职称151人，月人均增加390.8元，调整后平均养老金2903.71元。全区2013年6月30日前（含当日）满75周岁退休人员共2525人，一次性发放每人720元。

【医疗保险】 全区参加城镇职工基本医疗保险11.14万人，基金征收22835万元，支付20812万元。其中享受城镇职工基本医疗保险住院待遇11175人次，发放待遇9728万元。参加城乡居民基本医疗保险9.05万人，基金征收660万元，支付3609万元。其中享受城乡基本医疗保险住院待遇9835人次，发放待遇3776万元。根据《关于调整江门市职工基本医疗保险待遇的通知》，职工医保住院医疗费用统筹在社保年度内基金累计最高支付限额由范围内费用12万元提高到16万元（不含起付标准以内的费用）。根据《印发江门市2013年城乡居民基本医疗保险参保工作方案的通知》，是年起，城乡医保个人缴费标准由每人每年50元提高至60元；住院医疗费用累计最高支付限额提高到16万元；普通门诊统筹基金累计每人每年支付最高限额由50元提高到100元，基金支付比例由30%提高到50%。

【失业保险】 全区参加失业保险7.96万人，基金征收2654万元，支付955万元。城镇户籍人员领取失业保险金7741人次，发放待遇665.23万元，农业户籍人员领取失业保险金339人次，发放待遇54.75万元。根据《关于调整我市失业保险金标准的通知》， 5月1日起，失业保险金发放标准由每月760元提高至每月904元。

【工伤保险】 全区参加工伤保险7.86万人，基金征收1202万元，支付843万元，享受工伤保险待遇653人次。根据《关于2013年度调整工伤伤残津贴的通知》，1月1日起，调整工伤伤残津贴。全区参加工伤保险伤残津贴调整7人，调整后月人均伤残津贴1547.29元，增加164.16元。

【生育保险】 全区参加生育保险7.86万人，基金征收600万元，支付212万元，享受生育保险待遇931人。

【农村社会养老保险】 全区城乡居民参加社会养老保险5.22万人。全区城乡居民参保补助和基础养老金(含一次性丧葬抚恤金)总支出227350人次，总金额1691.87万元。全区7个村确认为全征地集体村组织，完全被征地村民5463人，完全被征地农民参保补助和基础养老金总支出11095人次，总金额118.66万元。根据《关于调整新型农村和城镇居民社会养老保险基础养老金标准的通知》，1月起，城乡居民社会养老保险基本养老金发放标准由每人每月

55元增加到65元。

【基金管理】 严格执行基金财务管理制度，实行收支两条线管理，规范基金支出操作流程。按照有关财务制度分设账簿，专项核算，做到专款专用，不与其他社保基金相互挤占和挪用。提高对社会保险基金的监管能力，提高资金使用效率，确保社会保险基金安全运行，加强基金宏观监控，防范风险，保证各项基金的正常支付和社会化发放。根据《关于印发〈蓬江区、江海区社会保险基金管理职责调整基金划分管理方案〉的通知》，是年以截至2012年12月31日的社会保险基金蓬江区、江海区的会计报表决算数为依据，分别按2012年12月31日的实际参保人数，以人均占有量为基数，把基金历年结余划分到蓬江区、江海区，进行分账核算。

外事侨务

【对外联络交流】 组织人员参加香港江门五邑侨联联谊总会、江门同乡会、香港五邑工商总会等社团庆典活动，组织香港春茗招商活动，拜访20多家在区内投资的港澳企业家，邀请12名嘉宾参加江门侨界青年联合会第三次会员代表大会。邀请五邑工商总会属下香港教育界有关校长到江海区考察并进行有关学术交流。接待澳门江门同乡会拜访团一行46人，洪都拉斯前国防部长兼三军总司令熊伯洪一行4人，日本贸易振兴机构广州代表处所长塚田裕之等2人，并组织参观广东大冶摩托车技术有限公司、中国（江门）国际绿色光源博览交易中心“光博汇”等企业。

【华侨捐赠】 10月8日，由旅居澳大利亚华侨张得源捐资70万元，作为江海区侨捐项目的滘北小学综合楼（得源楼）改造工程竣工落成。滘北小学二层综合楼面积700多平方米，工程年内动工，9月开学前竣工并交付使用。经过修缮、改造的滘北小学增加音乐、美术、心理辅导等功能室，拓宽了学生活动场所。

【信访工作】 共处理来信来访48件，包括处理江门市宇隆汽机车配件有限公司、高新华众玻璃有限公司等企业生产问题、旅港乡亲庄任明在外海街道的房产纠纷和归侨陈月笑因家庭经济困难寻求救助等。

【侨联工作】 为落实国家和省对归侨扶贫各项政策措施，用好下拨的扶持贫困归侨专项资金，在区慈善会设立困难归侨侨眷救助站，对区内困难归侨侨眷进行资金扶持和物质援助，救助站按照需要向困难归侨、侨眷发放慈善超市救助领用券。春节前，对区内困难归侨发放慈善超市救助领用券共1.08万元；中秋节期间，慰问困难归侨、侨眷53户。

【因公出国和赴港澳台管理】 实行出国（境）公务护照集中管理制度，会同区纪委开展出行前教育和事后监督检查工作，没有发现违反外事纪律事件。全年共办理出国赴港澳证件共344批386人次，其中出国3批16人次、港澳341批370人次，办理外国入境94批127人次。

民族宗教

【教职人员管理】 落实宗教领域形势稳定研

判、教职人员认定备案、主要教职人员出国（境）审批、教职人员买社会保险等制度，全区6个登记为合法宗教场所的教职人员纳入社保管理范围，达到规定退休年龄均可享受社保待遇。帮助各寺观教堂为14名教职人员购买养老和医疗保险，经各宗教团体认定并由民族宗教局备案的教职人员24人，批准办理出国（境）7批人次。

【依法制止和打击非法宗教活动】 5月4日，联合外海派出所、外海街道南山村委会查处外海街道南山村非法宗教活动。7月，组织有关部门对茶庵寺举办水陆法会的治安、食品、卫生、安全等监管指导工作，对存在问题提出整改要求。

【发动信教群众捐款赈灾】 “4·20”四川省雅安市芦山县地震发生以后，全区宗教界组织开展各种形式的宗教活动为灾区人民祈福消灾，发动信教群众为灾区捐款，支援雅安地震抗震救灾和灾后重建工作，捐款、捐物共计2.7万元。

【宗教设施建设】 会同区建设、消防等部门开展宗教场所安全检查，做好在建工程项目的监督管理，指导、监督有关工作的落实和整改，茶庵寺、法华庵更换一批消防灭器材；在茶庵寺方丈楼前加修挡土墙，重修被鉴定为危房的居士楼。年内，雪峰寺首座建筑物大雄宝殿动工兴建，柱子全部采用进口木料，总造价2508万元。

【和谐寺观教堂创建活动】 按照省民宗委开展教风活动年的要求，制定全区开展以教风年为主题的和谐寺观教堂创建活动工作方案，指导各个宗教场所进行检查对照，查找和整改在宗教活动中存在的问题。印发《宗教政策法规知识百题》120份下发到各个寺、教堂，让教职人员和信教群众作答，提高教职人员对开展活动的认识。以外海清莲庵为重点，帮助各个场所建立和完善好学习、安全防火、财务管理等制度。市民族宗教局对清莲庵创建达标宗教活动场所进行检查验收，确认为基本符合创建达标要求。

【民族工作管理】 利用春节、中秋、国庆等节日，以上门走访、召开座谈会等方式，了解少数民族群众的生产生活情况，听取他们对全区经济社会发展的意见；帮助信仰伊斯兰教的少数民族群众解决日常聚会的问题，做好穆斯林群众集中举行开斋节、古儿邦节的有关工作，保证外来少数民族集体宗教活动正常、有序、安全进行；主动做好少数民族群众办理民族成分更改、少数民族考生资格确认和在读大专院校少数民族学生申请助学金补助等工作，受理穆斯林群众赴沙特阿拉伯朝觐报名排队申请。做好少数民族流动商贩的思想工作，并为他们提供必要的服务，督促他们守法经营。配合教育部门采取有效措施，解决外来少数民族群众子女入学问题，保障外来少数民族适龄儿童在本区接受义务教育的权益。

【民族团结进步模范社区试点创建工作】 以外海街道墟镇社区为重点，开展民族团结进步模范社区试点单位创建工作，外海街道墟镇社区被江门市民族宗教局授予“民族团结进步模范社区示范单位”称号。

街道

JIANG HAI YEARBOOK

外海街道

【概述】 外海街道位于江门市东部，东与中山市古镇镇隔河相望，南与新会区睦洲镇相连，辖区面积47.1平方公里。2013年，户籍人口4.9万人，流动人口5.3万人。有华侨、港澳同胞4万人。下辖21个村（居）委会，包括麻一、麻二、麻三、南山、东南、东升、直冲、东宁、前进、七东、七西、中东村委会；金溪、石鹤利、清兰、沙津横、四大为村改居的社区，墟镇、银泉、永康、彩虹为纯社区。

【城乡建设】 投入资金501万元完成横沥河边路（临江路—旧鱼苗场桥）改造工程，东升街路面改造工程，金溪路（江海路—金溪段）路侧盖板工程（该工程同为社会主义新农村建设项目）和麻园路（麻二段）前期工作。共建成垃圾屋5座，小公园1座；安装篮球场专用灯12盏；建设道路2000米、下水道1450米。完成沙津横头股围工业区、汇聪电器厂“三旧”改造；投资1500万元改善白水带及周边农业生产条件项目（绿道）。

【经济发展】 实现地区生产总值72.7亿元，增长9.11%；地方公共财政收入21022万元，增长15.56%，成为江海区首个财政收入超2亿元的街道；规模以上工业增加值37亿元，增长13.37%；固定资产投资42.4亿元，增长15.01%；社会消费品零售总额11亿元，增长10.41%；进出口总额10.3亿美元。实现国税17996万元；实现地税26732万元。实现城镇居民人均可支配收入34274元，增长12%；实现农村人均纯收入16268元，增长13%；村级集体“净收入”1.56亿元，增长32%。村级集体分红总额8339万元，人均2461.95元。

【教育】 配合江海区创建省社区教育实验区、创建省推进教育现代化区等工作，投入25万元改造麻园中学广场及操场工程；实施奖教奖学措施，财政支出55.7万元奖励给高考、中考成绩优秀的学生和指导教师。外海中学2013年高考，有7人考上重点本科，本科以上有97人。麻三幼儿园、直冲幼儿园通过市一级幼儿园验收。

【文化体育】 组织开展各种文体、宣传演出活动20多场次：元旦、春节期间，举行春节书画、摄影展、文艺晚会、中国象棋赛、电影、武术醒狮、太虚拳等表演活动；3月7日，举办“庆三八百姓健康舞会演”；5月1日，在麻一村举办“曲艺联欢晚会”，5月5日，团委举办“庆五四3人篮球赛”；5月30日，举行“庆六一中小学生文艺会演”；9月30日，举办外海街道第七届农民运动会。共播放下乡电影360多场次；书画作品展览100多幅，摄影作品展览500多张；外海太虚拳完成省级申报非物质文化遗产保护名录工作。

【卫生】 落实登革热防控各项工作，布置各项防控措施，组织多次以灭蚊预防登革热工作为重点的爱国卫生大行动，共出动266人次，喷洒灭蚊药2500支，喷洒面积40万立方米，清理卫生死角682处。开展城市环境综合整治活动，更换和新增果皮箱200个。

【社会治安】 推进社区警务建设工作，各村（居）聘请民警为村（居）副书记或主任助理，进驻率100%。辖区派出所立刑事案件1052起，破案401起，破案率38.1%，发案率下降6.25%，破案率上升5.02%，受理治安案件856起，查处783起，查处率91.4%。其中刑事拘留135人，逮捕103人，取保候审35人，治安拘留205人，治案罚款162人。

【社会保障】 被列入省“幸福计划”工程的直冲居家养老服务站以及清兰老人活动2个项目完工并投入使用。投入272万元，发放全街道7800多名60岁以上老人的春节慰问金。落实慈善救助款发放，为受资助的140个家庭现场发放47.5万元的慈善款。推动慈善事业发展，慈善会新募集善款100万元，成立东升、麻三等村级慈善联谊会。

【计划生育】 户籍人口49556人，户籍人口出生483人，人口出生率、自然增长率分别为9.67‰和3.30‰，符合政策生育率83.44%，出生人口性别比117.57∶100；流动人口54347人，出生819人，符合政策生育率66.54%。举办计划生育主题活动4场，派送计生避孕药具2000多盒，解答计生咨询600多人次。上门服务6000多人次，送出避孕药具8000份，为育龄对象落实“四术”673例，其中上环440例，结扎134例，补救措施99例。全面足额兑现2013年人口和计划生育优待奖励扶助资金77.08万元，落实率均100%。开展免费孕前优生健康检查，参加检查653人。

【创建活动】 通过完成创建活动，中路小学为区文明单位，东升村为江海区文明村，墟镇社区为江海区文明社区。开展道德模范与“身边好人”交流暨道德模范巡讲活动。配合“创文复评”宣传，制作有关创文新闻23条，曝光不文明行为专题片1个，创文短片及广告5个，合计共播出180次。完成麻三、银泉2个村创建省、市卫生村（居）的创建验收工作。

【农业】 共有农业用地 8500亩，其中鱼塘水面积 6848亩，蔬菜地面积1300亩。应用农业新科技挖掘土地及水体潜力，提高农产品附加值，增加土地的产出率，完成农业总产值14850万元。其中蔬菜总产量5525吨，产值2500万元；水产养殖产量2100吨，产值6500万元；畜牧业总产值5850万元；实现生猪上市29000头；规模养鸡场1户，存栏量11000羽。三鸟出栏10.5万只。

【广播电视】 完成数字电视整体转换5000台，新增开户202户，增加奕聪花园、雅盈小苑、海伦湾等信号接入。更换新闻广告插播系统，由原来的手动播出改为电脑播出。全年共编播新闻341条，专题制作3个。

【社区村概况】 麻一村　麻一村位于外海街道西南3.5公里，处于麻园市场东侧，西与麻二村接壤。麻一村由9个自然村里组成，分14个村民小组。村庄总面积492.75亩、山林576亩。户籍人口4276人、流动人口7484人。村级总收入1427万元。投入120万元，对麻一市场进行升级改造。

麻二村　麻二村北接白水带风景名胜区，东接麻一村，西连麻三村，南接五邑路、中心路、东宁工业城，占地3.17平方公里，下辖4个村民小组。户籍人口2599人，流动人口3979人。五邑路、金瓯路贯穿全村。现有工业用地390亩，主要以租赁业为主。村级经济收入1368万元。引入永佳丰田4S店；投入福利资金200多万元用于教育、敬老、环卫等民生支出。

麻三村　麻三村东接东宁工业城，南邻江海区行政中心，北靠白水带风景名胜区，中心路，五邑路、金星路纵横贯穿全村，面积3.6平方公里。户籍人口3534人，流动人口8803人。下设10个村民小组，村委会设有由5名成员组成的村务监督委员会，对村集体财产和经济支出和收入进行监督。村集体净收入3093万元，村民股份分配每人4100元。完成金星花森木市场规划移交使用，完成麻三体育馆规划、立项、环评工作；投入800万元，完成麻三基础设施改造一、二期巷道下水及自来水管道的铺设。

东南村　东南村2.6平方公里，北接东升村，西与金溪社区、南山村接壤，有外滘公路、五邑公路经村，由12个村民小组组成，户籍人口4092人，流动人口3385人。经济发展以厂房物业出租为主，村集体年收入2143万元。投资25万元，扩宽工业桥；扩建一幢三层高6500平方米标准厂房，并以每月每平方米11元出租；投资30多万元升级改造东南市场，并实行公开招标以年租金58万元承包。

南山村　南山村位于外海街道西面，东接东南村，西至麻一村，南至外海中心路、北与金溪社区相连，总面积1.6平方公里。户籍人口1774人，流动人口5805人。南山村是典型的城乡交会点，五邑路、金瓯路贯穿全村，现有工业用地150亩，主要以租赁业为主。利用区域优势发展工商业，以厂房出租为主，开发建设工业园区，现有厂房3万多平方米，企业50家。村级经济收入664万元，福利支出205万元。

东升村　东升村距外海街道0.5公里，江海四路贯穿而过。户籍人口1943人，流动人口1019人。下设8个村民小组。村级收入301万元，人均分红1565元。发放老人节日慰问金每人1050元。拆除江海四路3000平方米的旧厂房进行“三旧”改造。

沙津横社区　沙津横社区位于外海街道北部边沿，西北、西南分别与清兰、四大、直冲接壤，占地2.3平方公里。辖10个居民小组，户籍人口2304人，流动人口1243人。村级集体净收入1014万多元，对村老人每人每月发放生果金120元、居民生日金50元，重阳节每人100元的慰问金。投入教育经费10万元。

石鹤利社区　石鹤利社区东到中华大道，南临西江，西接金溪社区，北与清兰社区相连，辖区面积0.8平方公里。户籍人口821人，流动人口495人。村级集体净收入178万元，村民股份分配每人1860元。为社区内男年满60周岁、女年满55周岁的股民每月发放老人生果金100元，春节、重阳节给老人送上慰问金每人100元，老人生日每人30元的慰问金，重阳节组织老人聚餐。社区重视教育事业，凡考上大学的学生可以得到1000元奖学金。

金溪社区　金溪社区位于江海三路，东临西江河，南面接白水带风景区，面积1.53平方公里。户籍人口899人，流动人口2971人。村级集体净收入1354万元。筹集资金500万元，建设村头路侧河段覆盖板涵工程。高考奖学标准提高为重点线每人4000元，本科A线每人3000元，本科B线每人2000元。

直冲村　直冲村委会地处外海街道腹部，东连连海路，北接中华大道，南邻中路片，西与东升村、四大社区紧相连，毗邻江门港澳客运码头，接近外海大桥，水陆交通方便。面积5平方公里，辖19个村民小组，人口5042人，流动人口1933人。村收入2008万元。发放老人慰问金120.7万元，并筹捐31万元为长者举办重阳敬老活动；对26名本村村民子女读大学奖励6.85万元，对特困低保户子女发放助学金补贴8.15万元。

墟镇社区　墟镇社区位于外海街道中心，地址下街9号金居大厦，居民居住分布外海街道各村、居，社区辖区包括中华大道（江门幼师至中国银行）、外海市场、赤岭新村、昔园新村、利亨新村、江海四路等。户籍人口8317人，流动人口2818人。墟镇社区居委会先后被评为“广东省城市体育先进社区”“全国综合减灾示范社区”“广东省六好平安和谐社区”等称号。在外海大康路10号陈公祠基础上、改造成为占地面积450多平方米的党群活动中心并于6月7日开放，进驻该中心有外海摄影学会、龙溪诗社、红歌曲艺队等。开展公共服务站建设工作，以便民、利民为原则，功能设施齐全为基础，多窗口联合服务为方针，对社区公共服务站进行多位一体的管理。

四大社区　四大社区位于外海街道北部，北与清兰社区，东与沙津横社区，南与直冲村，西与石鹤利社区相连，社区内有中华大道、中华路、大康路、杏林路等主要大道，面积1.5平方公里。户籍人口675人，流动人口965人。下设4个居民小组。居委会设有由4名成员组成的村务监督委员会，对村集体的财产和经济支出、投资和收入进行监督。位于高新区5号地的工业园首期用地80亩建设成形，通过招商有多家企业进驻。社区集体净收入227万元。为老年人发放生果金、慰问金合共18万元。

清兰社区　清兰居委会位于外海街道北面，东接沙津横社区、南至中华大道、西与石鹤利社区相连、北临西江，面积0.8平方公里。户籍人口1048人，流动人口997人。村委会设有由3名成员组成的村务监督委员会，对村集体的财产和经济支出和收入进行监督。社区集体净收入400万元。发放长者福利34万元。完成清兰垃圾收集站和清兰康乐中心工程。

七西村　七西村位于外海街道东部，北与七东村相连，西与前进隔河相望，东临西江，面积1平方公里。有户籍人口1450人，流动人口555人。下设4个村民小组。村委会设有由4名成员组成的村务监督委员会，对村集体的财产和经济支出和收入进行监督。村级集体净收入292万元。改造2000平方米的下水道及混凝土路面。

东宁村　东宁村位于外海街道东面，东临西江，北接直冲村，南与七东村接壤，外睦公路在村边经过并有中路河流经，交通方便。下辖7个村民小组，户籍人口1540人，流动人口435人。现有220亩土地、3000平方米工业厂房、300亩鱼塘等村级物业出租。在加强原有厂房、铺位的出租和管理的基础上，在13号地新建厂房17300平方米。村级集体净收入311万元。

前进村　前进村位于外海街道东南部，北靠江海路，江睦路纵横贯穿全村，由塘冲堑、塘冲围、沙罗滩、龙眼基、兰花围组成，面积2平方公里。有户籍人口2053人，流动人口983人。下设7个村民小组，村正副组长14人，村民代表21人。村级集体净收入264万元。投入20万元建成村老人幸福院并通过验收；投资350万元在旧村委会原址兴建商业城。

七东村　七东村位于外海街道东部，北连江海路，西连连海路，南面毗邻江门港澳客运码头。户籍人口1671人，流动人口851人。下设7个村民小组。村内设有老人活动室4间、幼儿园1间。拥有100亩工业园，村民分配以厂房、铺位、土地出租收入为主。村委会设有由3名成员组成的村务监督委员会，对村集体的财产和经济支出和收入进行监督。村级集体净收入309万元，村小组总收入280万元，村民分红人平1450元。投入资金40万元，建设村内四小组混凝土道、桃江五小组“阔面垫”道路、改造七东市场。

银泉社区　银泉社区于2009年12月28日成立，办公地点在银泉花园锦泉街10号，管辖范围包括银泉花园和翠湖湾，由外海街道麻三村委会开发，位居江海区中心地段，面积0.8平方公里，绿化率40%。管辖范围共分6个小区、3238户，其中有一个物业管理小区翠湖湾。户籍人口3180人，外来人口7489人。银泉社区居委会编制9名，现有工作人员10名，平均年龄34岁。2013年，银泉社区居委会迁入2268平方米的社区活动中心，与区党员服务中心、区社区学院合署办公。

中东村　中东村地处外海街道南端，与新会区睦州镇牛古田接壤，东邻西江，北与七西村接壤。总面积1.8平方公里，耕地面积1800亩。下设7个村小组，有户籍人口2358人，流动人口2114人。村委会设有由3名成员组成的村务监督委员会，对村集体的财产和经济支出和收入进行监督。村集体净收入247万元。

永康社区　永康社区成立于2013年10月，办公地点在江海区金瓯路189号，辖区内有企事业单位、商户650家，居民2800多户，总人口7500人，其中户籍人口700人，管辖范围有江海碧桂园、君汇熙庭、高新小区等。社区工作人员7人。社区设有图书阅览室、老年活动室、党员活动室、会议室、婚育分校、计生服务室、青少年之家、心理咨询室、民兵营，社区警务站、社区卫生服务站、综治信访维稳工作站等。

彩虹社区　彩虹社区成立于2013年5月，管辖范围东起西江沿岸，南至外海与睦洲自然分界河，西达龙溪路，北至海逸华庭北侧。辖区内居住有居民2333户，另建设中及规划建设住宅小区：海逸华庭950户；海伦湾1700户；奕聪花园1700户，共4350户。高新区清兰路、金瓯路、明辉路、江睦路、科苑路、科苑西路、科苑东路、浩瀚工业园、北苑路、LED产业园、彩虹路、高新东路、高新区34号地、中东云沁路、东睦路、创业路、连海路等属地厂企属于彩虹社区管辖范围。社区设立居委会，有成员7人。办公地点暂设在墟镇社区，与墟镇社区合署办公。

礼乐街道

【概述】　礼乐街道位于江海区西南面，东邻江门高新技术开发区和江海区人民政府行政中心，西接新会区，北跨江礼大桥通市区，南接新会区睦洲镇、三江镇，街道办事处设在礼乐街道长兴街122号。南北相距9.1千米，东西相距9.3千米，总面积50.81平方千米。下辖3个社区居民委员会和24个村民委员会。常住人口84390人，户籍人口6.4万人。24个村集体经济总收入3377万元，增长6.47%。城镇居民人均可支配收入19325元，增长12%；农村居民人均纯收入14740元，增长13%。是年，礼乐街道被评为广东省卫生镇、第二批全国人口和计划生育依法行政示范镇（街）。

【城乡建设】　新增道路面积2.1万平方米，新增绿化面积1000平方米，礼乐街道创江门市宜居城镇。礼东主灌河绿道首期工程完工，东环一路、礼东市场中心路建成通车，永兴街新建工程、利成路重建工程、礼东公路与礼睦路平交口改造工程完工。礼东公路自来水管网完成铺设。礼乐片区污水管网工程启动建设，完成工程量20%。城市综合体完成1904亩收储地的征地工作。江礼塑料厂“三旧”改造项目完成供地手续并出具规划设计条件，江门纸厂“三旧”改造项目制定新的改造实施方案。完成雄乡、镇龙2条村庄的规划编制和整治工作。

【经济发展】 完成地区生产总值17.6亿元，规模以上工业增加值4.5亿元，社会消费品零售总额10.5亿元，固定资产投资6.3亿元，进出口总额1.145亿美元，外商直接投资739万美元。地方公共财政预算收入6936万元，增长8.04%。区域地方库收入7793万元，其中国税局征收3274万元、地税局征收4519万元。城镇居民人均可支配收入19325元，农村居民人均纯收入14740元。广东银帆化学有限公司与德国巴斯夫公司合作生产环保汽车涂料项目、量子高科（中国）生物股份有限公司微生态健康产业基地首期建设项目、兰花食品有限公司、金钴辉精密铸造有限公司等重点项目动工建设。利生车城新引进两个4S店和6个品牌专门店。文昌花园高层住宅小区、乐雅苑、乐雅居、万隆花园、帕佳图三期等房地产项目动工建设，商品房新建面积17万平方米，销售面积6266平方米，销售额2835万元。

【教育】 全街道有完全中学1所，初中2所，小学6所，幼儿园17间，托儿所1间，公办学校在校学生 8234 人，民办学校在校学生3913人；公办在职教师508人。2013年，礼乐中学333人参加普通高考，上本科线54人，本科上线率16%；上专科线236人，大专以上的上线率87%。完成新联小学、礼贤小学塑胶跑道铺设和礼东小学食堂改造，礼乐二中新教学楼动工建设。文昌幼儿园、文锦幼儿园和武东幼儿园创市一级幼儿园。

【文化体育】 新配备5条健身路径、22张乒乓球台和4副篮球架。开展各类文体活动11场次，送戏下乡82场。春节期间，开展雄狮贺新春活动、大型游园会、村际篮球赛、文艺曲艺表演、龙狮武术比赛；“三八”节举行“魅力女性、快乐起舞”活动；“五四”青年节，举办2013礼乐好声音青年歌唱大赛；“六一”期间，开展文艺表演和在4个广场举办大型游园会；6至9月，开展礼乐特色的LBA篮球联赛；中秋、国庆期间，开展曲艺表演；10月下旬，组队参加市、区嘉年华活动等。成立兄弟龙舟协会，礼乐龙舟队参加新会区“万胜杯”龙舟赛获得第一名。

【卫生】 乌纱村创省卫生村，武东村创市卫生村。全年发生登革热49例、禽流感1例（患病人员为礼乐户籍，不住礼乐），及时开展防控工作，有效预防疫情扩散。开展第25个爱卫月活动，改建垃圾收集点2个，新增机械扫路车1台、环保果皮箱150个，新建、改造公厕3座，完成农村卫生户厕建设（改造）160户。参加无偿献血人数367人，献血量88660毫升。

【劳动保障】 全年在册失业人员114人，就业率和特困人员就业率均为100%，没有零就业家庭，新生劳动力就业率100%，灵活就业26人。城镇职工养老保险参保人数15271人。城乡医保住院统筹待遇标准最高支付限额由16万元提高到20万元。城乡低保标准分别提高到每月每人380元和300元。

【社会治安】 公安机关共立刑事案件612宗，其中“两抢一盗”案件发案308宗。侦破刑事案件307宗，破案率65.16%。全年发生治安案件383起，查处346起，查处率90.34%。各级受理群众来信来访来电案件519宗，办结506宗，办结率97%。村级综治维稳工作站调处化解各类矛盾纠纷223件、治安案件65起。通过司法和人民调解受理的民间纠纷37起，调解成功36起，成功率97%。开创警务村务联动机制，14名辖区公安民警挂职村（居）党支部副书记或主任助理。落实领导包案接访制度，共接访、下访153人次，涉及信访案件26宗。成功化解历史积案2宗，分别是曾荣沛江珠高速征地拆迁案，曾荣沛签署息诉罢访书；陈相华危房拆建案，陈相华签署息诉罢访书。

【计划生育】 户籍人口出生729人，其中政策内出生664人，政策外出生65人，符合政策生育率90.08%，出生人口性别比93.51；户籍人口共落实“四术”措施796例，其中结扎187例（纯二女户结扎56例）、上环469例、补救措施139例；全年征收社会抚养费540.44万元，历年征收率69.58%，当年征收率45.27%。发放各类计生奖励金、扶助金138万元。免费为630人开展免费孕前检查。开展冬、春、夏、秋季共4次计生集中服务月活动。礼乐街道获得2013年江门市人口和计划生育先进单位称号。

【外来人口管理】 登记在册出租屋1400间，登记在册流动人员1900人，办理居住证5500张。流入半年以上的流动人口共出生142人，其中政策内出生127人，政策外出生15人，符合政策生育率89.44%。流动人口共落实“四术”205例，其中上环100例，结扎76例、补救措施29例。

【创建活动】 制定《礼乐街道创文长效机制责任分工表》和计划，建立创文工作常态化机制。全年查处店外占道经营362宗，更换井盖35个，增设新环保型果皮箱150个，购置24个新型垃圾收集桶用于24个村的垃圾收集。开展“绿色行动”“全民健身行动”“义工行动”三大行动。完成乐祥东路（东段）和五邑路礼乐出口匝道枯萎树木的绿化改造。组织500多名妇女干部群众开展主题为“魅力女性，快乐起舞”的百姓健康舞表演、培训活动。开展义工活动20多次，服务工时1260小时。开展道德讲堂10场，举行江门市道德模范“身边好人”基层巡演活动。开展创文“百日行动”工作，投入27.8万元，做好环境卫生整治工作。

【虾蛟滘电排站】 礼乐虾蛟滘电排站是2013年江海区重点水利建设项目之一。电排站位于礼乐河左岸、虾蛟滘水闸上游40米处，主要任务是排涝，排水区集雨面积6.5平方千米，采用5台1000ZL-125型水泵，设计装机容量900千瓦（5×180千瓦），电排流量每秒15.82立方米。排涝标准按10年一遇24小时暴雨所产生的径流量1天排干设计，根据《泵站设计规范》（GB/T50265-97）本工程的等级为Ⅳ等，其规模为小（一）型。工程投资概算1829.41万元，中标价（土建）1161.40万元。2010年，经市发改委批复同意工程立项，2011年11月24日公开招标，同年12月15日动工建设。江门市水利水电勘测设计院有限公司为设计单位，由广东省源天工程公司负责施工，江门市鑫源工程建设管理咨询有限公司负责监理。3月，完成主体工程建设，7月投入试运行。工程建成以后，可缓解礼乐围西南片的内涝压力，提高江海区的防洪、排涝能力。

【中沙水闸重建工程】 礼乐中沙水闸重建工程位于礼西围南冲水闸东侧300米处，10年一遇洪峰流量每秒80立方米，是一宗以挡潮和排涝为主的小（1）型水闸工程，挡潮设计标准50年一遇。中沙水闸为胸墙式整体结构，共3孔，每孔净宽4米，水闸总净宽12米。闸室形式为胸墙式水闸，底板为整体式平底板，平面钢闸门配卷扬式启闭机启闭，水闸采用底流式消能，上下游布置消力池，海漫和防冲槽。工程中标价524.6万元。2012年12月，工程施工，计划2014年6月竣工验收。中沙水闸投入使用以后，将大大减轻礼乐礼西片中沙大围防洪排涝的压力。

【主灌河东岸堤加高加固工程】 工程全长6.7公里、宽3米，首期实施东海路至向民桥段长3公里，总投资300万元。11月15日，工程动工，计划2014年3月13日竣工验收。工程主要任务是对现状砂土路进行加高加固，路面升级改造为沥青混凝土路面，沿线重新栽种景观植物。该项目的实施，进一步改善主灌河的水环境，提升礼睦路饮食街的环境水平。

【公共服务中心】 礼乐街道政务服务中心于2012年的10月下旬完成改造并投入使用，改造经费17.5万元。2013年6月，更名为公共服务中心，完善各项硬件设施，设工作岗位台牌，制度上墙，网上办事，达到公共服务中心建设要求。公共服务中心设置业务有民政、残联、老龄等对应窗口，配备相应工作人员6名；设国土、城建、城监、卫生4个对外办事窗口。印发《礼乐街道村（社区）公共服务站建设工作方案》，深入推进辖区村（社区）公共服务站建设。27个村（社区）全面完成公共服务站建设，实现公共服务全面覆盖。工程建设投入资金300万元。公共服务站是区政府在村（社区）设立的公共服务平台，承接政府延伸到基层的社会管理和公共服务职能，为本地居民和非户籍常住人口提供“一站式”服务，在街道和相关职能部门的业务指导下开展工作，接受村（社区）党组织的领导和村（居）委会的监督。

【推进政府购买服务】 把“培育和发展社会组织，推进政府购买服务”作为社会管理创新项目，新培育社会组织8个，分别是兄弟龙舟协会、礼乐葡萄协会、礼乐英南慈善联谊会、礼乐东仁慈善联谊会、礼乐向前慈善联谊会、礼乐武东慈善联谊会、礼乐摄影协会、礼乐篮球协会。共成立社会组织20个。结合工作需要，向社会组织购买4项服务。分别向区向阳花青年社会服务中心购买“绽放、温暖”礼乐街道关爱外来工子女暑假第二课堂活动 、“绽放、温暖”礼乐街道为民服务进村居活动2项活动，向礼乐摄影协会购买“通过镜头看礼乐”礼乐青少年摄影培训班，向礼乐篮球协会购买“奔跑、欢乐”礼乐篮球培训班。

【全国三八绿色工程示范基地项目】 在礼乐古兜林场3000亩经济林中，种植适宜的绿化树种，以种植绿化型树种为主，如种植盆瓜子、茶树、松树等，生态功能与景观效果兼顾，有提高林场森林防火屏障、涵养水源和水土保持的作用。建设生物防火林带12公里，建造面积270亩，工程投资估算40万元。礼乐街道巾帼森林防火生物治理工程林获批为全国“三八绿色工程”项目，由国家林业系统补助15万元。

【社区村概况】 英南村 位于礼乐街道南部，东北邻东红村，西接跨龙村、东仁村，南临南冲公路、环镇路及南环公路。由南乐里、北乐里、聚兴里、西龙里和南雄里组成，有15姓村民聚居，较大姓氏为谭、胡、李3姓。辖区面积2.09平方公里，耕地面积1863亩，以种植水稻、蔬菜、甘蔗为主。办有大小企业50家。全村557户、2142人，下设7个自然联络组。建有一个12600平方米的文化体育广场，有北乐里公园、卫生站和老人活动中心。村内安装视频监控。村级集体收入72万元，人均年收入920元。

跨龙村 位于礼乐街道南部，东邻英南村，西邻雄乡村，北邻雄光村，南面田园通往南冲公路，由忠心里、南安里、东胜里、南胜里、西安里、护龙里、龙兴里共7个里组成，有8个村民小组，有36姓聚居，较大的有张、李、林、胡4姓。全村578户、2380人。村级集体收入39.95万元，人均年收入12360元。全村耕地面积2196亩，其中水稻面积233亩，鱼塘面积800亩，作物面积1163亩，以种养甘蔗、养殖塘鱼为主，甘蔗是村主要的经济作物，而其中黑皮蔗品种是村的传统农作物；鱼塘主要养殖南美白对虾、罗氏虾及四大家鱼。村内建有学校1座，坐落在跨龙村东南角，现名为江海区礼乐街道第二初级中学。

雄乡村 位于礼乐街道西南面，东邻东仁村，南接跨龙村，北接雄光村，由西贤里、西兴里、源兴里、汇龙里、南龙里和兴龙里组成，有梁、陈、谭、李、周、区、刘、廖诸姓村民聚居，大姓为梁姓。全村512户、2132人，下设8个村民小组。总面积1.5平方公里，其中耕地面积2350亩，村内主要以农业为主，种植水稻、甘蔗、水果、蔬菜，兼养塘鱼以及南美白对虾。村级集体收入44.98万元，人均年收入13000元。村民100%购买城乡居民医疗保险。完成西贤里旧巷改造工程、梁家围冲口至南龙里河边石堤工程、东方红文体广场工程，建成文化活动中心和农家书屋，有篮球场、乒乓球台、羽毛球场、象棋等活动设施。在建的工程有雄乡桥重建工程和江海区青少年宫装修工程。

雄光村 东与礼乐中心市场为邻，西与田围接壤，南接雄乡村、跨龙村，北与墟镇园林新村、敬和村为邻，村址位于雄光村西昌里南巷11号，全村宅基地面积150亩，耕地面积2400亩。全村487户、2068人，下设6个村民小组，外来人口22人。村集体经济收入53.31万元，其中鱼塘发包收入19.12万元，其他收入66760元。

五四村 位于礼乐街道西部，东靠张围河，南至雄乡双桓围，西以江门水道（昔海）为界，北邻新民村，由礼和里、龙滘里、逢兴里和聚龙里组成，有李、吴、梁、谭、何、陈、蓝、汤、张、余、冯、孙、黎、文14姓，大姓为李、蓝、何3姓。全村面积1.25平方公里，其中耕地面积2293亩。全村人口688户、2630人，劳力人数1573人，有6个村民小组。1个党总支部，3个党小组。农业总产值1084万元，其中粮食种植面积30亩，产值4.5万元；水产养殖面积535亩，产值792万元；蔬菜及其他作物种植面积1450亩，产值344万元；畜牧业产值1230万元。村级集体收入57.75万元，村民人均年收入11428元。村内有大小企业13家，工业总产值155万元。有2个健身公园，占地面积1600平方米，村委会是江海区农村社区示范点，办公楼内有办公室、会议室、娱乐室，图书室及文化娱乐健身活动等设施。村委会定于每年3月举办百姓健康舞比赛活动，每年邀请医院为村民进行身体检查。

东红村 东临环镇路工业开发区，南接英南村，西邻东仁村，北靠英北及镇龙村。由攀桂里、叶兴东里、叶兴西里、东兴里、英东里组成。有谭、吴、周、谢、刘、邓、梁诸姓村民聚居，大姓为谭姓。全村面积1.4平方公里，其中耕地面积1500亩，农田保护区800亩。常住户籍人口2544人，共 599 户。辖下9个村民小组。农业以果蔗、蔬菜、水稻种植为主，兼花卉种植及鱼、虾水产养殖。集体收入70万元，农业生产总值7952000元，其中粮食种植面积108亩，产值173000元；水产养殖面积1200亩，产值8264000元，村民人均收入11393元。工业以食品加工、纸制品和五金加工为主。每个耕作区可通10吨载重量的中型汽车。村现有老人活动中心5所，500多平方米的灯光篮球场，10多套健身器材，全村500户安装广播、有线电视或宽带网络。

东仁村　位于礼乐街道中心，东面与英北村、东红村隔河相望，西邻雄光村和墟镇的双圹里，南邻跨龙村，北邻墟镇社区。村委会辖下有10个村民小组。由东仁里（镬耳围）、芳兴里、新城里（死水围）、福禄里、永兴里6个里组成。由于墟镇社区夹在村中，有近百户村民住在长兴街、立新街、新街、解放路。姓氏有谭、陈、李、邓、黄、区、林、刘、梁等。较大的姓氏是谭姓，源流于南雄珠矶巷，陈姓源流于南雄珠矶巷、荷塘荔枝基，李姓源流于杜阮松园。总面积1900亩，耕地面积1000亩。全村491户、2032人，其中男973人，女1059，劳动力1080人。农业以果蔗、蔬菜、鱼塘为主。工业有印刷业、食品加工等。村集体经济收入53.92万元，人均年纯收入11021元。村内巷道全部铺水泥路面，栽树种花，并安装路灯。村内古建筑有礼乐乐善堂、芳兴里牌坊。

镇龙村　位于礼乐街道南堡，由九如里、镇龙里、扳龙里组成，东南与东红村一河相隔，西与东仁村接壤，北与英北村农田接壤。宅基地面积105亩，耕地面积1008亩，工业用地面积5亩，耕地地处礼乐街道南端，村内及农田道路交通方便。全村253户、1056人，其中男498人，女558人，外来人口15人。有4个村民小组。村集体经济总收入29万元，4个小组收入31万元，农民人均纯收入10500元。全村每年每股分配210元至260元。重修下水道1000多米，铺设水泥路1300米，建有文体公园、廉政公园各1个。

英北村　东邻乌纱村，西邻墟镇，南邻东仁村，北邻威东村。由民乐里、大社里、英盛里组成。有陈、李、朱、黄、邓、梁、区、张、雷、何诸姓。以种养蔬菜、甘蔗和养塘鱼为主，全村总面积195338平方米，耕地面积1150亩。村民人口2082人，487户，下设9个村民小组。农业总产值1314.2万元，其中粮食种植面积47亩，产值8.5万元；水产养殖面积345亩，产值680万元；蔬菜及其他作物种植面积110亩，产值669万元；畜牧业产值440万元。村集体经济总收入47.81万元，人均纯收入13367.9元。

敬和村　东临威西村，南靠雄光村，西至五四村，北至新创村。由张围里、月塘里、敬和里、祈丰里、新塘里、金和里、祈新里、新和里组成。有21个姓，较大的有区、麦、张、吴4姓。有9个村民小组，总面积198000平方米。全村900户、3639人，劳动力人数1878人。耕地面积1653亩，水产养殖面积911亩。全村总产值14577万元，其中农业产值1595万元，牧业产值1910万元，渔业产值262.2万元，工业产值8020.7万元，建筑业产值1379万元，运输业产值306.2万元，商饮业产值383万元，服务业产值91.5万元。村集体经济收入63万元，人均年收入11364元。有农家书屋、卫生站、幼儿园、老人活动中心等。改建威西小学旧址为颐养居，第一期工程基本竣工，内设有“竞技天地室”“放眼看世界室”等10多个室供村民悠闲娱乐。基本完成敬和村一洼蔬菜基地工程，加设喷管、建大型泵房、扩建排灌渠和修整农田道路。

威西村　东邻威东村，西接敬和村；另有新村位于乐祥东路南北两侧、乐中市场东面，环镇公路东西走向贯穿。共有接龙里、迎龙里、聚龙里、东胜里、新地里、泗源里、南昌里、永胜里、永贤里、永盛里等10个里，下设7个村民小组；有刘家祠、区家祠（竹溪祖），刘、区姓最多，另有李、陈、黄、梁、甘、罗、潘、卢、何、邓、胡等姓。村民人口2352人，农业户557户。全村总面积1.5平方公里，其中农用地面积2104亩，大部分位于第四氹至老罗围之间，耕地地势较低，常受到涨潮及台风雨侵袭而导致围基漫顶发生水浸，主要种植蔬菜、甘蔗、香蕉、花卉树木等；鱼塘面积1000多亩，集中老罗围一带，主要养殖南美白对虾、罗氏虾、肉猪，小面积养殖四大家鱼。村集体经济收入54.18万元，人均年收入12834元。有大型腊味加工私营企业11家，有大型纸业制品工场4家。建有村民集资楼和村民公寓综合楼各1幢，建筑面积分别为3000平方米和3200平方米，村集体留出1000平方米用作村委会办公室，有6间商业铺位及15套住宅单元。建有楼高三层的村民文化娱乐活动中心一幢，占地面积84平方米，建筑面积360平方米，配套娱乐室、图书室及文化娱乐健身活动设施，建成篮球场1个。新建东胜里文体公园和新地里文体公园，公园内设置乒乓球台、象棋台、健身路径等健身器材。

威东村　东邻乌纱村，南邻英北村，西邻威西村，北邻武东村，由中路里、荣江里、东华里和华路里组成，有李、傅、区、曾、陈、吴、卢、邓、潘、梁、林、杨、何、冯14姓村民聚居。宅基地面积210亩，耕地2325亩，设6个联络小组。全村839户、常住人口2997人，其中农业户673户，农业户口人数2748人。村集体经济收入72万元。建有老人娱乐场所、灯光球场、小公园、农家书屋。完成银帆—巴斯夫项目80亩的征地任务。威东村篮球队参加江门市第二届“中国体育彩票杯”千村（居）篮球赛（村委会组）荣获第三名。

乌纱村　东邻武东村水田，以乌纱桥涌为界；南邻镇龙村，以礼东公路为界；西邻威东村，以乌纱涌为界；北邻武东村水田，以乌纱涌为界。以曾、区、胡、付、邓姓居多，总人数1780人，390户农业户口，下设5个村民小组。村集体经济收入222万元，人均年收入13359元。办有化工、腊味制品、五金制品、饮食等企业80多家。村内装有监控设备、路灯，设有文化娱乐健身活动场所、篮球场；村内道路均为硬底水泥路并铺设下水道排水系统。

武东村　位于礼西片北面，东邻睦洲水道，西接威东村、威西村、新创村、新华村等；南接威东村、乌纱村；北至睦洲河道。环镇公路与乐祥东路贯穿于东西与南北，全村总面积3.2平方公里，其中耕地面积1810亩，鱼塘1100亩。全村1682户、5057人，其中男性2414人，女性2643人。下设19个村民小组。外来人口1225人。村集体经济收入320万元，村民人均年收入9810元。村内有企业110多家，主要为化工、腊味制品、厨具、五金制品企业。全村工业总产值20亿元。农业总产值1.8亿元。在乐祥东路自建商铺3400平方米出售。投入资金8万元，建设公共服务站；投入资金6万元，在村址办公楼东侧建设一个符合国家标准的篮球场；投入资金10万元，在村址公园种植绿化；投入资金22.6万元，完善村人口文化公园设施，增设健身路径、乒乓球台、象棋台、健身器材等。全村参加新农保2430人，占全村人数74.3%。

新创村　东邻武东村、威西村，西接五四村，南接威西村、敬和村，北至新丰村。有陈、李、区、张、黄、何、谭、黎、邓、吕、吴、梁、林、胡、杨15姓，较大姓氏为陈姓。全村总面积1.3平方公里，其中农业用地面积1550亩。全村391户、1728人，下设4个村民小组。村集体经济收入32.34万元，村民人均收入6500元。工业发展以建筑业、五金制品为主。在乐祥东路自建商铺750平方米出租，利润6万元。村委会占地面积800平方米，内设办公室、会议室、财务室、计生室、综合室、图书室。2004年，投入资金5万元，在新创围尾塘建成篮球场1个。2012年，投入资金6万元，建设2个休闲、健身公园。

新丰村　东邻武东村，南邻新创村，西靠礼乐大道，北邻新华村。由三福里、流沙里组成，有邓、梁、何、宋、谭、区、李7姓村民聚居，较大的有邓、梁2姓。以种养蔬菜、甘蔗、水果和养殖鱼虾为主。常住人口353户、1490人。现有耕地面积750亩，其中鱼塘500亩，花卉地100多亩，耕作地20亩，工业用地130亩，拥有企业20多家。投入500多万元建设基础设施，引进民资20多家，总投资超过1亿元，使村级集体经济收入从2002年不足60万元的基础上递增到2012年的270万元，人均分配（个人股和集体股）每人1000元。2013年，年满60周岁以上的老龄人可享受到每年每人600元的生活补贴。村内有篮球场、小型体育健身公园、农家书屋各1个。2012年，成立新丰联谊会。2012年，市土地管理收储中心征用村600多亩的土地作为未来城市综合体的建设用地。

新兴村　东邻新华村，以石敢当河冲为界，南连新丰村，西靠江礼公路，北至礼义路。总面积1.1平方公里，其中耕地面积1438亩。村民人口1534人，360户，下设4个村民小组，外来人口150人，村民居住分布在仁让里、西兴里、纸扇里、仁兴里。农业以水产、花卉、蔬菜等种养业为主，主要经济收入来源为土地、鱼塘出租。村集体经济收入99万元，人均年收入9000元。2013年，在西兴里建造1个休闲公园，配套乒乓球、羽毛球场、健身运动器材等。

新华村　由睦洲水道分割为两大版块。礼西片东邻武东村，南接新兴村；礼东片位于江海区政府南面。土地面积1400亩，下辖6个村民联络组，常住人口2320人，本地户籍人口1516人，共365户。集体经济收入208万元，人均收入11800元。农业主要以鱼类养殖为主，分布礼东片永茂围、东升围、暗洲围等地方。礼西片工业园区以五金、电器加工为经济增长点。礼东片以礼东食街带动商业发展。投入250万元，完成新、旧村的道路和下水道建设维修工程，实现村内道路水泥化、水渠硬底化，并安装路灯。

新民村　位于礼乐街道北面，毗邻江门市区，江鹤二期高速公路和环市二路（五邑路）贯穿，广珠城际轻轨礼乐站设站在村中心。由东安里、南安里、西宁里、聚安里、丰禄里和禄元里组成，有21姓杂居，较大姓氏有李、吴、区3姓。总面积3000多亩，其中耕地面积798亩，工商业用地619亩，公益事业用地560亩。村民人口4171人，1041户，下设7个村民小组，劳动力人数2912人。村集体经济年收入1123万元，村民人均年收入13191元。辖区内有江门市长优实业有限公司、江门市银帆化学有限公司、华源混凝土公司、利生机动车有限公司、天风墙体材料公司、展图不锈钢厂、典艺展示器材厂、联福纺织公司、欣福纺织助剂公司等。建有村民活动中心，中心内配套健身室、图书室、娱乐室、音乐室、保健室、曲艺室等功能设备室，室外配套绿化、健身器材、游乐器材、羽毛球场、占地面积33亩的文化体育公园，有篮球场2个、羽毛球场2个、舞台1个、儿童沙池1个、600米跑道、183米小径、250米停车带，并种上绿化树木和安装路灯。村内有综合市场和农贸市场各1个，建有新民小学、新民幼儿园和卫生站，村内明渠全部改暗渠，路面水泥化。 建设民宅无害化户厕，建设10多个公共垃圾池，在村道两侧种植绿化树木100多株，种植花草10000多平方米。发挥爱心协会作用，对辖区的居民进行帮扶等爱心公益活动，举办重阳敬老聚餐活动，对疾病家庭进行救助，对困难、低保、五保户家庭进行关爱和慰问。与义工组织的联系合作，举办亲子游园活动。

向前村　东邻主灌河，西近新华、新创村农田，南与向民宅基地交界，北与新丰、新华农田交界。由大利里、瑞利里组成，村民共20姓，以梁、区、陈3姓较多。村民人口365户、1503人，4个村民小组。全村总面积1.5平方公里，其中耕地面积1100亩。以种养水稻、蔬菜、甘蔗、水果和养塘鱼为主。有篮球场、健身场、老人之家、幼儿园、卫生站等健康福利设施。有防洪设施电房4座，泵房5座，共320千瓦。有出租厂房用地200亩，出租铺位220平方米。村委会有会议室、娱乐室，图书室及文化娱乐健身活动设施。村集体经济收入126.65万元，村民人均收入8700元。村主干道扩宽至7.5米，全长760米。

向荣村　位于礼乐街道东南部，东、北靠礼睦路，西接蓬江河礼乐水道，水路和陆路交通方便，由天成里组成。有22姓居民在此聚耕，大姓有陈、李、吴3姓。村域面积1200亩，全村耕地面积636亩，工业用地面积140亩。下设3个村民小组，常住人口220户、1045人。有企业30家。村集体总收入120万元，农民人均纯收入12000元，每年每股分配500元。

向民村　东与丰盛村相隔，南与向荣村相近，西与向前村相邻，北间礼东青年堤与外海相望。由同丰里、同兴里、泗丰里组成，有21姓村民聚居，大姓有李、曾、陈3姓。主要种蔬菜、水果和养殖塘鱼，总面积1.5平方公里，其中耕地面积1810亩。村民人口2158人，492户，下设5个村民小组。农业总产值0.75亿元，葡萄种植面积600亩，产值410万元；水产养殖面积116亩，产值82万元；蔬菜及其他作物种植面积1164亩，产值820万元；畜牧业产值180万元。有企业20多家，工业总产值2030万元。村集体经济收入54.03万元，村民人均收入9066元，自建商铺720平方米，礼东市场1035平方米。建有老人之家、篮球场各1个。

丰盛村　毗邻向东村，拥有江海八景之一的礼东主灌河，全村总面积0.7平方公里，其中耕地面积785亩。总人口914人，户数235户，有4个村民小组，劳动力人数561人。建有大中型排灌站有15座，硬底排灌渠5000多米，农田道路3000多米，全村现有无公害蔬菜生产基地有525亩，水产养殖面积有260亩，村民人均收入12340元。村内实现水泥路面。有篮球场1个，图书阅览室1间。吸引外资完成工业园区50亩厂房建设。引导村民合理调整种植结构，大力生产无公害蔬菜，村民人均纯收入1.4万元。改造六河路两岸绿化，种植大红花2400棵、美丽木棉24棵、黄槐100棵，投入资金3万元，美化绿化村庄环境。面积400平方米的老人活动中心建成。

向东村　位于礼乐街道东南面，离江海区政府8公里，由东成里、合城里和永盛里组成，村民有28姓。农业以蔬菜种植、花卉栽培和塘鱼养殖为主，特色农业桃花、菊花栽培闻名珠三角地区。临靠礼睦路。全村总面积3000亩，耕地面积2500亩。全村有7个村民小组，农业户口558户、2530人，劳动力人数1770人。村集体经济收入137万元，其中村收入83万元，小组收入54万元。

文苑社区　成立于1997年，东邻文昌沙社区、南邻新民村、西面与新会区一河之隔、北邻江门市区，面积0.5平方公里，总人数16717人，在册户数5332户，户籍人口5906人，有流动人口及外来务工人数10811人，有居民小组20个。辖区内设有文昌中英文学校、文昌幼儿园、文锦幼儿园、蓝天幼儿园、七彩幼管所、文昌卫生门诊部、文苑社区卫生站，建成休闲公园、篮球场、游泳池、残疾康复室、大型购物及饮食商铺等配套设施。社区办公楼面积450平方米，设有办公服务厅、会议室、党员活动室、电教室、民兵营、计生服务室、图书阅览室、综合减灾办公室等多功能服务室，现有工作人员9名。

文昌沙社区　东邻睦州水道，西接文苑社区、新民村；南接新华村、新兴村；北至江礼桥，连接蓬江区。礼乐一路、礼义路贯穿社区，总面积1平方公里。社区居民1180户，人口数2287人，下设15个居民小组，30名居民代表，流动人口1200人。社区设有一站式公共服务站、社区康园中心、党员活动室、电子阅览室、民兵营、计生服务室、综合减灾办公室、调解室、文昌苑社区公园等设施。有工商企业20多家、小型的工商个体200多家，主要从事五金加工、服装加工等行业。

墟镇社区　东靠东仁村，南靠东红村，西靠雄光村，北靠威西村。社区管辖面积0.5平方公里，共有楼宇56幢，住宅小区3个，平房60多间，常住人口2148户、4464人。居民大部分居住在解放路、长兴街、新街、园林新村、乐祥路、礼乐三路等街道，少数居民分散在23个村，社区人口分布较散。服务居民娱乐活动场所有乐中公园、颐晚园、康乐园、会堂广场，并设有健身器材。

江南街道

【行政区划】　江南街道是江海区委、区政府的行政派出机构，科级单位。办公地址位于桥南大道1号。地处江门蓬江河南岸。东连滘北街道和外海街道，西靠滘头街道，南靠江海区政府和江门高新技术开发区，北与蓬江区接壤，是通向粤西和中山、珠海的重要通道。行政区域2.3平方公里，常住人口3.3万人，常住户数1.3万户，户籍人口2.2万人，暂住人口9000人。辖区内有市、区机关、企事业单位175家，中学、小学、幼儿园托儿所共11所，个体工商户1030户，下辖6个社区居委会。属江门市老城区，是一个纯城市型街道。

【华侨港澳台同胞】　现有港澳台同胞92人，华（归）侨47人，主要来自美国、英国、印尼、越南等11个国家，分布在6个社区，以蓬苑、桥南、竹苑社区居委会居多。为14人落实侨务政策，帮助生活困难归侨申请医疗补助及为归侨眷属解决子女入学问题。

【城乡建设】　加快辖区房地产业发展，推进江海商业广场、凯旋堡房地产项目、国鑫公司“三旧”改造、广东春燕“三旧”改造等重点项目建设。浪琴湾小区封顶销售，江海商业广场动工，进行地库开挖工程，凯旋堡房地产项目动工建设。江南工业小区“三旧”改造面积180亩，共13家企业，完成调查摸底，制定改造方案。维修垃圾中转站更换中转箱，新增50个果皮箱，开展垃圾分类，提升垃圾减量化、资源化、无害化处理水平。

【经济发展】　完成地区生产总值9.64亿元，

增长11.57%；规模以上工业增加值3.15亿元；固定资产投资1.55亿元；社会消费品零售总额2.90亿元；地方公共财政预算收入2960万元，增长10.04%；外商直接投资524万美元；进出口总额27143万美元。全年一般预算收入2960万元，增长10.04%；区域收入7789万元，增长10.05%；国税收入2732万元，增长3.09%；地税收入5057万元，增长16.04%。本地缺乏稳定税源，大型企业的迁出影响本级财政收入。

【教育】 有中学1所，小学2所，托幼机构8间。结合各学校特点及学生兴趣开发一系列的特色课程，江南小学引进太虚拳学习，开展体育特色教育；华兴小学的书法教育、少年醒狮培训；第十一中学的武术特色教育等，成为江海区教育“争先”成果的体现。鼓励扶持民办幼儿教育发展，加强民办幼儿园管理，指导民办幼儿园评级。是年，江门市第十一中学、江南小学、华兴小学被评为江门市法治校园，华兴小学被评为广东省德育示范学校，江南幼儿园创建省一级，新南、晶晶幼儿园被评为市、区一级幼儿园。

【文化体育】 每2年1次举办社区文艺表演大赛和社区摄影、书法、绘画展览。建成江南文化广场曲艺长廊、新中廉政文化公园。建成新中社区教育学习站，站下设有新南义斋、五邑图书馆新中分馆。开展春节文艺表演联欢会和有奖问答、猜灯谜、游园会等文化活动。组织参加江门侨乡旅游节嘉年华文艺会演、国庆粤剧会演。开展道德讲堂、身边的好人好事活动。每2年1次举办社区运动会，有射击、拔河、篮球、毛球、自行车等运动项目，来自辖区机关、单位、学校、居民小组等14支队伍，200多人参加。组织参加区青年节篮球赛、江门市首届马拉松赛，健康万步走、百姓健康舞推广活动。

【社会管理】 在6个社区建立公共服务站，以江翠社区为试点，设立各种功能区域，把站内设置成公共服务办公区、公共服务受理总台、群众办事等候区、综治维稳调解室4大服务区域，规范挂牌、统一标志，实行制度上墙，建立来访登记册、办事记录台账等，开展居家养老、群防群治、矛盾纠纷调处、残疾人康复、就业帮扶、独居老人结对帮扶、青少年结对帮扶和环境建设等服务。投入资金20多万元，完成6个社区公共服务站和义工服务站建设。在“社工+义工”方面，发展居家养老服务中心试点工程，率先实施政府购买居家养老社工服务以及7个义工服务项目。培育成立江南街道惠民社会综合服务中心、江门市江海区江南新中青少年活动中心等2个社会组织和江翠腰鼓舞蹈艺术团、蓬苑棋艺协会2个社会团体。

【劳动保障】 新增低保家庭16户，低收入家庭33户，共有低保家庭131户256人、低收入家庭177户436人，每月发放低保金59643元。为27户困难户申请临时救助，发放救助金6.35万元。开展就业援助服务，通过企业用工及人力资源服务平台实现“一对一”就业帮扶。为120名就业困难人员实现再就业。办理城乡居民医疗保险5650人，为460名居民办理城乡医保。

【社会治安】 开展“粤安13”“平安江南”“夏秋社会治安整治”专项整治行动，打击违法犯罪、非法传销组织。做好参战退役人员稳控安置、特殊人群帮教，坚持“调防结合、以防为主”排查化解矛盾纠纷，创建6个无邪教社区。开展无毒社区创建，发送禁毒信息8000多条，举办主题为“拒绝毒品，平安江海”的“6·26”国际禁毒日法制文艺晚会。全年共发生刑事案件440宗，破案195宗，破案率44%；受理行政案件450宗，查处339宗，查处率75%。刑事拘留52人，逮捕35人，取保候审8人，行政拘留67人。破吸毒案件32宗，抓获吸毒嫌疑40人，强制隔离戒毒26人。

【计划生育】 落实计生目标管理责任制，加强层级动态管理，设立人口数据库动态监测，核实育龄妇女信息，开展“阳光计生”服务。有户籍人口22391人，已婚育龄妇女4652人，户籍人口出生145人，出生人口性别比95.95，出生率6.43‰，自然增长率1.29‰，符合政策生育率87.59%，落实“四术”162例。常住人口32818人，已婚7297人，常住人口共出生219人；流动人口7085人，已婚育龄妇女1826人，流动人口出生47人，符合政策生育率87.23%，落实“四术”97例。

【外来人口管理】 规范流动人口及出租屋管理，制订流动人口服务管理实施意见，设置外来人口专管员。加强830间出租屋的人口管理。

【创建活动】 是年，江南街道被评为江门市“火灾隐患”重点整治达标单位；桥南社区被评为江门市廉洁城市建设示范点，市级统筹党、工、青、妇基层组织建设“五好示范点”，江门市儿童友好社区；江翠社区被评为广东省先进科普示范社区、广东省居务公开管理示范社区；新中社区创建市宜居社区、市廉洁城市示范社区；中沙社区被评为广东省居务公开管理示范社区，江门市巾帼文明岗；竹苑社区被评为广东省人口计生基层群众自治示范村（居）、江门市巾帼文明岗。

【社区概况】 桥南社区 成立于1984年，办公地点设在桥南新村11号侧。桥南社区管辖面积0.4平方公里，管辖地段包括桥南新村、桥东新村、江海路、江海一路、活力路、松庆里、华庆里、龙上里、江南二路、凤鸣苑；桥南大道、横坑工业区、江南工业园。现有居民户2295户，人口5946人，其中户籍人口有1465户、4298人；非户籍户数830户，1698人。辖区内厂企36间，个体私营店铺120多家。设有党员活动室、电教室、益寿园、居家养老中心、五邑图书馆桥南分馆、文体小公园、廉政公园等活动场所；组建有曲艺队、乒乓球、羽毛球等文体小组；开展文体活动，“五好文明户”“文明家庭”评比，举办老年人曲艺表演等。

蓬苑社区 位于飞鼠山南部，管辖面积0.43平方公里，管辖地段包括蓬苑、南苑里、南苑商城、江海玉圭园、江翠路（部分）、江南路（部分）、桥南大道（部分）、江海一路（部分）。辖区内有学校3间，个企私营企业265家。社区居民小组35个，居民代表57名，住户3217户、8007人，其中户籍人数1742户、5054人，非户籍人数1475户、2953人。设有警务室、计划生育服务室、多功能会议室、党员活动室，电教室、青少年活动室、未成年人心理咨询室、乒乓球室、棋牌室、图书阅览室、多功能活动中心和1000平方米的蓬苑广场。

江翠社区 位于烟墩山范围，管辖面积0.45平方公里。管辖地段包括翠园里1－67号，江翠路（双号），中沙52－54号，江南新村56－59号，江南路10－17号，江海一路2－32号（双号）及翠鸣苑小区。社区有2352户、总人口7520人。机关事业单位6个，学校3间，个体私营企业220家。设有社区义工队、义工服务站、社区残疾人活动中心、妇女学校、家长学校、老年人学校、外来工学校等，青少年心理咨询室和社区未成年公益上网网点。组建曲艺队、舞蹈队、腰鼓队、篮球、羽毛球等7支业余文体团队。

新中社区　位于江南街道西南面，管辖面积0.4平方公里，管辖地段：新南里、新中里、太宁里、长隆里、大井里、丰宁里、新中大道（部分）和江翠路（部分）。绿化面积21000平方米，住户2269户、人口6886人，其中常住人口1325户、3648人。有幼儿园1间，企事业单位96家。设有人民调解室、星光老年之家、残疾人康复场所、消防展示室、警务室、法制课室、社区义工服务站、妇女学校、家长学校、老年人学校、外来工学校、青少年心理咨询室和社区未成年公益上网网点等。建有面积7850平方米的新南文化小广场和面积750平方米的廉政公园。

竹苑社区　位于竹山左前方，管辖面积0.25平方公里，人口4510人，其中常住人口2894人，流动人口1616人，常住户数1036户，厂企1间，个体私营店铺52家。设有党员活动室，益寿园，康复中心、图书室、体育健身路径、文体小公园、廉政文化公园等。

中沙社区　位于江门铁桥左侧，辖区面积0.4平方公里，管辖地段有中沙路1至51号、红门楼、江南路。社区居民户1411户、4664人。有幼儿园3间，企事业单位1家、个体工商户94家。有20个居民小组，设有警务室、党员活动室、电教室、图书室、健身活动场地、羽毛球场等设施。

滘头街道

【概述】　滘头街道位于江海区行政中心区域，面积6平方公里。下辖仁美、建联、银城、正南、永明5个社区。户籍人口18456人，常住人口37131人，流动人口16561人，人口出生176人，出生率9.61‰；自然增长率3.38‰，计划生育率88.64%。旅居海外的华侨和港澳台同胞4000人，其中归侨18人，侨眷200多人。

【基础设施建设】　胜利南路建设工程完成主干道建设，7月4日通车使用，11月完成胜利南路延伸段道路控制线范围内的38.4亩土地征收工作。永康北路工程于4月1日前完成收地、拆迁、填土工作；11月，完成主干道建设。金瓯路扩宽工程于10月完成征地拆迁工作，主干道进场施工。

【三旧改造】　滘头兰花味精“三旧”改造项目认定及改造方案通过市“三旧”办审批；出具项目地块规划设计条件；红星经济合作社地块报省办理历史遗留用地完善征收手续；完成厂区上盖物评估及确认工作。志力贸易有限公司地块完成项目资金返还工作并前补缴土地出让金完成供地手续；落实新厂区100亩用地，并进场施工。开展土地整合工作，完成原市土出仓库12.07亩土地及原市航运船舶2.13亩土地整合调整，待市国土资源局对土地进行招拍挂；开展仁美路边商铺停业搬迁工作。滘头银星股份经济合作社“三旧”改造项目认定及改造方案通过市“三旧”办审批；出具项目地块规划设计条件；完成厂区上盖评估抽签工作，评估单位出具厂区上盖物评估报告并通过相关部门审核确认；完成地块内上盖物拆迁工作并办理供地手续。南雄股份经济合作社“三旧”改造项目认定及改造方案通过市“三旧”办审批；完成集体建设用地改变为国有建设用地申请的材料汇编工作并报省国土厅审批，与6间民房业主商定补偿方案。

【环境卫生】 投入31万元，对裕安花园和银星新村垃圾中转站进化改造，9月建成并验收投入使用；投入15万元，把永星公厕重新建造为一个功能齐全的公厕，10月建成并验收投入使用；投入6万元，对辖区公共垃圾筒进行更换和添置，共更换75个、添加160个。环卫站共有70人，包括办公室人员、卫生监督管理员、清扫保洁工人、垃圾装运工人、车辆司机等，环卫管理实行定人定点定时保洁，确保一般街道保洁时间不低于8小时，重点路段12小时保洁。承包公司落实每天每个垃圾中转站垃圾清运2次、清洗1次。专门聘请2名工人对公共场所的“牛皮癣”实行清刷。结合全国第25个“爱国卫生月”活动开展春季除“四害”，清理蚊蝇孳生地82处、卫生死角45处，共25000平方米，垃圾和淤泥310吨，解决卫生难点9个；市疾控中心除四害专业队在辖区范围内进行多次的灭蚊灭鼠行动，投放老鼠谷750千克。投入600多万元，开展以下水道清淤、垃圾中转站建设、滘头农贸市场升级改造、道路维修、公厕改建等为重点的市政工程，滘头街道创建成为市卫生街道。各社区通过申报卫生社区，整治乱堆放垃圾问题，清扫卫生死角，开展巷道硬底化、明渠改暗渠、社区空地绿化工作，仁美社区创建成为市级卫生社区。至2013年，共创建省级卫生社区1个，市级卫生社区4个。投入20多万元把正南社区兴南里1—7幢之间和东海花园31—32幢之间的公园进行改造，设置小广场、健身休闲区、休息台凳等，增种大叶榕、桂花、盆架子、九里香等树木，对永南里、新基里、南安路和仁美下沙等地段的树木进行修剪。

【主要经济指标完成情况】 完成地区生产总值14.75亿元，工业总产值38.16亿元，规模以上工业增加值7.43亿元，社会消费品零售总额4.45亿元，固定资产投资7.67亿元。地方公共财政一般预算收入6350万元，外商直接投资460万美元，进出口总额1.95亿美元，城镇居民人均可支配收入24026元。区域地方库收入10079万元，国税征收3668万元，地税征收6411万元，分别增长3.33%，8.71%，2.33%。公共财政预算收入6350万元，增长3.34%。

【招商引资】 先后引进江门市江海区海恒水产交易服务中心、江门市江海区金醇酒业公司、江门市天辅安医疗器械公司、江门中英德川商业管理有限公司逸缘分店、江门市伟挺机械设备有限公司等上规模的企业。部分企业增资扩建，其中大冶摩托车公司继续技改创新投入，科恒公司新型稀土材料扩建、嘉丽二期项目投建等。新增企业总数244户，其中新办个体执照148户，新增有限公司77户，新增个人独资企业8户，其他类企业11户。

【企业科技成果】 大冶摩托车获得2013年国家高新技术企业称号，科恒公司成为省创新型企业试点单位，高光效、低光衰抗高温红粉的制备技术获得市区科技奖。富美尔环保电子科技有限公司两个区科技立项。全街道通过省创新基金试点企业立项1家，市创新基金1家，区科技奖1家，市级科技奖1家，授权发明专利9项。

【推进重点项目建设】 推进工业、商贸物流、房地产、饮食娱乐等重点项目的建设，大冶摩托、科恒公司、安诺特公司、蒙德电气有限公司、东骏电器公司等公司产值超亿元。江门市科恒实业股份有限公司研发楼竣工，新上项目厂房工程施工封顶，年产3000T锂离子电池正极材料项目进行小批量试产。大冶摩托车技术有限公司研发中心建成使用，智能化垂直循环立体化仓库调试基本完成，计划第一批设备投入使用（2014—2015年计划投资70个系统）。东华天鹅湾项目、鹿茵酒店项目、明泰江海新城项目等如期推进，江海供电局生产综合楼项目主楼建设封顶。银城花园4座安置楼楼体完工，正在完善周边设施。渔山小区完成土方工程招标工作，进入施工阶段。府西小区完成208亩征地工作并实施填土工程。

【教育】 现有民办幼托机构共6所，其中幼儿园4所，托儿所2所。在园幼儿669人，专任教师65人，保育员28人。共有区一级幼儿园3所，占全街道幼儿园总数的75%。盛辉幼儿园作为滘头街道中心幼儿园，为创建江门市一级幼儿园投入800多万元易地重建新园舍，全面改善幼儿园的设施设备，新园建成后新增优质幼儿学位350个。通过江门市一级幼儿园评估组验收被评为江门市一级幼儿园。对滘头小学校园东边两幢20世纪70—80年代建成的旧教学楼进行拆除重建，新建两幢建筑面积共4684平方米的教学楼，设33个课室。计划分2期建设，第一期改造建筑面积2291.8平方米，第二期2392.9平方米。改造项目通过可行性研究、环境评价及项目用地预审，办理规划报批及立项。

【群众文体活动】 滘头曲艺社参加在江南文化广场举办的2013年江海区迎春广场文艺会演，参加街道举办的2013年庆“五一”劳动节曲艺表演活动和曲艺文化进社区表演活动。组织辖区内有舞蹈基础的老师参加百姓健康舞的师资培训班，指派群众舞蹈队伍参与滘头街道庆“三八”文艺晚会和江海区法制文艺晚会演出。

【劳动权益保障】 街道劳动所登记辖区内企业共有550多家（含个体工商户），在职员工4150多人(其中外来人员2000多人)。本地劳动者劳动合同签订率90%以上，外来劳动者劳动合同签订率80%。备案劳动合同3153人次，其中办理新签劳动合同1389人次，续签劳动合同847人次，终止劳动合同917人次。劳动维权来信来访次数29次，涉及群众209人，企业23家，申诉金额157.31万元，主要反映拖欠工资、经济补偿、社保等问题。登记的国有、集体下岗失业人员389人，城镇失业人员求职登记100人，申请认定就业困难人员6人。办理享受申请社会保险补贴24人。低保低收入家庭168户、345人；通过电话访问、上门跟踪212人，登记就业失业的低保低收入家庭137人，其中就业107人。全年新增参加城乡居民医疗保险324人，申请参保资料变更135人，申请停保331人，协助办理新社会保障卡190人。

【社会治安】 开展“粤安13”“夏秋社会整治”以及不定期开展扫除“黄赌毒”等社会丑恶现象，刑事立案421宗，其中破案117宗，破案率41.3%。清查网吧行动9次，清查14间次；清查娱乐场所8次，清查52间次，整治治安混乱地段2处。开展禁毒进社区、进厂企、进校园等宣传活动，播放禁毒宣传片8场，举办文艺晚会1场，举办禁毒图片展览8场，建立就业安置点滘头市场，安置戒毒康复人员2名就业。通过各种途径共落实戒毒康复人员就业21人，安置率100%。

【计划生育】 提高落实长效避孕节育措施奖励，落实上环措施奖励提高到200元，落实结扎措施奖励提高到500元，落实补救措施奖励提高到500元等。以专车接送、专人陪同等方式组织育龄人群参检，对参检夫妇给予每对100元的营养补助。投入1万元新建高标准、高质量的专用库房，完善药具库房的规范化管理，拓宽药具发放模式，在5个社区安装免费自助安全套发放箱。城镇独生子女父母奖励金、计划生育家庭特别扶助金等纳入计生财政预算，及时、足额发放到户到人，全年发放各类奖励金30多万元。设立计划生育便民服务大厅，实行“一站式”管理，率先在计生部门引进“服务质量电子评价监测系统”，方便群众监督。

【社区公共服务站】 投入建设资金45万元，完成5个社区公共服务建设并全部投入运行，为社区群众提供“一站式”公共服务。各社区公共服务站使用统一办公布局，统一牌子标识和上墙资料；配备社区公共服务站工作人员，穿着工作制服和佩戴工作证，并每日更新服务台账。

【社区概况】 仁美社区 即原下沙居委，2002年6月划入滘头街道管理。社区与胜利大桥接壤，毗邻江门河。2008年5月，红星、仁美合并为仁美社区，辖有红星经济合作社，仁美里、裕安花园、新围新村、下沙、三元房、浮法玻璃厂宿舍（1至5巷），虎东（仁美里1号之八、之九、之十）、下沙门诊（仁美里1号之一1幢、2幢、3幢）、红门楼71、72号，社区内有小区管理1个、幼儿园1所，并设有星光老年人之家、青少年活动室、党员活动室、婚育分校、图书室、警务室、计生文化小广场等。面积0.5平方公里。辖区大小厂企34家，商铺113家。

建联社区 2008年5月成立，位于滘头街道西南面，辖区面积1.1平方公里，辖有新基里、新基新村、厚朋里、厚朋里西、厚朋里东、顺天里、建星新村、顺天花园、联星花园、石嘴里、竹苑里别墅等等。社区管辖新星、建星、联星原三条自然村（现经济社），外来人口较多。

银城社区 2008年5月成立，位于五星新村1号首层。辖区面积1平方公里，下辖银星和五星两个经济合作社，社区办公用房面积120平方米，有莲花里、西京里、航世里、丰谷里、五星新村、银城花园、市心里、截水里、银星新村、莲花新村等10个居民小组。辖区有学校3间，医院1间，托儿所1间，商会1个，大型厂企3间，“三小”场所160间。社区设有图书阅览室、老年活动室、党员活动室、会议室、婚育分校等。

正南社区 2008年5月成立，位于东海路以东，社区面积1.2平方公里，管辖范围有正安村、南雄村、兴南小区、君逸居、君悦居、雅南居等。现有楼房67幢，平房345间。9月，社区作为江海区唯一的示范点申报江门市“零家暴”示范社区。

永明社区 2008年5月成立，位于东海路旁。辖区面积1.2平方公里，住房总面积308561平方米，绿化面积191330平方米。管辖范围有永南里、东海花园、江海花园、南泉花园、天鹅湾，永康里（永星经济合作社）、四村里（明星经济合作社）。社区设有图书阅览室、老年活动室、党员活动室、会议室、婚育分校、社区警务站、社区卫生服务站、永星文化广场等。

滘北街道

【概述】 滘北街道东邻外海街道，南靠白水带风景区，与蓬江区一河之隔，行政辖区面积3.7平方公里，户数1534户，户籍人口5287人，常住人口12000人。1995年8月，由管理区升格为街道，现下辖北湾、富横2个社区，保留滘北经济联社及4个村级经济社等农村集体经济组织。

【城乡建设】 是年，完成《江门市滘北地块控制性详细规划》修改论证报告、修编请示上报及规划方案编制工作，经论证修改完善后报市规划局审核。对油湾片区的“三旧”改造开展前期策划咨询、摸底调查等工作，完成对油湾片区的房屋测绘及权属调查、《滘北“三旧改造”测量报告书》编制、改造成本初步匡算和地块历史遗留问题的补办手续。配合广中江高速公路建设。完成生物中心厂房2个、饭堂和江海三路137、139号商品房3层以上的拆除，对江海三路141号、143号房屋开展征收工作。投入50多万元，对油湾里1000平方米山体实施支护工程，完成油湾里山体滑坡整治，为周边居民消除山体坍塌隐患。完善“一园二路三厂企”绿化建设，开展义务植树活动，栽种植物、树木272棵；完成富田、横坑文体小广场绿化建设，增加绿化面积600平方米。加大辖区市容环境整治力度，开展辖区下水道清淤工程，完成横坑垃圾中转站建设。

【经济发展】 实现地区生产总值13.79亿元，工业总产值43.79亿元，规模以上工业增加值7.58亿元，社会消费品零售总额2.91亿元，固定资产投资4.56亿元，出口总额2.24亿美元，实际利用外资467万美元，合同利用外资623万美元。完成区域公共财政收入9474万元，其中国税收入5296万元，地税收入4178万元。以重点项目作为推动街道经济发展的主攻方向，推进江门演艺中心项目、谦信化工增资扩产项目、格林春天豪庭房地产项目等重点项目。协助谦信化工、广悦电化申请科技节能专项扶持资金，并新组建工会5家，发展会员200多名。

【教育】 完成滘北小学综合楼改造工程，通过财政出资和发动社会热心人士筹集70多万元，对滘北小学原体育馆进行升级改造，解决学校课室、功能室不足的问题。完成滘北中心幼儿园升级改造，通过省一级幼儿园的考评验收，成为江海区第一家省级幼儿园。对7名属地居民子弟大学生新生及5名滘北小学毕业生进行资助奖励，共发放奖学助学金32600元，并拨款资助家庭经济困难学前儿童、孤儿和残疾儿童7人共1050元。

【文体活动】 举办“寒冬送春联，墨香暖人心”春节赠春联活动、“赠人玫瑰，手有余香”书画活动、爱心义修义剪义诊便民活动、“三八”妇女维权、“浓浓母亲情”亲子活动、“十八大精神”宣讲、校园法制宣传等一系列文化活动，落实“电影下乡、下企业”公益放映工作，完成放映30多场次。全力配合完成创文复检工作，设立固定道德讲堂宣讲场所，大力开展道德讲堂宣讲活动，在机关、社区、企业举办宣讲活动3场次。利用元旦、“三八”妇女节、“五一”劳动节、“五四”青年节、母亲节等节日契机，组织开展体育竞技比赛、健步走、迎春趣味运动会、百姓健康舞推广、篮球比赛等文体活动。

【卫生】 按照创建文明城市、国家卫生镇（街）的标准，开展爱国卫生行动，完善相应卫生规章制度、规范环卫队伍管理，开展“门前三包”（包卫生、包绿化、包秩序）等方面检查评比，实行集中治理和长效管理相结合，解决脏、乱、差问题。投入10多万元，用于辖区改造垃圾中转站、增加果皮箱和更换环卫硬件设施等。完成沟渠硬底化工作，全面加装四防装置。开展食品安全专项检查7次，会同工商、质监等部门联合执法，对部分餐饮企业未亮证经营、员工未按时续办健康证、台账不完善、厂企饭堂工作区间布置不合理、商店超范围经营等问题限期整改。

【劳动保障】 对离校未就业高校毕业生、涉军退役人员、刑释解教人员及其他就业困难人员提供专业化“一对一”帮扶服务，帮扶28人次落实就业岗位。新增城镇就业人数504人，办理劳动合同备案2173份，办理就业失业手册504人，办理城镇失业登记25人，累计推荐就业102人次，实现社区无零就业家庭。全年受理保障性住房申请8宗，年审9宗，为52户城乡低保对象、54户低收入家庭发放最低生活保障金，申请特定病种医疗救助4万元，做好双拥、优抚、老年人和残疾人工作。富横社区康园中心建设竣工，并投入使用。新增社保缴费人数400名。发动“一元爱心”“雅安地震”捐款活动，筹得善款2.2万元。

【社会治安】 开展严打整治专项行动，严厉打击“两抢一盗”“黄、赌、毒”等违法犯罪行为，排查各类社会矛盾3宗，化解不稳定事件3起，受理“12345”政府热线2宗，矛盾纠纷调处率100%。妥善解决闪盈电子公司欠薪事件，协助广中江高速拆迁受影响住户反映诉求，化解矛盾。

【计划生育】 户籍人口出生 70人，其中政策内一孩53人；政策内二孩6人，政策外二孩10人，政策外多孩1人，符合政策生育率84.29 %，人口出生率12.77‰，自然增长率9.12‰；流动人口出生113人，其中政策内一孩55人；政策内二孩27人，政策外二孩25人，政策内多孩0人，政策外多孩6人，符合政策生育率72.57%。户籍人口落实“四术”措施41例，当年长效措施落实率 65.62%；流动人口落实“四术”措施89例，当年长效措施落实率55.17%。

【创建活动】 配合做好创文系列工作。加强城管执法以及环卫保洁，城管执法出动260人次，环卫方面共受理相关投诉80多宗，针对有关环境问题进行整改，占道经营、乱搭乱建等行为得到改善。创建广东省社区教育实验区，以富横社区为重点，加强社区教育示范点的建设力度，完善社区教育工作制度，通过教育示范性社区评估，成为江海区首批广东省社区教育实验区示范社区。

【创新社会服务管理】 街道政务服务中心办理行政服务事项及政务服务事项800多件，其中现场办结780件，现场办结率97.5%。投入130多万元，对富横旧居委办公楼进行改建；完成滘北街道家庭综合服务中心建设，作为全区首个以政府购买服务方式引入专业社工运营，集政务、服务于一体的社区综合服务中心挂牌，并向辖区居民群众开放使用。投入20万元，在富横、北湾社区完成社区公共服务站建设，服务站集行政管理、便民服务、政策咨询等职能于一体，承担困难救济、劳动保障、计划生育等131项行政审批事项的办理、呈报和咨询事项。

【社区概述】 北湾社区 2004年，滘北街道实施“村改居”改制以后，撤销原北街村、油湾村后设立北湾社区居委会，面积2.5平方公里，居民856户，常住人口5000人。辖区内有羽毛球馆、文体小广场等休闲文体场所。成立北湾社区公共服务站，形成社区党组织、社区居委会、社区公共服务工作站的“三位一体”社区管理工作新框架。完成油湾里附近山坡山体滑坡减灾工程。

富横社区 2004年，滘北街道实施“村改居”改制，撤销原富田村、横坑村，设立富横社区居委会，辖区面积1.2平方公里，居民704户，总人口2351人。2009年，成立富横社区家长学校。是年，建成富横社区公共服务站，完善社区党组织、社区居委会、社区公共服务工作站的“三位一体”社区管理新框架。7月，富横社区进驻家庭综合服务中心与晨光社区（社工）携手为群众开展合作协办活动50余场次，并通过开放图书室、举办430学堂、暑假兴趣班，为老、中、青、少不同阶段年龄层提供良好学习、文娱的多元化活动氛围。

获奖·荣誉

JIANG HAI YEARBOOK

2013年获全国、省、市表彰单位

表12

获奖时间	获奖单位	获奖名称	授予单位
2月	外海街道金溪村	全国人口和计划生育基层群众自治示范村	国家卫生和计划生育委员会、中国计划生育协会
2月	江门市江晟电机厂有限公司	国家守合同重信用企业	国家工商行政管理总局
8月	江门市长优实业有限公司	全国模范职工小家	中华全国总工会
10月	江海区人口和计划生育局	全国人口和计划生育系统先进单位	人力资源和社会保障部、国家卫生和计划生育委员会
11月	礼乐街道（巾帼森林防火生物治理工程林）	全国“三八绿色工程”示范基地（项目）	中华全国妇女联合会、全国妇女“双学双比”活动领导小组
1月	江南街道	广东省党员干部现代远程教育领导带学活动优秀终端站点	中共广东省委组织部
1月	江南街道江翠社区	2013—2017年度广东省先进科普示范社区	广东省科学技术协会、省精神文明建设委员会
1月	江南街道江翠社区	广东省居务公开管理示范社区	广东省村务公开协调小组
1月	江南街道中沙社区	广东省居务公开管理示范社区	广东省村务公开协调小组
1月	外海街道金溪社区“妇女之家”	广东省第二批“妇女之家”示范点	广东省妇女联合会
1月	礼乐街道新民村	广东省党员干部现代远程教育领导带学活动优秀终端站点	中共广东省委组织部
1月	礼乐街道新民村	第二批广东省宜居示范村庄	广东省住房和城乡建设厅
1月	礼乐街道五四村	第二批广东省宜居示范村庄	广东省住房和城乡建设厅
1月	礼乐街道向荣村	第二批广东省宜居示范村庄	广东省住房和城乡建设厅
2月	外海街道金溪村	广东省人口和计划生育基层群众自治示范村	广东省卫生和计划生育委员会
2月	外海街道石鹤利社区	广东省人口和计划生育基层群众自治示范村	广东省卫生和计划生育委员会
2月	江海区人民检察院	广东省“三打”专项行动先进集体	中共广东省委、省人民政府
2月	礼乐街道	广东省卫生镇	广东省爱国卫生运动委员会

续上表

获奖时间	获奖单位	获奖名称	授予单位
2月	广东银帆化学有限公司	广东省高新技术产品（环保型VOC低温汽车底漆和高温汽车底漆）	广东省科学技术厅
2月	广东银帆化学有限公司	广东省高新技术产品（环保型VOC低温汽车面漆和高温汽车面漆）	广东省科学技术厅
4月	广东银帆化学有限公司优先动手环保涂料研发项目组	广东省工人先锋号	广东省总工会
4月	外海街道	广东省扶贫开发“规划到户、责任到人”工作先进单位	中共广东省委办公厅、广东省人民政府办公厅
4月	礼乐街道	广东省扶贫开发“规划到户、责任到人”工作优秀单位	中共广东省委办公厅、广东省人民政府办公厅
5月	外海街道麻二金紫学校五年级中队	2012年“飞扬的红领巾”广东少先队队日竞赛活动二等奖	少先队广东省工作委员会
6月	外海街道麻三村	广东省卫生村	广东省爱国卫生运动委员会
6月	江门市江晟电机厂有限公司	广东省守合同重信用企业	广东省工商行政管理局
6月	外海街道金溪社区	广东省“妇女之家”示范点	广东省妇女联合会
7月	礼乐街道乌纱村	广东省卫生村	广东省爱国卫生运动委员会
7月	江门市文昌集团有限公司	广东省社会组织先进党支部	中共广东省社会组织工作委员会
9月	外海中心小学	广东省语言文字规范化示范学校	广东省教育厅、广东省语言文字工作委员会
11月	江门市公安消防支队江海区大队江海中队	广东省青年文明号	共青团广东省委员会
11月	江南小学	广东省德育示范学校	广东省教育厅
11月	华兴小学	广东省德育示范学校	广东省教育厅
11月	外海街道银泉社区	广东省地震安全示范社区	广东省地震局
11月	江门市江晟电机厂有限公司	广东省创新型企业	广东省科学技术厅、省发展和改革委员会、省经济和信息化委员会、省国有资产管理委员会、省知识产权局、省总工会
2月	江门市公安局江海分局经济犯罪侦查大队	江门市“三打”工作先进集体	江门市人民政府
2月	江海区人民检察院	江门市“三打”工作先进市（区）先进集体	中共江门市委、江门市人民政府

续上表

获奖时间	获奖单位	获奖名称	授予单位
3月	滘头街道	江门市2012年度安全生产监督工作先进单位	中共江门市委、江门市人民政府
3月	礼乐街道	江门市2012年度安全生产监管工作先进单位	中共江门市委办公室、江门市人民政府办公室
3月	江门市江海区灏宇化工有限公司	江门市2012年度企事业安全生产工作先进单位	江门市人民政府办公室
4月	礼乐街道	江门市2012年度人口和计划生育先进单位	江门市人民政府
10月	广东聚科照明股份有限公司	江门市科学技术二等奖	江门市人民政府
10月	江门量子高科生物有限公司	江门市科学技术二等奖	江门市人民政府
10月	江门市高力依科技实业有限公司	江门市科学技术三等奖	江门市人民政府
10月	江门市资迪科技环保有限公司	江门市科学技术三等奖	江门市人民政府
10月	江门市江海区嘉诺化工发展有限公司	江门市科学技术三等奖	江门市人民政府
10月	江门新时代胶粘科技有限公司	江门市科学技术三等奖	江门市人民政府
10月	江门市长优实业有限公司	江门市科学技术二等奖	江门市人民政府

2013年获全国、省、市表彰个人

表13

获奖时间	获奖个人	所在单位	获奖名称	授予单位
3月	刘昶恩	江门市公安局江海分局国内安全保卫大队	公安机关国保荣誉奖章	公安部
3月	邓兰娇	礼乐街道	全国农村科技致富女能手	中华全国妇女联合会、全国农村妇女“双学双比”活动领导小组
8月	冯伟生	礼乐街道	全国优秀工会工作者	中华全国总工会
2月	区伟新	中共江海区委政法委员会	广东省“三打”专项行动先进个人	广东省“三打”工作领导小组
2月	吴少添	中共江海区委政法委员会	广东省“三打”专项行动先进个人	广东省“三打”工作领导小组
3月	蓝亦文	江门市公安局滘头派出所	公安机关国保荣誉奖章	广东省公安厅
4月	林彩娇	礼乐街道	广东省优秀团干部	共青团广东省委员会
8月	舒长虹	江门市长优实业有限公司	广东省五一劳动奖章	广东省总工会
8月	吴少添	中共江海区委政法委员会	“三打两建”工作个人二等功	广东省司法厅
11月	柏芳林	江门市公安局江海分局刑事侦查大队五中队	广东省优秀法制员	广东省公安厅
1月	卞银锋	礼乐街道	江门市2012年度城乡医保工作先进个人	江门市人民政府
2月	陈志旺	江门市工商局江海分局	江门市“三打”工作先进个人	中共江门市委、江门市人民政府
2月	区伟新	中共江海区委政法委员会	江门市“三打”工作先进个人	中共江门市委、江门市人民政府
2月	周明来	中共江海区委政法委员会	江门市“三打”工作先进个人	中共江门市委、江门市人民政府
2月	吴少添	中共江海区委政法委员会	江门市“三打”工作先进个人	中共江门市委、江门市人民政府
2月	潘大卫	江门市公安局江海分局	江门市“三打”工作先进个人	中共江门市委、江门市人民政府
3月	姚俊	江门市公安局文昌沙派出所	人民卫士荣誉证书	江门市人民政府
3月	姚俊	江门市公安局文昌沙派出所	三十年人民卫士荣誉及奖章	中共江门市委、江门市人民政府

续上表

获奖时间	获奖个人	所在单位	获奖名称	授予单位
3月	潘大卫	江门市公安局江海分局	“清网行动”个人一等功	江门市人民政府
3月	潘大卫	江门市公安局江海分局	三十年人民卫士荣誉及奖章	中共江门市委、江门市人民政府
3月	张敬军	江门市公安局江海分局指挥中心	人民卫士荣誉奖章	江门市人民政府
3月	张敬军	江门市公安局江海分局指挥中心	三十年人民卫士荣誉及奖章	中共江门市委、江门市人民政府
3月	黎耀强	江门市公安局高新技术产业开发区派出所	人民卫士荣誉证书	江门市人民政府
3月	赖仕金	江门市公安局江海分局指挥中心	人民卫士荣誉证书	江门市人民政府
3月	赖仕金	江门市公安局江海分局指挥中心	三十年人民卫士荣誉及奖章	中共江门市委、江门市人民政府
3月	许崇满	江门市公安局外海派出所	人民卫士荣誉证书	江门市人民政府
3月	许崇满	江门市公安局外海派出所	三十年人民卫士荣誉及奖章	中共江门市委、江门市人民政府
3月	罗本源	江门市公安局新港派出所	人民卫士荣誉证书	江门市人民政府
3月	罗本源	江门市公安局新港派出所	三十年人民卫士荣誉及奖章	中共江门市委、江门市人民政府

重要文件

JIANG HAI YEARBOOK

印发2012年江海区政府向社会组织购买服务目录（第一批）的通知

江海府办〔2013〕12号

各街道办事处，区直各单位：

《2012年江海区政府向社会组织购买服务目录（第一批）》业经区政府同意，现印发给你们，请认真贯彻执行。执行过程中遇到的问题，请径向区财政局反映。

江门市江海区人民政府办公室

2013年4月1日

附件

2012年江海区政府向社会组织购买服务目录

代码			一级目录(5级)	二级目录（49项）	三级目录（262项）
A	01	01	基本公共服务事项	教育类	公共教育规划和政策研究、宣传服务
A	01	02			公共教育资讯收集与统计分析
A	01	03			公共教育基础设施管理与维护
A	01	04			公共教育成果质量评估
A	01	05			公共教育成果交流与推广
A	01	06			全市性学生竞赛活动的组织和实施工作
A	01	07			其他政府委托的教育服务
A	02	01		医疗卫生类	公共医疗卫生规划、政策、法规、标准研究、咨询及宣传服务
A	02	02			政府组织的公共医疗卫生信息采集、发布辅助性工作
A	02	03			政府组织的群众健康检查服务
A	02	04			突发公共事件卫生应急处置辅助性工作
A	02	05			对灾害事故实施紧急医学救援的辅助性工作
A	02	06			政府组织的重大疾病预防和干预辅助性工作
A	02	07			公共卫生状况的评估
A	02	08			公共医疗卫生知识普及与推广
A	02	09			公共医疗卫生项目的实施与管理
A	02	10			政府组织的公共医疗卫生交流合作
A	02	11			公共医疗卫生成果推广应用
A	02	12			其他政府委托的医疗卫生服务

继上表

代码			一级目录（5级）	二级目录（49项）	三级目录（262项）
A	03	01	基本公共服务事项	文化类	公共文化规划和政策研究、宣传服务
A	03	02			公共文化资讯收集与统计分析
A	03	03			优秀传统文化与非物质文化遗产保护及传承传播
A	03	04			公共文化基础设施的管理与维护服务
A	03	05			政府举办的公益性文艺演出
A	03	06			政府组织的公益性艺术品创作
A	03	07			政府组织的文化交流合作与推广
A	03	08			文物保护的辅助性工作
A	03	09			政府组织的群众性文化活动的组织与实施
A	03	10			文化产业规划和政策研究项目
A	03	11			其他政府委托的文化服务
A	04	01		体育类	公共体育规划和政策研究、宣传服务
A	04	02			公共体育资讯收集与统计分析
A	04	03			公共体育运动竞赛组织与实施
A	04	04			政府举办的群众性体育活动的组织与实施
A	04	05			政府组织的体育职业技能再培训
A	04	06			政府组织的国民体质测试及指导服务
A	04	07			其他体育类服务事项
A	05	01		交通运输类	交通运输规划和政策研究、咨询及宣传服务
A	05	02			政府组织的交通运输人才培训
A	05	03			政府委托的公共交通运输基础设施维护与管理
A	05	04			政府委托的重点物资和紧急客货运输服务
A	05	05			其他政府委托的交通运输服务
A	06	01		住房保障类	保障性住房规划和政策研究、宣传服务
A	06	02			保障性住房对象资格信息采集与管理辅助性工作
A	06	03			保障性住房信息（房源信息等）征集与发布等辅助性服务
A	06	04			保障性住房使用监督的辅助性工作
A	06	05			保障性住房后期管理服务
A	06	06			其他政府委托的住房保障服务
A	07	01		社会保障类	社保经办服务
A	07	02			社保稽核服务
A	07	03			社保类法律事务服务
A	07	04			社会保障社会化管理服务
A	07	05			其他社会保障类服务
A	08	01		公共就业类	公共就业规划和政策研究、咨询及宣传服务
A	08	02			公共就业信息的收集与统计分析

继上表

代码			一级目录（5级）	二级目录（49项）	三级目录（262项）
A	08	03	基本公共服务事项	公共就业类	农村劳动力转移就业辅助性工作
A	08	04			政府组织的就业培训
A	08	05			技能培训项目验收
A	08	06			技能培训项目第三方监督
A	08	07			劳动力资源调查
A	08	08			其他公共就业服务
A	09	01		人才服务类	政府委托的人才信息收集统计分析
A	09	02			高层次人才引进配套服务
A	09	03			政府举办的公益性人才交流活动的组织与实施
A	09	04			高校毕业生就业指导及公益性招聘活动
A	09	05			高校毕业生档案托管服务辅助性管理工作
A	09	06			公益性网上人才服务信息平台的基础设施建设及维护管理
A	09	07			其他公共人才服务
A	10	01			三农规划和政策研究、宣传服务
A	10	02			农产品供需、价格信息收集、统计分析、咨询服务
A	10	03		服务三农类	政府委托的服务三农项目实施与管理
A	10	04			政府委托的农村公共基础设施建设维护与管理服务
A	10	05			政府组织的农民种养技能培训及指导
A	10	06			无公害农产品和地理标志产品认证管理的辅助性工作
A	10	07			农业突发公共事件的调查评估
A	10	08			政府组织的三农灾害性救助辅助性工作
A	10	09			农产品质量安全风险评估
A	10	10			动物重大疫病和农作物重大病虫害监测预警与防控辅助性工作
A	10	11			其他政府委托的服务三农事项
A	11	01		资源环境类	资源节约环境保护规划和政策研究、宣传服务
A	11	02			政府组织的资源环境评估服务
A	11	03			政府组织的资源节约环境保护教育、培训
A	11	04			政府组织的资源节约环境保护考核、监督检查及环境污染调查辅助性工作
A	11	05			政府委托的资源节约监测及公共环境监测设施建设及维护辅助性工作
A	11	06			生态环境事故鉴定辅助性工作
A	11	07			政府组织的资源节约信息、环境质量信息收集及分析
A	11	08			政府组织的资源节约环境保护科技成果推广
A	11	09			其他政府委托的资源节约环境保护服务

继上表

代码			一级目录（5级）	二级目录（49项）	三级目录（262项）
A	12	01		其他	其他政府公共服务事项
B	01	01	社会事务服务事项	社区事务类	社区管理政策研究、规划及宣传服务
B	01	02			政府委托的助老助残、外来人口管理、社区调查等社区事务组织与实施
B	01	03			政府委托的社区人才培训
B	01	04			政府委托的社区戒毒社区康复类
B	01	05			退休人员社区管理和服务
B	01	06			其他政府委托的社区服务
B	02	01		社会救助类	社会救助政策研究、宣传服务
B	02	02			社会救助对象的信息收集等辅助性工作
B	02	03			社会救助的组织与实施等辅助性工作（包括医疗救助、心理咨询、群众转移安置、救助款物管理等）
B	02	04			公办救助机构监管的辅助性工作
B	02	05			政府组织的群众性应急救助培训
B	02	06			政府开展的社会救助专业人才培训
B	02	07			公益性养老项目的实施与管理
B	02	08			公益性助残项目的实施与管理
B	02	09			公益性困境妇女儿童帮扶救助
B	02	10			其他政府委托的社会救助服务
B	03	01		法律援助类	法律援助规划及政策研究服务
B	03	02			政府委托的法律援助项目的实施服务
B	03	03			法律援助政策宣传与咨询
B	03	04			法律援助工作信息化建设及维护
B	03	05			法律援助对象情况信息收集等辅助性动态管理工作
B	03	06			政府委托的法律援助人才的培训
B	03	07			其他政府委托的法律援助服务
B	04	01		社工服务类	社工服务规划和政策研究服务
B	04	02			政府组织的社工人才的培养
B	04	03			政府委托社工服务项目的组织实施
B	04	04			社工队伍监督管理的辅助性工作
B	04	05		社工服务类	社会工作专业人员的注册登记管理
B	04	06			其他政府委托的社工服务
B	05	01		社会福利类	社会福利政策研究、规划、咨询及宣传服务
B	05	02			公办社会福利设施管理与维护服务
B	05	04			社会福利服务项目的组织实施

继上表

代码			一级目录(5级)	二级目录（49项）	三级目录（262项）
B	05	05	社会事务服务事项	社工服务类	政府委托的养老护理员、孤残儿童护理员等专业资质岗位的职业培训
B	05	06			其他政府委托的社会福利服务
B	06	01		慈善救济类	慈善救济的引导政策研究服务
B	06	02			慈善救济监管及服务
B	06	03			政府委托的慈善救济组织与实施
B	06	04			政府委托的慈善救济宣传
B	06	05			捐助站辅助性服务工作
B	06	06			政府实施的慈善救济项目的评估
B	06	07			其他政府委托的慈善救济服务
B	07	01		公益服务类	政府举办的公益服务的组织实施辅助性工作
B	07	02			公益项目的策划和组织
B	07	03			公益服务绩效评价
B	07	04			其他政府委托的公益服务
B	08	01		人民调解类	人民调解政策研究、咨询及宣传服务
B	08	02			人民调解服务辅助性工作
B	08	03			政府组织的人民调解队伍培训
B	08	04			其他政府委托的人民调解服务
B	09	01		社区矫正类	社区矫正政策研究、咨询及宣传服务
B	09	02			政府设立的社区矫正中心的维护与管理服务
B	09	03			政府委托的矫正项目实施与日常管理
B	09	04			被矫正人员信息的收集等辅助性工作
B	09	05			政府委托的矫正工作队伍的日常管理及培训
B	09	06			社区矫正政策的宣传和咨询
B	09	07			被矫正人员就业指导与推荐
B	09	08			政府委托的矫正人员开展社区服务工作的组织与管理
B	09	09			其他政府委托的社区矫正服务
B	10	01		安置帮教类	安置帮教政策的宣传和咨询
B	10	02			安置帮教队伍的建设与培训
B	10	03			政府委托的安置帮教项目的实施与管理（包括职业技能、就业、心理咨询等指导）
B	10	04		安置帮教类	安置帮教的宣传和咨询
B	10	05			安置帮教队伍的建设与培训
B	10	06			其他政府委托的安置帮教事项
B	11	01		宣传类	政策法规宣传等辅助性工作
B	11	02			公共宣传、公益性宣传规划研究

继上表

代码			一级目录(5级)	二级目录(49项)	三级目录(262项)
B	11	03	社会事务服务事项	宣传类	政府举办的专题公益宣传活动的其他辅助性服务
B	11	04			政府宣传人才队伍的培训
B	11	05			宣传效果评估
B	11	06			其他政府委托的宣传服务
B	12	01		其他	其他政府社会事务服务事项
C	01	01	行业管理与协调事项	行业资格认定和准入审核类	行业从业资格标准和政策研究服务
C	01	02			政府组织的行业信息收集与发布服务
C	01	03			行业准入技术标准制定辅助性工作
C	01	04			从业资格认定纠纷的技术服务及调解处理
C	01	05			产业政策符合性审核、行业准入条件审核
C	01	06			其他行业资格认定和准入辅助性工作
C	02	01		处理行业投诉	行业管理政策研究、宣传服务
C	02	02			政府设立的行业投诉举报热线、网站平台的维护和申诉受理服务（包括知识产权、司法鉴定、民营企业、政府采购、销售彩票、消费者、产品质量）
C	02	03			政府委托开展的行业投诉数据统计与分析服务
C	02	04			其他政府委托的行业投诉处理服务
C	03	01		其他	其他行业管理与协调事项
D	01	01	技术服务事项	科研类	科技发展规划和政策研究、宣传服务
D	01	02			基础性科学技术研究、咨询、信息检索及成果转化服务
D	01	03			基础性科学人才再培训
D	01	04			政府组织的科学技术交流与合作
D	01	05			科研能力管理与评估
D	01	06			政府组织的科研资讯收集与统计分析
D	01	07			科普知识的普及与推广
D	01	08			其他政府委托的科研服务
D	02	01		行业规划	政府组织的行业布局等总体规划研究服务
D	02	02			政府委托的专项性规划的研究
D	02	03			政府委托的行业规划评估服务
D	03	01		行业规范	政府组织的行业规范研究服务
D	03	02			政府开展的行业规范评估
D	03	03		行业规范	其他政府委托的行业规范服务
D	04	01		行业调查	政府组织的经济社会发展情况调查
D	04	02			政府组织的经营状况调查
D	04	03			政府组织的社会诚信度调查
D	04	04			政府组织的服务满意度调

继上表

代码			一级目录(5级)	二级目录（49项）	三级目录（262项）
D	04	05	技术服务事项	行业调查	政府组织的安全生产情况调查
D	04	06			政府组织的反倾销反补贴反垄断调查
D	04	07			其他政府委托的行业调查服务
D	05	01		行业统计分析	行业统计指标研究、制订等辅助性工作
D	05	02			政府组织的行业发展评估
D	06	01		资产评估	政府因资产转让、拍卖和税费征缴而实施的资产评估服务
D	06	02			其他政府委托的资产评估服务
D	07	01		检验\检疫\检测	产品强制检验辅助性工作
D	07	02			强制性卫生检疫辅助性工作
D	07	03			区域性防范疫情开展的动植物检疫辅助性工作
D	07	04			强制性动植物检疫辅助性工作
D	07	05			其他政府委托的检验、检疫、检测服务
D	08	01		监测服务	自然环境监测辅助服务
D	08	02			社会管理监测辅助服务
D	08	03			经济运行监测辅助性工作
D	08	04			公共医疗卫生监测
D	08	05			社会发展监测
D	08	06			其他政府委托的监测服务
D	09	01		其他	其他技术服务事项
E	01	01	政府履职所需辅助性和技术性事务	法律服务	行政诉讼代理应诉法律服务
E	01	02			政府法律顾问服务
E	01	03			政府法律咨询服务
E	01	04			政府非诉讼法律代理服务（含文书和证明）
E	01	05			行政调解辅助性工作
E	01	06			司法救助辅助性工作
E	01	07			其他政府法律服务
E	02	01		课题研究	政府决策、执行、监督等方面的通用课题研究
E	02	02			政治建设、经济建设、社会建设、文化建设等方面的专项性课题研究
E	02	03			其他政府委托的课题研究服务
E	03	01		政策（立规）调研、草拟、论证	党的公共政策调研、草拟、论证等的辅助性工作
E	03	02			立法机关的公共政策调研、草拟、论证等的辅助性工作
E	03	03			行政机关的公共政策调研、草拟、论证等的辅助性工作
E	03	04			司法机关的公共政策调研、草拟、论证等的辅助性工作
E	03	05			工青妇等群团组织政策调研、草拟、论证等的辅助性工作

继上表

代码			一级目录（5级）	二级目录（49项）	三级目录（262项）
E	03	06	政府履职所需辅助性和技术性事务		其他政府委托的调研、草拟、论证工作
E	04	01		会议、经贸活动和展览服务	会场布置、人员接送等辅助性工作及服务
E	04	02			经贸活动、展览活动的组织、策划等辅助性工作及服务
E	04	03			展览活动组展设计和实施
E	04	04			经贸活动项目对接、汇总和跟踪服务
E	04	05		会议、经贸活动和展览服务	会议、经贸活动和展览所需其他辅助性工作及服务
E	05	01		监督	人大监督的政策性技术性监督辅助工作
E	05	02			行政监督的政策性技术性监督辅助工作
E	05	03			司法监督的政策性技术性监督辅助工作
E	05	04			工青妇等群团组织监督的政策性技术性监督辅助工作
E	05	05			重大事项的第三方监督
E	05	06			其他政府委托的政策性技术性监督辅助工作
E	06	01		评估	行政政策的决策风险、实施效果等政策评估服务
E	06	02			社会管理、公共服务、重大民生项目执行情况和实施效果等项目评估服务
E	06	03			自然灾害及重大社会事件等突发公共事件影响评估服务
E	07	01		绩效评价	政策实施绩效评价辅助性工作
E	07	02			资金使用绩效评价辅助性工作
E	07	03			政府行政效能绩效评价辅助性工作
E	07	04			其他政府绩效评价服务
E	08	01		工程服务	公共工程规划
E	08	02			公共工程可行性研究报告草拟辅助性工作
E	08	03			公共工程安全监管辅助性工作
E	08	04			公共工程的概（预）、结（决）算审核工作
E	08	05			公共工程评价
E	08	06			其他政府公共工程管理服务
E	09	01		项目评审	公共项目规划、设计、可行性研究等专家评审服务
E	09	02			政府资金申报的专家评审服务
E	09	03			政府设立奖项的专家评审服务
E	09	04			重大事项第三方评审服务
E	09	05		项目评审	其他政府评审服务
E	10	01		咨询	立规咨询
E	10	02			司法咨询
E	10	03			行政咨询
E	10	04			其他政府咨询服务

继上表

代码			一级目录（5级）	二级目录（49项）	三级目录（262项）
E	11	01	政府履职所需辅助性和技术性事务	技术业务培训	政府工作人员专业技能培训服务
E	11	02			其他政府技术业务培训服务
E	12	01		审计服务	因审计力量不足聘请审计人员服务
E	12	02			重大事项第三方审计服务
E	12	03			其他政府审计服务
E	13	01		其他	政府履职所需其他辅助性和技术性服务

关于印发江海区创建广东省社区教育实验区实施方案的通知

江海府办〔2013〕15号

各街道办事处，区直有关单位：

《江海区创建广东省社区教育实验区实施方案》业经区人民政府同意，现印发给你们，请认真贯彻执行。实施过程中遇到的问题，请径向区教育局反映。

江门市江海区人民政府办公室

2013年5月7日

江海区创建广东省社区教育实验区实施方案

社区教育是一项综合性的社会教育工程，是社区居民丰富物质生活、实现精神生活多元化发展的自身需求，也是构建和谐社区的一项基础性工作。为了更好地满足社区居民对教育的需求，深入推进学习型社会建设，推进我区创建广东省社区教育实验区工作全面开展。根据省市有关工作要求，结合我区实际，制订本方案。

一、指导思想

深入贯彻落实科学发展观，围绕我区经济和社会发展的总体目标，认真实施科教兴区战略，充分利用和开发社区的各类教育资源，逐步完善终身教育体系，积极构建社区教育新平台。以创建为动力，充分整合、开发社区内的各类教育资源，提高社区教育工作的创造力、凝聚力，提升社区教育活动水平，从而不断丰富社区居民的精神文化需求，提高我区社区居民的文明素质和生活质量。

二、目标任务

以创建广东省社区教育实验区为契机，以实验促普及，以项目促发展，通过各类社区教育活动的开展和各类学习型组织的创建，进一步完善我区的社区教育网络，构建具有江海特色的终身教育体系，使“终身学习，学以致用”的社区教育理念落到实处，做到人人是学习之人、处处是学习之地、时时是学习之时。力求在2013年7月将我区创建成为广东省社区教育实验区。

三、创建工作安排

创建工作分四个阶段，各阶段时间及主要工作安排如下：

第一阶段：宣传发动阶段（2013年4月）

召开动员大会，全面布置工作任务。各部门、街道、社区、学校根据确立的创建目标及《实施方案》目标分解，结合本单位实际，确立自己的创建目标、制定切实可行的创建实施计划并付诸实施。

第二阶段：全面创建阶段（2013年4月至5月）

有关部门、各街道、社区、学校对照《广东省社区教育实验区评价指标分工表》要求，建立健全领导机构，构建社区教育网络，加强社区教育队伍建设，筹措社区教育经费，广泛开展各类人群的教育培训。各单位要派专人负责资料的搜集和整理，将开展社区教育活动的计划、报道、总结、图片资料搜集完整，认真填写各类表格。以上几项工作须在5月30日前完成，创建资料在6月30日完成整理、装订。各单位要按照时间进度，抓好各阶段工作的检查和督促。要密切和区教育局的联系，理解创建工作的要求，按时按质配合区教育局完成资料的填报工作。

第三阶段：检查督促阶段（2013年6月）

有关部门、各街道、社区、学校要对照《广东省社区教育实验区评估标准》，将创建资料自检自查，找出创建资料中的疏漏和不足，及时加以整改和补充。每个街道重点创建一个社区教育示范点，并准备3—4个社区作为必查单位，其他社区有所侧重。教育局在5月30日前要对重点单位进行检查，确保必查单位资料一定要过关。

第四阶段：迎检阶段（2013年7月）

有关部门、各街道、社区、学校要营造浓烈的迎检氛围，要张贴标语，精心布置宣传栏，对相关项目和阵地进行布置。区教育局要准备好汇报的材料，拟定检查的路线和检查的单位。被检单位要做好各项资料的准备，随时接受检查组的检查。

四、工作要求

（一）领导与管理

1．区、街道党政领导重视社区教育工作，指导思想明确，对社区教育工作的认识深刻，工作积极性高，定期制定社区教育发展规划和工作目标，纳入本级经济社会发展和教育发展规划中，并认真贯彻落实。

2．建立“党政统筹领导、教育部门主管、有关部门配合、社区自主活动、群众广泛参与”的社区教育管理体制和运行机制，形成比较健全的社区教育制度，并不断地创新和完善。

（二）条件与保障

1．建成区、街道、社区三级社区教育机构，并能有效地开展形式多样的教育活动。

2．积极推进终身教育信息网络的建设，开展社区数字化学习，并能运用现代信息技术加强社区教育的管理，以信息化带动学习型社区建设。

3．积极整合社区内各类教育资源，社区教育资源开发和服务程度较高。社区内教育机构教育资源共享度较高；社区内非教育机构教育资源得到较好地开发和利用；社区重视无形教育资源的总结、提炼和利用；社区建设学习资源服务圈。

4．建立一支相对稳定、素质较高、结构合

理、专兼职相结合的社区教育管理者队伍和师资队伍，并能定期进行岗位技能培训。

5．保障社区教育经费的投入。财政按常住人口每年人均不低于2元的标准设立社区教育专项培训经费，并落实到位，确保“专款专用”；建立多渠道筹措经费的机制。

（三）教育培训与学习活动

1．各类社区教育协调发展。全年接受社区教育服务的社区成员占全体成员的比例达50%以上。社区居民劳动力转移和实用技术全年培训率分别达50%和30%以上。社区教育机构有专门服务未成年人的场所和配备专有人员，能常态开展主题教育活动，并能为未成年人提供公益服务，保障未成年人安全；未成年人参与社区教育活动的比例不低于50%。

2．注重社区教育机构能力建设，积极开发具有社区教育特点的课程资源，力求满足不同类型不同层次的社区成员多样化的学习需求。

（四）社区教育成效

1．积极创建各类学习型组织。学习型党政机关创建率达70%；学习型社区创建率达60%。

2．社区成员对社区教育的认知和评价不断提高，其中知晓率、认同率达70%以上；对接受社区教育服务的满意率达60%以上。

3．社区成员终身学习理念和社区归属感增强；社区成员精神生活质量和环境生活质量有改善；社区和谐稳定，文明程度较高。

（五）特色与创新

定期开展社区教育督导评估工作，积极开展社区教育研究，不断实践探索，形成特色。

五、工作分工

区委办区府办：成立由党委或政府主要领导牵头的社区教育委员会，出台推进社区教育工作的政策文件，领导、协调全区社区教育工作，解决和处理社区教育中的重大问题；定期或不定期召开领导小组成员单位联席会议，安排阶段重点工作；对全区及有关部门的社区教育进行督查；对区关于社区教育下发的文件进行把关。

区委宣传部：对有关社区教育的宣传工作进行总结，协助制作我区社区教育实验区创建专题片，撰写、协助拍摄、编印反映我区社区教育成果的汇编材料和画册，举办社区教育特色展示活动，组织媒体大力宣传我区社区教育建设成果；指导文明社区和学习型社区建设。

区发展改革统计局：研究和分析社区教育发展状况，审定社区教育发展规划，保证社区教育与经济、社会协调发展。

区经济促进局：支持配合社区开展科技活动，提供信息及技术力量，利用科技设施等场所对社区成员开展爱科学、学科学的宣传、教育活动，建设区级社区学习网络信息平台，做好社区成员的科普宣传及教育。

区教育局：负责江海区社区学院的筹建、布置工作，社区教育实验区创建工作小组办公室的日常工作，落实各专责工作组职责分工；协调各单位、各社区对贯彻落实有关社区教育工作情况进行总结，并全面总结全区社区教育发展情况。对照《广东省社区教育实验区评价指标》，认真做好自评工作，落实对薄弱环节的整改，组织好各项资料的收集、整理工作，完成申报社区教育实验区申报表、自评报告、评估指标体系自评分说明。

区民政局：制定社区建设规划；对社区居民进行民主法制教育，推动居民自治、政务公开；制定社区各类考核标准，推动社区建设。

区财政局：按照广东省社区教育实验区评价指标体系要求，落实对社区教育经费的投入，并对涉及社区教育的财政经费管理以及财政对社区教育投入情况的数据、资料进行整理收集总结。

区人力资源社会保障局：协助推进终身教育体系建设，对下岗待业失业人员、农村富余劳动力、进城务工人员等开展技能培训，提供有关培训资料、表格。

区农林水务局：做好农民实用技术的培训工作；做好新项目、新品种辐射推广工作；做好农民素质提高和农业技术推广工作。

区文体旅游局：整治文化环境，特别是图书市场和网吧。抓好文、体设施向市民开放工作，开展形式多样的社区活动，活跃社区成员的业余生活。

区卫生局：指导各社区开展社区健康教育，宣传健康知识及应急救护知识；督促社区做好卫生宣传、便民医疗服务等方面的工作；开展“健康知识进万家”、“健康伴我行”活动。

区人口计生局：指导社区计生教育网络建设，开展计划生育宣传咨询、政策服务、节育避孕、生殖保健等技术服务和人口与计划生育有关的工作，帮助开展对育龄人群的优生、优育、优教等优质服务工作，参与社区的综合管理和服务。

区公安分局：宣传法律法规，进行公共安全教育；制定社区治安保卫和消防措施；指导有关部门落实治安防范措施，建立健全治安、巡逻等群防群治组织；参与社区刑释解教人员的帮教、安置工作，维护好社区治安秩序。对近三年区各类案件发生情况进行统计，并形成年度工作总结。

团区委：对社区少年儿童开展各类教育，积极开展丰富多彩的文娱、体育活动，发动志愿者参与社区教育的相关活动，并对有关社区教育的培训工作进行总结。

区妇联：组织开展《妇女权益保障法》、《婚姻法》及相关法律、法规、政策的宣传教育培训和妇女维权工作。对社区妇女开展多类型的教育培训，并对有关社区教育的培训工作进行总结。

区科协：支持配合社区开展科技活动，提供信息及技术力量，利用科技设施等场所对社区成员开展爱科学、学科学的宣传、教育活动，做好社区成员的科普宣传及教育。

区关工委：组织退休干部作为志愿者，参与社区教育培训工作。配合做好对青少年进行爱国主义、民主法制、社会公德等思想教育，引导青少年树立正确的理想、信念和价值观，不断提高青少年的思想道德素质。配合有关部门做好后进青少年的转化工作、失足青少年的帮教挽救工作和贫困生的扶贫帮困。

各街道：把社区教育纳入街道议事日程，制定年度社区教育工作计划，并以街道名义发文；定期召开社区教育工作会议，成立街道社区教育工作领导小组，研究解决社区教育中的重大问题；搞好街道社区教育硬件建设和内涵建设，使阵地建设能满足社区居民进行教育培训和开展活动的需求；配齐社区教育专职干部和教师，以保证社区教育工作的正常开展；按标准安排社区教育年度事业经费，列入财政预算，专款专用；不断推进和深化社区教育工作，总结经验成果，表彰、奖励社区教育先进集体和先进个人。创建一个社区教育示范点，并对辖区内社区上交的资料进行审核把关；开展社区教育研究，创建符合本街道实际情况的具有鲜明特色的社区教育。按照社区教育实验区评价指标体系要求，做好各项资料的收集、整理工作。

各社区：加强社区教育的领导和管理，全面总结社区教育事业发展情况。加快学习型社区创建，建设标准化文化教育、艺术教育以及社区娱乐中心，充分挖掘社区教育资源，开展形式多样、卓有成效的社区教育活动，增设少年儿童活动项目，积极开展丰富多彩的文娱、体育活动。按照社区教育实验区评价指标体系要求，做好各项资料的收集、整理工作。

学校：配合社区做好资源共享，为社区服务工作，制定学校资料向社区教育开放制度，安排专人负责做好向社区教育开放管理工作，登记每次开放使用记录。

关于印发江海区中长期动物疫病防治规划（2012－2020年）的通知

江海府办〔2013〕19号

各街道办事处，区直有关单位：

《江海区中长期动物疫病防治规划（2012－2020年）》业经区政府同意，现印发给你们，请认真贯彻执行。执行中遇到的问题，请径向区农林水务局反映。

江门市江海区人民政府办公室

2013年6月13日

江海区中长期动物疫病防治规划（2012－2020年）

动物疫病防治工作关系食物安全和公共卫生安全，关系社会和谐稳定，是政府社会管理和公共服务的重要职责，是农业农村工作的重要内容。为加强动物疫病防治工作，依据《中华人民共和国动物防疫法》《江门市中长期动物疫病防治规划（2012－2020年）》等相关文件，结合我区实际，编制本规划。

一、面临的形势

经过多年努力，我区动物疫病防治工作取得了显著成效，有效防控了高致病性禽流感、高致病性猪蓝耳病、口蹄疫等重大动物疫病，有力保障了我区的动物产品安全，为促进农业农村经济平稳较快发展、提高人民群众生活水平、保障社会和谐稳定作出了重要贡献。但是，未来一段时期我区动物疫病防治任务仍然十分艰巨。

（一）动物疫病防治基础更加坚实

近年来，在一系列政策措施支持下，动物疫病防治工作基础不断强化。依据动物防疫法律体系，完善江海区动物防疫体系，建设江海区兽医实验室，制定了《江门市江海区畜禽养殖业发展总体规划和区域布局（2010－2020年）》，出台了应急预案、防治规范和标准。相关制度不断完善，落实了各级政府责任制，建立了强制免疫、监测预警、应急处置、区域化管理等制度。工作体系逐步健全，初步构建了行政管理、监督执法和技术支撑体系，动物疫病监测、检疫监督、兽药质量监察和残留监控等方面的基础设施得到改善。科技支撑能力不断加强，完善江海区兽医实验室建设，承担省、市有关新型疫苗的临床使用效果试验。

（二）动物疫病流行状况更加复杂

动物疫病防治工作仍然面临严峻挑战。国内外动物疫病病种多、病原复杂、流行范围广，疫情日趋复杂。我区链球菌、病毒性腹泻、鸭传染性浆膜炎等动物疾病仍有散发，重大动物疫病仍存在免疫带毒和非典型性发病现象。随着畜牧业生产规模不断扩大，养殖密度不断增加，畜禽感染病原机会增多，病原变异机率加大，新疫病发生风险增加。研究表明，70%的动物疫病可以传染给人类，75%的人类新发传染病来源于动物或动物源性食品，动物疫病如不加强防治，将会严重危害公共卫生安全。

（三）动物疫病防治面临挑战

我区位于珠三角水网交错地带，是江中、江鹤、江珠三条高速公路的交会点，是粤港澳大珠三角西部的交通枢纽，畜禽交易运输频繁，侨胞往返频繁，极易发生病原传播，牛海绵状脑病（疯牛病）、非洲猪瘟等外来动物疫病传入风险持续存在。而人口增长、人民生活质量提高和经济发展方式转变，动物疫情社会关注度高，对养殖业生产安全、动物产品质量安全和公共卫生安全的要求也不断提高，我区动物疫病防治正在从有效控制向逐步净化消灭过渡。全国乃至全球兽医工作定位和任务发生深刻变化，正在向以动物、人类和自然和谐发展为主的现代兽医阶段过渡，需要我们不断提升与国际兽医规则相协调的动物卫生保护能力和水平。随着全球化进程加快，动物疫病对动物产品国际贸易的制约更加突出。目前，我区兽医管理体制改革进展平衡，基层基础设施和队伍仍存在一定缺陷，活畜禽跨区调运和市场准入机制不健全，动物疫源疫病监测工作起步晚，动物疫病防治仍面临不少困难和问题。

二、指导思想、基本原则和防治目标

（一）指导思想

以邓小平理论和“三个代表”重要思想为指导，深入贯彻落实科学发展观，坚持“预防为主”和“加强领导、密切配合，依靠科学、依法防治，群防群控、果断处置”的方针，把动物疫病防治作为重要民生工程，以促进动物疫病科学防治为主题，以转变兽医事业发展方式为主线，以维护养殖业生产安全、动物产品质量安全、公共卫生安全为出发点和落脚点，实施分病种、分区域、分阶段的动物疫病防治策略，全面提升兽医公共服务和社会化服务水平，有计划地控制、净化和消灭严重危害畜牧业生产和人民群众健康安全的动物疫病，为全面建设小康社会、构建社会主义和谐社会提供有力支持和保障。

（二）基本原则

1.政府主导，社会参与。各级人民政府负总责，相关部门各负其责，充分调动社会力量广泛参与，形成政府、企业、行业协会和从业人员分工明确，各司其职的防治机制。

2.立足区情，适度超前。立足我区实际情况，准确把握动物疫病工作发展趋势，科学分析动物疫病流行状况，合理设定防治目标和区域布局，开展科学防治。

3.因地制宜，分类指导。根据我区特点，按照动物种类、养殖模式、饲养用途和疫病种类，分病种、分区域、分畜禽实行分类指导、差别化管理。

4.突出重点，统筹推进。整合利用动物疫病防治资源，确定优先防治病种，突出重点区域、重点环节、重点措施，加强示范推广，统筹推进动物防疫各项工作。

（三）防治目标

到2020年，形成与全面建设小康社会相适应，有效保障养殖业生产安全、动物产品质量安全和公共卫生安全的动物疫病综合防治能力。口蹄疫、高致病性禽流感等15种优先防治的国内动物疫病（表1），其中优先防治的一类动物疫病达到规划设定的考核标准（表2），生猪和家禽发病率下降到5%以下，动物发病率、死亡率和公共卫生风险显著降低。重点防范的外来动物疫病（7种）传入和扩散风险有效降低，重点防范的外来动物疫病防范和处置能力明显提高。基础设施和机构队伍更加健全，法律法规和科技保障体系更加完善，财政投入机制更加稳定，社会化服务水平全面提高。

优先防治和重点防范的动物疫病

优先防治的国内动物疫病（15种）	一类动物疫病（5种）：口蹄疫(A型、亚洲Ⅰ型、O型）、高致病性禽流感、高致病性猪蓝耳病、猪瘟、新城疫。 二类动物疫病（9种）：布鲁氏菌病、狂犬病、血吸虫病、包虫病、沙门氏菌病、禽白血病、猪伪狂犬病、猪繁殖与呼吸综合征（经典猪蓝耳病）、猪链球菌。 特定分类，影响较大的疫病：猪病毒性腹泻。
重点防范的外来动物疫病（7种）	一类动物疫病（7种）：牛海绵状脑病、非洲猪瘟、小反刍兽疫、牛传染性胸膜肺炎、口蹄疫（C型、SAT1型、SAT2型、SAT3型）、猪水泡病、H7亚型禽流感。

优先防治的一类动物疫病考核标准

疫病		到2015年	到2020年
口蹄疫	A型	全区达到净化标准	全区达到免疫无疫标准
	亚洲Ⅰ型	全区达到免疫无疫标准	全区达到非免疫无疫标准
	O型	全区达到控制标准	全区达到控制标准
高致病性禽流感		全区达到控制标准	全区达到控制标准
高致病性猪蓝耳病		部分区域达到控制标准	全区达到控制标准
猪瘟		部分区域达到净化标准	进一步扩大净化区域
新城疫		部分区域达到控制标准	全区达到控制标准

三、总体策略

统筹安排动物疫病防治、现代畜牧业和公共卫生事业发展，积极探索有中国特色的动物疫病防治模式，着力破解制约动物疫病防治的关键性问题，建立健全长效机制，强化条件保障，实施计划防治、健康促进和风险防范策略，努力实现重点疫病从有效控制到净化消灭。

（一）重大动物疫病和重点人畜共患病计划防治策略

基于疫病流行的动态变化，科学选择防治技术路线。有计划地控制、净化、消灭对畜牧业和公共卫生安全危害大的重点病种，推进重点病种从免疫临床发病向免疫临床无病例过渡，逐步清除动物机体和环境中存在的病原，为实现免疫无疫和非免疫无疫奠定基础。

（二）畜禽健康促进策略

健全种用动物健康标准，实施种畜禽场疫病净化计划，对重点疫病设定净化时限。完善养殖场所动物防疫条件审查等监管制度，提高生物安全水平。定期实施动物健康检测，推行无特定病原场（群）和生物安全隔离区评估认证。扶持规模化、标准化、集约化养殖，逐步降低畜禽散养比例，有序减少活畜禽跨区流通。引导养殖者封闭饲养，统一防疫，定期监测，严格消毒，降低动物疫病发生风险。

（三）外来动物疫病风险防范策略

强化动物防疫安全理念，加强对区域外流行、尚未传入的重点动物疫病风险管理，建立动物防疫安全屏障。健全疫情监测制度和突发疫情应急处置机制，加强联防联控，强化技术和物资储备。完善跨区运输动物和动物产品风险评估、检疫准入、区外预检、区外企业注册登记、可追溯管理等制度，全面加强外来动物疫病监视监测能力建设。

四、优先防治病种和区域布局

（一）优先防治病种

根据经济社会发展水平和动物卫生状况，综合评估经济影响、公共卫生影响、疫病传播能力，以及防疫技术、经济和社会可行性等各方面因素，确定优先防治病种并适时调整。结合实际确定辖区内优先防治的动物疫病，除本规划涉及的疫病外，对当地经济社会危害或潜在危害严重的陆生野生动物疫源疫病、水生动物疫病、其他畜禽流行病、特种经济动物疫病、宠物疫病、蜂病、蚕病等纳入防治范围。

（二）区域布局

1.畜禽养殖密集区。对礼乐武东、威西、英南、五四、新丰、新兴；外海直冲、七西、东南、马宗沙等生猪养殖密集区，加强口蹄疫、高致病性猪蓝耳病、猪瘟等疫病防治，优先实施规模场疫病净化。对水网地区水禽主产区（礼乐水深洲、双豆围、中沙围，外海马宗沙农场），加强高致病性禽流感、新城疫等禽类疫病防治，优先实施种禽蛋禽场疫病净化。对个别牛场、鹌鹑、白鸽养殖区，加强相应疫病防治。

2.外来动物疫病传入高风险区。对交通干道交会处、野生动物迁徙区以及水网密集地带，加强外来动物疫病防范。对高速出入口附近养殖地区，重点防范口蹄疫、高致病性猪蓝耳病、高致病性禽流感。对高速路途经地区，重点防范非洲猪瘟、布氏菌和口蹄疫。对水网密集地带，重点防范禽流感、新城疫和鸭传染性浆膜炎等。

3.动物疫病防治优势区。随着城市化、工业化的发展，滘头街道的畜禽养殖已全部集中在明星村 ，外海街道大部分畜禽养殖已迁离。随着我区畜牧业的优化升级，畜禽养殖情况发生了新变化，散养户减少，中型规模养殖场存栏量增多，饲养环境和养殖水平有很大的提高，养殖规模化、标准化、集约化水平程度也逐渐提高。

五、重点任务

根据我区动物疾病流行情况和防治重点，在全面掌握疫病流行态势、分布规律的基础上，强化综合防治措施，有效控制重大动物疫病和主要人畜共患病，净化重点疫病，有效防范重点外来动物疫病。

（一）控制重大动物疫病

开展严密的病原学监测与跟踪调查，为疫情预警、防疫决策及疫苗研制与应用提供科学依据。改进畜禽养殖方式，净化养殖环境，提高动物饲养、屠宰等场所防疫能力。完善检疫监管措施，提高活畜禽市场准入健康标准，提升检疫监管质量水平，降低动物及其产品长距离调运传播疫情的风险。严格执行疫情报告制度，完善应急处置机制和强制扑杀政策，建立扑杀动物补贴评估制度。完善强制免疫政策和疫苗采购制度，明确免疫责任主体，逐步建立强制免疫退出机制。完善区域化管理制度，积极推动无疫区和生物安全隔离区建设。

（二）控制主要人畜共患病

注重源头管理和综合防治，强化易感人群宣传教育等干预措施，加强畜牧兽医从业人员职业保护，提高人畜共患病防治水平，降低疫情发生风险。对布鲁氏菌病，建立牲畜定期检测、强制扑杀政策，强化动物卫生监督和无害化处理措施。对狂犬病，完善犬只登记管理，实施全面免疫，扑杀病犬。对血吸虫病，重点控制牛羊等牲畜传染源，实施农业综合治理。对包虫病，落实驱虫、免疫等预防措施，改进动物饲养条件，加强屠宰管理和检疫。

（三）净化种畜禽重点疫病

按照省、市制定的种畜禽健康标准，强化定期监测评估，引导和支持种畜禽企业开展疫病净化，建立无特定病原养殖场认证制度。开展企业为主、政府引导扶持的无特定病原养殖场建设，逐步全区推广。建立市场准入和信息发布制度，制定市场准入条件。

（四）防范外来动物疫病传入

强化跨部门协作机制，健全外来动物疫病监视制度、调运动物和动物产品风险分析制度，强化检疫和监管措施，提高外来动物疫病风险防范能力。加强野生动物传播外来动物疫病的风险监测。实施外来动物疫病防范宣传培训计划，提高外来动物疫病发现、识别和报告能力。根据动物疫病应急预案和技术规范，实施应急演练，提高应急处置能力。加强与周边地区的交流合作与联防联控，健全技术和物资储备，提高技术支持能力。

六、能力建设

（一）提升动物疫情监测预警能力

建立江海区兽医实验室，以街道兽医站、养殖场、屠宰场、交易市场等监测点为支撑，分工明确、布局合理的动物疫情监测和流行病学调查实验室网络和运行机制。开展动物防疫示范镇建设，增加监测经费投入，配置与动物疫病防治规划相适应的实验室设施设备，充实兽医实验室专业技术力量，提升区兽医实验室诊断能力，实现对重点动物疫病开展血清学监测，建立完善的动物疫情分析系统和处置机制。

（二）提升突发疫情应急管理能力

加强突发动物疫情应急指挥机构和队伍建设，完善应急指挥系统运行机制。健全动物疫情应急物资储备制度，储备应急处理工作所需的防疫物资，配备应急交通通讯和疫情处置设施设备，增配人员物资快速运送和大型消毒设备。完善突发动物疫情应急预案，加强应急演练。进一步完善疫病处置扑杀补贴机制，对在动物疫病预防、控制、扑灭过程中强制扑杀、销毁的动物产品和相关物品给予补贴。引导畜禽生产企业参保，将重点动物疫病纳入畜牧业保险保障范畴，增强畜牧业抵御风险能力。

（三）提升动物疫病强制免疫能力

依托区级动物防疫监督所、街道畜牧兽医站和村级防疫联络员，构建基层动物疫病强制免疫工作网络，强化疫苗物流冷链和使用管理。组织开展村级防疫联络员和执业兽医登记和培训工作。完善村级防疫联络员防疫工作补贴政策，按照国家规定采取有效的卫生防护和医疗保健措施。加强企业从业兽医管理，落实防疫责任。逐步推行以街道、区级畜牧兽医主管部门为监督指导，以养殖企业和个人为责任主体，以村级防疫联络员、执业兽医、企业从业兽医为技术依托的强制免疫模式。完善区、街道两级动物疫苗保藏、运输、使用等环节的冷链设施设备，满足全区疫苗统一调配需要。根据国家和省的有关政策，建立强制免疫应激反应死亡动物补贴政策。开展强制免疫效果监测和效价试验。

（四）提升动物卫生监督执法能力

加强基层动物卫生监督执法机构能力建设，保障日常工作经费。在街道设立区动物防疫监督所分所，充实基层执法力量。全面实施官方兽医制度，强化检疫监督队伍管理，提升执法人员素质。强化检疫手段，推进检疫申报点标准化建设，提升检疫能力。健全动物卫生监督执法巡查制度，规范检疫监督行为。严格执行国家和省有关政策，完善养殖环节病死动物及其无害化处理财政补贴机制。区内建设无害化处理场所，监督规模养殖场加强病死动物无害化处理基础设施建设。

（五）提升基层动物防疫队伍能力

开展动物防疫示范镇建设，加强街道畜牧兽医站（区动物防疫监督所分所）和村级防疫联络员队伍建设，充实基层动物防疫工作力量。建立健全基层动物防疫队伍管理机制，严格执行《江海区动物防疫员管理办法》，按照工作需要合理配备村级防疫联络员，完善村级防疫联络员补贴政策。加强业务培训指导，提升防疫技术水平。

（六）提升动物疫病防治信息化能力

加大投入力度，整合资源，充分运用现代信息技术，加强动物疫病防治信息化建设，提高疫情监测预警、疫情应急指挥管理、兽医公共卫生管理、动物卫生监督执法、动物标识及疫病可追溯、兽用生物制品监管以及执业兽医考试和兽医队伍管理等信息采集、传输、汇总、分析和评估能力。加强信息系统运行维护和安全管理，提升动物疫病防治信息化管理水平。

（七）提升动物疫病防治社会化服务能力

充分调动各方力量，引导养殖户、从业人员自觉履行动物防疫的责任和义务，引导社会兽医力量投入动物疫病防治。构建动物疫病防治社会化服务体系，培育标准化动物诊疗机构和兽医行业协会。加强动物养殖、运输、诊疗等环节管理，依法强化从业人员的动物防疫责任主体地位。建立健全政府部门与私营部门、行业协会合作机制。加强兽医机构和兽医人员提供社会化服务的收费管理，制定经营服务性收费标准。

七、保障措施

实施中长期动物疫病防治规划，是一项复杂的系统工程，需要在制度、财政、法规、体制、科技、基础设施建设等方面加大保障力度，为重点疫病防治计划的实施提供可靠支持。

（一）法制保障

认真贯彻实施《中华人民共和国动物防疫法》和新修订的《广东省动物防疫条例》，积极响应国家、省、市制订和实施配套法规和规章，尤其是强化动物疫病区域化管理、活畜禽跨区域调运、动物流通检疫监管、强制隔离与扑杀等方面的规定，完善兽医管理的相关制度。按照市《江门市防控重大动物疫病工作量化考评办法》《江门市动物卫生监督巡查制度》《江门市动物疫情报告制度》等相关技术规范，根据我区实际，制定相应规章制，确保动物防疫工作制度化、规范化和常态化。

（二）体制保障

按照“精简、统一、效能”的原则，健全机构、明确职能、理顺关系，逐步建立起科学、统一、透明、高效的兽医管理体制和运行机制。健全兽医行政管理、监督执法和技术支撑体系，稳定和强化基层动物防疫体系，切实加强机构队伍建设。进一步深化兽医管理体制改革，建设以官方兽医和执业兽医为主体的新型兽医制度，建立有中国特色的兽医机构和兽医队伍评价机制。建立官方兽医和执业兽医培训机制，加强技术培训。

（三）科技保障

积极支持开展动物疫病科学研究，引导和促进科技成果向现实生产力转化，宣传普及动物疫病防治科学知识，提高动物防疫人员和畜禽养殖从业人员动物疫病防治的科学化水平。加强与兽医研究机构、高等院校和企业资源的联系融合，充分利用专业实验室、院校兽医实验室以及企业实验室的科技资源。同时，加强兽医行业培训，提高兽医实用技术支撑能力。

（四）条件保障

各街道要将动物疫病防治纳入区级经济和社会发展规划及年度计划，将动物疫病监测、预防、控制、扑灭、动物产品有毒有害物质残留检测管理等工作所需经费纳入本级财政预算，实行统一管理；对兽医行政执法机构实行全额预算管理，保证其人员经费和日常运转费用；要按规定配套落实动物强制免疫疫苗经费、免疫注射工作补助经费、疫情监测、动物扑杀和无害化处理经费，加强经费使用管理，保障公益性事业单位经费支出。加强对龙头企业、行业协会及合作社进行支持。加强动物防疫基础设施建设，编制和实施动物防疫体系建设规划，进一步健全完善动物疫病预防控制、动物卫生监督执法、兽药监察和残留监控、动物疫病防治技术支撑等基础设施。

八、组织实施

（一）落实动物防疫责任制

按照区政府与各街道、防制重大动物疫病成员单位签订的《江海区动物防疫责任书》，明确了各街道及成员单位主要负责人是动物防疫工作第一责任人，分管农业的领导具体抓，层层签订目标责任书，强化了动物防疫工作目标管理责任制和责任追究制，将动物防疫责任考核列入政府考核目标，考核结果由区政府发文通报，对工作不力的给予批评。

（二）明确各部门职责

农业部门要会同有关部门提出实施本规划所需的具体措施、经费计划、防疫物资供应计划和考核评估标准，监督实施免疫接种、疫病监测、检疫检验，指导隔离、封锁、扑杀、消毒、无害化处理等各项措施的实施，开展动物及陆生、水生野生动物卫生监督检查，疫病监测，打击各种违法行为。**编制部门**要根据本规划与实际工作需要，深入调查研究，设立区动物防疫监督所分所机构，制定合理的动物防疫队伍人员编制。**发改部门**要根据本规划，在充分整合利用现有资源的基础上，加强动物防疫基础设施建设。**财政部门**要根据本规划和相关规定加强财政投入，确保各专项经费和运作经费落实到位。**卫生部门**要加强人畜共患病人类疫情防治工作，及时通报疫情和防治工作进展。**公安部门**要加强疫区治安管理，协助做好突发疫情应急处理、强制扑杀和疫区封锁工作。**经促部门**要加强屠宰行业管理，会同有关部门支持冷鲜肉加工运输和屠宰冷藏加工企业技术改造，建设鲜肉储存运输和销售环节的冷链设施。

关于印发江门市江海区平价医疗服务体系建设实施方案的通知

江海府办〔2013〕23号

各街道办事处，区直有关单位：

《江门市江海区平价医疗服务体系建设实施方案》业经区人民政府同意，现印发给你们，请认真贯彻执行。执行过程中遇到的问题，请径向区卫生计生局、区医改办反映。

江门市江海区人民政府办公室

2013年8月21日

江门市江海区平价医疗服务体系建设实施方案

为贯彻落实党的十八大和省深化医药卫生体制改革精神，根据《广东省人民政府办公厅关于开展平价医疗服务工作的指导意见》（粤府办〔2012〕119号）及《江门市人民政府办公室关于印发江门市平价医疗服务体系建设实施方案的通知》（江府办〔2013〕35号）的有关要求，在全区推进平价医院、平价诊室、平价药包等平价医疗服务工作，努力为群众提供方便、价廉、安全、有效的基本医疗服务，结合我区实际，特制订本实施方案。

一、指导思想

以邓小平理论、“三个代表”重要思想和科学发展观为指导，坚持为人民健康服务的宗旨，按照保基本、强基层、建机制的要求，充分发挥各地的积极性、主动性和创造性，通过设立平价医院、平价诊室和提供平价药包，促进医疗服务模式转变，优化服务流程，推广使用基本药物和适宜技术，探索建立降低医药费用的有效机制，进一步提高基本医疗卫生服务可及性，有效减轻群众医药费用负担。

二、总体目标

采取“试点先行，逐步推开”的方式，分步实现平价医疗服务五大目标。一是结合县级公立医院改革，选取江海区中西医结合医院作为平价医院试点单位；二是在江海区人民医院建立平价诊室，并力争到2015年平价诊室占医院门诊资源的1/10；三是注重发挥中医药“简、便、效、廉”的特色优势，大力推广中医适宜技术，在50%的基层医疗机构中建立平价中医适宜技术治疗包，推动中医药服务“进农村、进社区”，努力做到让老百姓“大病不致贫，中病常规治，小病靠平价”；四是全区所有政府办医疗机构建立起平价药包，实施国家基本药物制度，精选价格低廉和质量保证的基本药物组合成平价药包，实行零差价销售；五是全区所有政府办医疗机构在2015年底前全面推广“三平”医疗服务。

三、工作任务

（一）设立平价医院

1.实施范围。结合县级公立医院改革，积极推进平价医院建设。我区平价医院按照先试点、后推开的原则进行。2013年，选取区中西医结合医院作为平价医院试点；至2015年，区中西医结合医院达到上级要求的平价医院的目标。

2.加强规范管理。根据省、市的要求，平价医院人均门诊、住院费用应低于我区同等级医院平均水平。平价医院优先配备使用基本药物，且基本药物的使用比例应相对高于我区同等级医院，抗菌药物使用品种、使用率应低于我区同等级医院。坚决杜绝“大处方”“滥检查”行为。

3.鼓励中医平价医院建设。将区中西医结合医院建成平价医院，充分发挥中医药“简、便、验、廉”的优势，全面推广中医药适宜技术、平价药包（中药部分）。财政部门加大投入力度，认真落实基本建设和大型设备购置、重点学科发展、符合国家规定的离退休人员费用以及政策性亏损补贴等政府投入政策。

4.加大基本医疗保险对平价医院的支持力度。区医保基金要实行先预拨、后结算办法，将医疗费用提前预拨给医疗机构，并在基金年终清算时予以适当倾斜，促进平价医院业务顺利开展。

（二）设立平价诊室

1.实施范围。在江海区人民医院要以内科、外科、中医科、儿科等科室为主设立平价诊室。2013年，医院应设平价诊室。到2015年，内科、儿科、中医科均设有平价诊室服务，力争平价诊室占医院门诊资源的1/10。

2.服务重点。平价诊室以治疗常见病、多发病、慢性病为主，主要向农村五保户、城市特困户、最低生活保障户、三级以上残疾人员、在校贫困学生、革命烈士直系困难亲属以及农村退伍复员特困军人等困难群体提供平价医疗服务，鼓励兼顾一般人群。

3.实施目标。平价诊室应主要使用基本药物和其他价格相对价廉的药物，采取适宜治疗技术手段，控制门诊人次费用。平价诊室单病种医疗费用较普通门诊降低15%～20%，中医平价诊室使用中药的病例比例不低于70%。

（三）使用平价药包

1.平价药包是指通过选择部分常见病、多发病、慢性病等病种，通过合理、有效、价廉的药物配伍，确定治疗药物品种，降低治疗费用。我区按照省、市确定的平价医疗服务包（详见附件1、2）进行推广，各单位也可结合实际确定本单位平价药包的种类。

2.全区所有政府办基层医疗卫生服务机构（包括社区卫生服务机构以及村卫生站），全部推广使用平价药包。

3.发挥医疗保障在提供平价药包中的引导作用，将确定的平价药包纳入基本医疗保险普通门诊统筹报销范围。

四、实施步骤

（一）前期准备阶段（2013年4月20日—5月30日）

1.制定方案。各单位要按照本方案要求，结合各自实际，制定本单位实施平价医疗服务方案。

2.动员部署。各单位对平价医疗服务活动要统一部署、统一行动。要广泛宣传发动，调动医务人员的积极性，形成浓厚氛围，确保平价医疗服务顺利开展。

（二）组织实施阶段（2013年5月30日—8月31日）

提供平价医疗服务的单位要建立平价医疗服务工作程序，完善内部配套制度和运行系统，规范服务行为，简化服务流程。

1.明确标识。提供平价医疗服务的单位要在病历本、挂号单、处方和药包的右上角设立明确的平价医疗服务标识。有条件的医疗机构尽可能设立“平价医疗服务收费窗口”，进一步方便病人就诊。

2.张榜公示。提供平价医疗服务的单位要将病种、药包内容、处方用药天（次）、费用金额、医保报销比例和个人自付比例等在显眼位置向社会公示，接受社会和群众监督。

3.建立站点。开设平价诊室医疗试点单位要建立平价诊室候诊站，由专人核实平价医疗服务对象身份，将符合条件的服务对象分诊到相关诊室。

4.广泛宣传。各单位要加强平价医疗服务的社会宣传，及时指导检查，认真总结经验，促进平价医疗服务的形式、内容逐步改进，服务人群逐步扩展。

（三）督导评估阶段（2013年9月1日—10月31日）

区医改办组织区发展改革统计、卫生计生、财政、社会事务局等部门，按照有关要求对提供平价医疗服务的医疗机构进行督导评估，深入探索平价医疗服务措施、途径及体系建设等深层次问题；以平价医疗服务为突破口，改革内部运行机制，优化服务流程，控制医药费用。

（四）总结推广阶段。（2013年11月1日～2013年12月30日）

总结各试点单位开展平价医疗服务的经验、做法，进一步加大推广力度，扩大平价医疗服务范围，促使城乡居民享有更多的改革实惠。

五、保障措施

（一）加强领导，统一部署

开展平价医疗服务活动，是坚持以人为本，切实为群众排忧解难、努力构建社会主义和谐社会的重要举措。平价医疗服务体系建设工作由区医改领导小组进行统筹部署，各单位也要成立相应组织机构，确保平价医疗服务体系建设顺利开展。

（二）合理规划，务求实效

各部门要把开展平价医疗服务作为深化医药卫生体制改革的重要内容，认真制订和落实相关财政补助、医保挂钩、社会化筹资等政策，确保医改成果更好地惠及广大人民群众。本着“布局合理、数量适宜、满足需求”的原则，依托现有医疗资源，积极稳妥，量力而行。各试点单位对承诺的平价医疗服务要注重实效，落实到位。坚持“以质量为核心”的原则，精心选择限价病种，科学确定临床路径，合理测算限价标准，完善相关规范和技术标准，公示限价病种，实施动态监控，定期考核。

（三）规范管理，保证质量

严格执行各项规章制度和技术操作规程，保证医疗质量和服务安全。对危重病人要及时给予抢救，疑难、危重病例应及时组织会诊和转诊，不得因患者要求接受平价医疗服务而影响治疗和抢救。同时要积极探索适宜的医疗服务模式，优化流程，简化环节，方便病人，做到“三个不”，即：不降低服务标准、不缩减服务项目、不减少服务设施。要选择责任心强、具有丰富临床经验和高尚医德的医护人员从事平价医疗服务。

（四）明确分工，落实责任

区政府是平价医疗服务体系工作的实施主体，相关部门要明确职责分工，加强协调配合。

1.区医改办负责平价医疗服务建设工作的统筹协调。

2.区卫生计生局是具体实施部门，负责平价医疗服务具体内容的制定，协调、指导和督促开展平价医疗服务的管理工作，并对平价医疗服务单位进行绩效考核和评价。

3.区发改统计局要牵头将平价医疗服务体系发展列入经济和社会发展规划。

4.区财政局对平价医疗服务产生的政策性亏损要予以补偿，要加大财政投入和提供政策支持，按实际情况核补。

5.区社会事务局要对平价医疗机构实行医保“先预付，后结算”的支付方式，确保医疗机构正常运转。

（五）强化考核，激励机制

平价医疗服务是一项重大的医改创新，对于解决人民群众看病难、看病贵问题，促进医疗卫生机构发展具有十分重要的意义。区政府将开展“三平”医疗服务体系建设纳入对有关部门的目标责任考核。“三平”医疗服务体系建设领导小组要加强组织检查和指导工作，考核结果作为政府奖励先进的重要依据。

印发江海区知识产权强县工程试点工作方案的通知

江海府办〔2013〕30号

各街道办事处，区直有关单位：

《江海区知识产权强县工程试点工作方案》业经区政府同意，现印发给你们，请认真贯彻执行。执行中遇到的问题，请径向区经济科技局反映。

江门市江海区人民政府办公室

2013年11月8日

江海区知识产权强县工程试点工作方案

为全面实施国家知识产权战略，充分发挥知识产权制度的作用，提升我区科技创新能力，增强企业核心竞争力，以知识产权促进我区经济社会全面发展，根据《国家知识产权强县工程实施方案》，结合我区实际，特制定本工作方案。

一、指导思想

以十八大精神为指导，全面贯彻落实科学发展观，按照“以机制促产出、以转化带发展、以保护谋优势”思路，实施知识产权培育、发展、普及行动计划；从健全体系、完善机制、推动创造、促进转化、强化保护等方面着手，提升知识产权质量，构建完善的知识产权保护机制，加速培育与传播知识产权文化；将区域科技和资源等方面的优势转化为知识产权优势，运用知识产权助推支柱产业、特色产业加快发展，全面提升全区自主创新能力，推动产业结构优化调整和经济增长方式的转变，促进全区科技、经济和社会的协调发展。

二、工作目标

（一）总体目标

按照“创新机制、提高产出、强化运用、

加强保护”原则，建立和完善知识产权管理体系和服务体系；区域自主知识产权数量和质量不断提升；知识产权得到有效转化，形成一批名牌产品，培育壮大知识产权优势企业；培养一支高素质的知识产权人才队伍；不断提高区域知识产权创造、运用、保护和管理能力，力争用3年时间，将江海区建设成为创新活力强劲，转化渠道顺畅，知识产权保护有力的国家级知识产权强区。

（二）具体目标

1.营造良好的知识产权政策环境

制定和完善有利于科技创新和经济发展的知识产权工作规范性文件，出台《关于印发江海区知识产权经费管理办法的通知》、《江海区企业专利促进计划实施办法》等促进知识产权事业发展的政策措施，引导企事业单位普遍建立知识产权管理制度和激励机制，构建完善的政策体系。

2.健全和完善知识产权服务体系

建立区知识产权综合服务中心，积极培育知识产权中介服务机构，加强知识产权服务市场的管理，将符合条件的知识产权服务机构纳入小微企业政策支持范围。加强专利代理队伍建设，规范专利代理行业发展，提高专利代理人水平，提升知识产权公众服务。

3.全面提高知识产权的数量和质量

2015年底争取每万人发明专利申请量比全江门市平均水平高出30%以上，每万人有效发明专利2015年底超过12.68件/万人。实施专利“清零倍增”计划，争取90%以上科技型企业都要有专利申请，通过实施江海区企业专利促进计划争取2015年底主要知识产权优势企业发明专利申请量实现倍增；国外专利申请争取有所突破，并加强商标注册申请及著作权与计算机软件登记工作。

4.加强企事业单位运用知识产权制度的能力

在区内规模以上高新技术企业建立知识产权管理机构，企事业单位配备专（兼）职知识产权专干。在研究开发、技术改造、技术贸易、成果转化、生产经营等各个环节，较好地利用知识产权制度，促进具有自主知识产权的技术开发和产业化。加强培训，着力提升企业负责人知识产权意识，提高创新型企业专利转化率。

5.大力推进专利技术产业化

根据我区产业结构调整方向，积极推动有利于我区经济社会长远发展、具有市场前景的专利技术项目转化实施，促进知识产权转化为现实生产力。引导、推动和扶持一批拥有自主知识产权的高新技术企业做大做强；争取新增知识产权优势企业6家以上，并推动企业实施知识产权战略；引导高校、科研院所与企业开展产学研合作，鼓励企业开展技术创新，并及时申请专利。

6.增强知识产权保护力度

积极参与知识产权执法培训，协助上级知识产权管理部门，与相关部门联合依法查处专利纠纷和专利侵权案件，形成查处打击知识产权领域侵权行为的合力。企事业单位领导、职工和社会公众的知识产权意识明显提高，知识产权权利人及消费者的合法权益得到切实保护。

三、工作重点

（一）加强知识产权工作体系的建设

知识产权工作体系建设是知识产权工作开展的基础。由区知识产权局具体负责，通过编写知识产权工作指南，加强知识产权工作机构建设，完善知识产权政策体系，健全知识产权工作体系。支持企业加强专利检索、专利申请的信息化建设，开发并配置知识产权管理工作系统，帮助建设知识产权信息网站，提高办公自动化水平，提高专利信息服务能力。建立集知识产权申报、注册、咨询、转让、法律、信息等服务于一体的知识产权综合服务中心。引进一批高素质、复合型知识产权管理人员，加大相关专业服务人员的培训力度，为企业实施知识产权工作战略奠定坚实的人才基础。

（二）健全知识产权中介服务体系。

1.加强各类知识产权中介机构的管理

要开展相关机构的交流活动，充分发挥专利、商标等协会的桥梁纽带作用，定期编印专利信息、商标杂志等期刊，宣传交流企业知识产权工作经验；提高知识产权中介机构行业的自律意识，加强知识产权中介行业的政策指导。

2.加快中介服务机构建设

引导、鼓励和支持组建知识产权中介服务机构，重点培育专业化、规模化和多功能的知识产权中介服务机构，并不断强化其服务功能；通过知识产权服务机构，给广大中小企业提供政策咨询、商标申请辅导、专利信息检索、专利技术分析等专业服务。

3.探索建立重点行业知识产权联盟

围绕我区主导产业，积极引导和推动半导体发光材料（LED）、光机电一体化等一些特定行业建立知识产权联盟，搭建沟通平台，促进联盟成员相互交流；探索行业知识产权联盟的服务模式，推动联盟建立行业知识产权预警应急机制；积极开展维权活动，提升联盟企业维护自身合法权益、正确应对知识产权纠纷的能力，提高行业知识产权竞争力。

（三）加强知识产权信息平台和网络建设

1.搭建区知识产权信息交流平台

整合资源，建立能反映我区知识产权现状、能与国内外知识产权网站广泛链接、能为广大企事业单位和群众提供有关知识产权文献检索及法律咨询等服务的信息平台。

2.打造专利信息服务平台

建设江海区专利数据库，充分利用专利文献、相关产业技术领域专利信息数据库和网上技术市场，为企事业单位开发现有资源、进行技术创新提供专利信息服务，为开展技术创新、引进先进技术、信息咨询、发展经济提供知识产权信息资源支撑。

（四）积极开展知识产权宣传培训工作

1.建立江海区知识产权培训基地

在江海区建立知识产权培训基地，配备相关的多媒体教学设备，聘请相关的专家学者讲学，重点培养一批能熟练掌握相关法律法规和知识产权知识、具有较强务实技能的知识产权人才，不断充实和壮大知识产权工作队伍。

2.强化领导干部知识产权知识的培训学习

重点在企事业单位领导、科技人员中开展专利等知识产权知识培训，以适应知识产权管理、专利申请、专利中介服务等工作的需要；要把知识产权纳入干部培训内容，有计划地聘请省内外的相关的高级专家到我区进行培训讲课。

3.加大知识产权宣传力度

鼓励区内大型企业举办企业知识产权建设报告会，利用各种传媒，采取多种形式开展知识产权宣传工作，加强知识产权法制教育，提高全社会的知识产权意识。

（五）推进国家知识产权战略的实施

知识产权战略实施是县域知识产权工作的核心。以传统优势产业、高新技术企业、重点民营科技企业和成长型中小企业为重点，积极培育各级知识产权试点企业，开展知识产权战略研究与应用，努力提升企业的综合竞争力。

通过行业知识产权发展战略研究，为我区科技、经济发展计划提供决策依据。

研究制定知识产权促进经济社会发展规划，明确落实实施国家知识产权战略、推动经济社会发展的政策措施。具体制定本地知识产权事业发展规划，推动重点企业实施知识产权战略。在江门市地尔汉宇电器股份有限公司、江门天钇金属工业有限公司、江门科恒实业股份有限公司、艾默生网络能源（江门）有限公司、广东聚科照明股份有限公司、江门市高翔自动化设备有限公司等多家企业实现知识产权资源的有效配置和集成，促进重点产业和优势产业发展。

（六）建立和完善知识产权保护机制

1.成立江海区知识产权执法协调网络

政府协调区经济和科技（知识产权）、公安、工商、法制等相关部门，成立江海区打击侵犯知识产权和制售假冒伪劣商品工作领导小组，建立区知识产权行政执法工作体系，加强各有关行政执法部门信息沟通和协作，积极开展多部门参与的知识产权联合执法检查与集中整治专项行动，健全政府、行业协会、企业三位一体的知识产权保护协作机制。

2.畅通知识产权投诉举报渠道

建立各知识产权管理部门的横向沟通机制，畅通各相关部门知识产权投诉举报渠道。同时，加强与江门市级相关部门的纵向联系。建立知识产权投诉举报热线，及时将举报投诉件转交给相关知识产权行政管理机构，并对案件进行跟踪督办，提高办案效率。

3.加强我区重点产业和重点领域的知识产权保护工作

切实做好生产、科研、商品流通、技术贸易、作品创作和传播等重要环节及大型展会、技术交易等重点领域知识产权保护的社会监督和执法工作。

四、保障措施

（一）加强组织领导，建立长效工作机制

健全完善江海区知识产权工作协调机制，设立江海区知识产权工作领导小组，研究决定我区知识产权重大事项，负责组织、协调我区知识产权执法工作，部署检查有关决议的执行，加快推进国家知识产权强县工程实施工作的落实。

（二）认真执行国家县域知识产权工作评价指标体系

县域知识产权工作评价指标体系是实施知识产权强县工程的重要导向。根据江海区知识产权工作的特点和实际需求，认真按照国家县域知识产权工作评价指标体系开展工作。

（三）制定促进知识产权创造、运用、管理和保护的激励政策措施

落实《关于增强自主创新能力建设创新型江海的实施意见》、《江门市江海区科学技术奖励实施办法（修订）》制定《江海区知识产权经费管理（暂行）办法》、《江海区企业专利促进计划实施办法》等政策，保障知识产权专项经费的投入，激发知识产权的创造积极性。在科技项目申报、科技成果鉴定和科学技术奖励评审中注重知识产权评价，促进科技创新与知识产权的有机结合，提升知识产权创造、运用、管理和保护的能力和水平。实施江海区专利促进计划，对区知识产权优势企业的专利申请进行帮扶和支助。

（四）加强人才培养，开展知识产权工作研究

整合现有的各类知识产权人才培训资源，加强知识产权管理干部培训，提高知识产权管理干部的服务能力和水平。加强企业知识产权管理人才培养，提升重点企业知识产权创造、

运用、管理和保护能力，提升企业知识产权竞争力。结合全区人才工作，重点培养一批知识产权管理和保护人才，尤其是培养一批懂管理、通技术、熟悉知识产权法律、掌握知识产权制度规则的实用型知识产权人才，为我区知识产权保护工作提供人才保障。

（五）开展知识产权强县（区）宣传活动，提高全社会知识产权保护意识

围绕知识产权强县工程实施，组织开展系列宣传报道活动，充分利用各类等媒体，树立典型，推广经验，扩大知识产权强县工程的社会影响。结合“4•26”世界知识产权日、科技文化“三下乡”、科技活动周、企业知识产权促进计划、科普宣传日等宣传活动，宣传知识产权法律法规，普及知识产权知识，提高全社会知识产权意识，为知识产权强县工程实施营造良好的知识产权环境。